JULIETTE DROUET

Si mon nom vit,
votre nom vivra.

Victor Hugo à Juliette Drouet,
lettre de novembre 1833.

DU MÊME AUTEUR

Romans isolés

FAUX JOUR (Plon)
LE VIVIER (Plon)
GRANDEUR NATURE (Plon)
L'ARAIGNE (Plon) — *Prix Goncourt 1938*
LE MORT SAISIT LE VIF (Plon)
LE SIGNE DU TAUREAU (Plon)
LA TÊTE SUR LES ÉPAULES (Plon)
UNE EXTRÊME AMITIÉ (La Table Ronde)
LA NEIGE EN DEUIL (Flammarion)
LA PIERRE, LA FEUILLE ET LES CISEAUX (Flammarion)
ANNE PRÉDAILLE (Flammarion)
GRIMBOSQ (Flammarion)
LE FRONT DANS LES NUAGES (Flammarion)
LE PRISONNIER N° 1 (Flammarion)
LE PAIN DE L'ÉTRANGER (Flammarion)
LA DÉRISION (Flammarion)
MARIE KARPOVNA (Flammarion)
LE BRUIT SOLITAIRE DU CŒUR (Flammarion)
TOUTE MA VIE SERA MENSONGE (Flammarion)
LA GOUVERNANTE FRANÇAISE (Flammarion)
LA FEMME DE DAVID (Flammarion)
ALIOCHA (Flammarion)
YOURI (Flammarion)
LE CHANT DES INSENSÉS (Flammarion)
LE MARCHAND DE MASQUES (Flammarion)
LE DÉFI D'OLGA (Flammarion)
VOTRE TRÈS HUMBLE ET TRÈS OBÉISSANT SERVITEUR (Flammarion)
L'AFFAIRE CRÉMONNIÈRE (Flammarion)

Cycles romanesques

LES SEMAILLES ET LES MOISSONS (Plon)
   I — Les Semailles et les Moissons
   II — Amélie
   III — La Grive
   IV — Tendre et Violente Élisabeth
   V — La Rencontre

LES EYGLETIÈRE (Flammarion)
   I — Les Eygletière
   II — La Faim des lionceaux
   III — La Malandre

LA LUMIÈRE DES JUSTES (Flammarion)
   I — Les Compagnons du Coquelicot
   II — La Barynia
   III — La Gloire des vaincus
   IV — Les Dames de Sibérie
   V — Sophie ou la Fin des combats

LES HÉRITIERS DE L'AVENIR (Flammarion)
- I — Le Cahier
- II — Cent Un Coups de canon
- III — L'Éléphant blanc

TANT QUE LA TERRE DURERA... (La Table Ronde)
- I — Tant que la terre durera...
- II — Le Sac et la Cendre
- III — Étrangers sur la terre

LE MOSCOVITE (Flammarion)
- I — Le Moscovite
- II — Les Désordres secrets
- III — Les Feux du matin

VIOU (Flammarion)
- I — Viou
- II — À demain, Sylvie
- III — Le Troisième Bonheur

Nouvelles

LA CLEF DE VOÛTE (Plon)
LA FOSSE COMMUNE (Plon)
LE JUGEMENT DE DIEU (Plon)
DU PHILANTHROPE À LA ROUQUINE (Flammarion)
LE GESTE D'ÈVE (Flammarion)
LES AILES DU DIABLE (Flammarion)

Biographies

DOSTOÏEVSKI (Fayard)
POUCHKINE (Perrin)
L'ÉTRANGE DESTIN DE LERMONTOV (Perrin)
TOLSTOÏ (Fayard)
GOGOL (Flammarion)
CATHERINE LA GRANDE (Flammarion)
PIERRE LE GRAND (Flammarion)
ALEXANDRE Ier (Flammarion)
IVAN LE TERRIBLE (Flammarion)
TCHEKHOV (Flammarion)
TOURGUENIEV (Flammarion)
GORKI (Flammarion)
FLAUBERT (Flammarion)
MAUPASSANT (Flammarion)
ALEXANDRE II (Flammarion)
NICOLAS II (Flammarion)
ZOLA (Flammarion)
VERLAINE (Flammarion)
BAUDELAIRE (Flammarion)
BALZAC (Flammarion)
RASPOUTINE (Flammarion)

Essais, voyages, divers

LA CASE DE L'ONCLE SAM (La Table Ronde)
DE GRATTE-CIEL EN COCOTIER (Plon)
SAINTE-RUSSIE, *réflexions et souvenirs* (Grasset)
LES PONTS DE PARIS, *illustré d'aquarelles* (Flammarion)
NAISSANCE D'UNE DAUPHINE (Gallimard)
LA VIE QUOTIDIENNE EN RUSSIE AU TEMPS DU DERNIER TSAR (Hachette)
LES VIVANTS, *théâtre* (André Bonne)
UN SI LONG CHEMIN (Stock)

HENRI TROYAT
de l'Académie française

JULIETTE DROUET
La Prisonnière sur parole

FLAMMARION

Il a été tiré de cet ouvrage :

VINGT EXEMPLAIRES SUR PUR FIL
DES PAPETERIES D'ARCHES
DONT QUINZE EXEMPLAIRES NUMÉROTÉS DE 1 À 15
ET CINQ EXEMPLAIRES, HORS COMMERCE, NUMÉROTÉS
DE I À V

VINGT EXEMPLAIRES SUR VÉLIN ALFA
DONT DIX EXEMPLAIRES NUMÉROTÉS DE 16 À 25
ET DIX EXEMPLAIRES, HORS COMMERCE, NUMÉROTÉS
DE VI À XV

Le tout constituant l'édition originale

© Flammarion, 1997
ISBN: 2-08-067403-X

I

LA FOI, OUI; LE COUVENT, NON!

Au couvent de Sainte-Madeleine, la discipline et la piété ne font qu'un. Dieu a autant besoin d'obéissance que d'adoration, répètent les bonnes sœurs qui y accueillent aussi bien des fillettes destinées à prononcer leurs vœux après un temps d'épreuve que des femmes désireuses de se repentir après une vie de perdition. Certes, on ne mélange pas les âmes pures avec les âmes blettes, mais toutes deux bénéficient du parfum de vertu qui flotte entre les murs de l'établissement. Cet asile de silence et de méditation est voisin du couvent des dames de Saint-Michel, sis à Paris, dans la rue Saint-Jacques, à l'ombre du Val-de-Grâce. Il a d'ailleurs été bâti sur un terrain dépendant de cette seconde institution. Les deux communautés s'aident mutuellement dans les tâches religieuses et administratives, et échangent parfois leurs pensionnaires. C'est la main dans la main que Saint-Michel et Sainte-Madeleine travaillent au salut des brebis qui leur sont confiées. La jeune Julienne-Joséphine Gauvain [1] a été préparée à cette éducation rigoureuse par une enfance de tristesse et d'abandon. Née le 10 avril 1806, à Fougères, de Julien Gauvain, «ancien chouan» converti en paisible artisan tailleur, et de Marie Marchandet, l'enfant a perdu sa mère à l'âge de neuf mois, puis son père l'année suivante. Avant de disparaître, l'un et l'autre ont pu assurer largement leur descendance. En plus de Julienne, la prolifique Marie avait mis au monde, en 1800, une petite Renée, en 1801, une petite Thérèse et, en 1803, un petit Amand. Que faire de cette nichée d'orphelins? Les proches se dévouent tant bien que mal. Julienne et Thérèse sont d'abord placées par la belle-sœur de feu Julien à l'hospice Saint-Nicolas, puis mises en nourrice; Renée est reçue à la «salle des enfants» du même hospice; quant à Amand, il meurt peu après, en bas âge, ce qui soulage toute la parentaille débordée par une avalanche de mioches malheureux. Les trois sœurs sont alors séparées et trimbalées d'un refuge charitable à l'autre. Passant de main en main, Julienne est enfin recueillie par son oncle René-Henry Drouet. Celui-ci, qui s'est retiré à Paris après une obscure carrière militaire, vit petitement d'une retraite de lieutenant de canonniers-gardes-côtes et peste contre l'ingratitude des gouvernements successifs à l'égard d'un honnête serviteur de la patrie. Comme son épouse, Françoise, tante de Julienne,

---

1. La future Juliette Drouet.

n'a pas eu d'enfant et qu'elle brûle de se dévouer à un marmot dont elle pourrait modeler le caractère, il décide de lui offrir ce substitut de maternité. Aussitôt, Françoise prend au sérieux son rôle d'éducatrice. De nature stricte et dévote, elle estime que son premier devoir, en tant que déléguée de la défunte, est d'éviter à Julienne les pièges du démon.

Pour assurer à sa nièce une vertu inattaquable, elle l'envoie chaque samedi à confesse. Mais Julienne se lasse vite d'ânonner les mêmes péchés, dans les mêmes termes. La monotonie de ces aveux ne peut, pense-t-elle, qu'ennuyer le Seigneur. Elle s'invente donc de nouveaux écarts de conduite et annonce un jour à son confesseur: «Mon père, je m'accuse d'avoir été adultère.» Elle a dix ans et redoute une semonce exemplaire. Mais le prêtre se contente d'émettre un rire indulgent et demande: «Combien de fois, mon enfant?» «Trois fois, mon père», répond-elle sans sourciller. Derrière le grillage du judas, une voix paternelle laisse filtrer la sentence: «Eh bien, vous direz trois Pater et trois Ave pour ne plus retomber dans ce péché-là!» Tant de mansuétude la déçoit. Ne la prendrait-on pas au sérieux? Vexée, elle choisit, la prochaine fois, de manquer le rendez-vous hebdomadaire à l'église et profite de sa permission de sortie pour aller rôder sur le boulevard du Temple. Émerveillée par les baraques des forains, elle passe d'un bonimenteur à l'autre et finit par échouer au théâtre des Pygmées, animé par les deux célèbres pitres de l'époque, Galimafrée et Bobèche. Alors qu'elle s'amuse de leurs grimaces, elle entend, tout près d'elle, un assourdissant éclat de rire. En tournant la tête, elle découvre son confesseur habituel dans le public. Par chance, il ne l'a pas vue et s'en va avant la fin du spectacle. Or, tandis qu'elle s'apprête à partir, elle se heurte à sa tante Françoise, qui, la surprenant dans ce lieu de dissipation, la menace des foudres de l'Église. Pour se justifier, Julienne balbutie: «Mais, ma tante, mon confesseur aussi vient à Bobèche: il était là, tout à l'heure [1].» La tante, outrée, refuse de la croire et décrète que seule la règle du couvent aura raison d'un esprit aussi insolent et aussi indocile. Justement, René-Henry Drouet compte deux parentes, une sœur et une cousine, parmi les religieuses de la communauté des Bernardines-Bénédictines de l'Adoration perpétuelle. Elles sont même mères vocales au couvent des dames de Sainte-Madeleine. Grâce à leur intervention, Julienne est admise dans le pensionnat annexé à ce couvent. Sa route est toute tracée: elle sera une élève assidue, une novice reconnaissante et, enfin, une rayonnante et discrète moniale. Que souhaiter de mieux pour une orpheline sans fortune et sans relations?

Avant de comprendre ce qui lui arrive, Julienne passe des facéties de Galimafrée et de Bobèche au murmure quotidien de la prière. Les dames de Sainte-Madeleine ont une haute opinion de leur

---

[1]. Confidence de Juliette Drouet, rapportée par Arsène Houssaye dans *Confessions (Souvenirs d'un demi-siècle)*.

mission terrestre. Ici, c'est la caserne du Bon Dieu. Tout geste et toute pensée sont régis par le tintement de la cloche. Réveil à cinq heures en hiver, à quatre heures en été, débarbouillage rapide, oraisons publiques ou privées, génuflexions, lectures pieuses à voix haute pendant les repas, mortifications diverses, brèves récréations dans une allée de peupliers, au cours desquelles on a le droit de jouer sagement au volant, au ballon ou à la poupée, quelques leçons dispensées par une religieuse distante et sévère, coucher à l'heure où les poules s'assoupissent sur leurs perchoirs, interdiction de bavarder au dortoir entre pensionnaires, obligation d'avoir toujours les yeux baissés, de marcher à pas comptés, de ne jamais se plaindre des punaises qui infestent le lit, ordre enfin de ne laisser aucun déchet de nourriture dans son assiette, au réfectoire. La religieuse de semaine, passant entre les tables, force les fillettes à finir les restes les plus répugnants en invoquant la gratitude que tout être humain doit avoir envers Dieu, dispensateur de la pitance nécessaire à ses créatures. De distance en distance sont disposés des récipients de terre vernie, dans lesquels chaque élève verse l'eau qui lui a servi à laver sa timbale, sa fourchette, sa cuiller d'étain et son couteau. Si, lors de son inspection, la semainière de service y découvre quelque débris de viande grasse ou de légumes pourris, elle oblige les responsables de cette négligence à les repêcher et à les mastiquer devant elle. Pour une enfant élevée à la lumière de la foi, toute gourmandise est un crime, tout accès de gaieté une provocation. Les punitions les plus rudes sont réservées à celles qui osent parler pendant les «heures de silence». La coupable est tenue de faire le signe de la croix sur le plancher, avec sa langue. Cet exercice de léchage est répété trois à soixante fois selon la gravité du délit. «Il fallait que les croix fussent marquées par la salive par terre, écrira Juliette Drouet. A la fin de la pénitence, on avait quelquefois la langue en sang, mais toujours on avait des boutons, ce qui n'empêchait pas les pauvres filles de recommencer la même faute dans le moment même. Les autres punitions étaient le cachot et la verge [1].» Pour échapper à cette dernière épreuve, une gamine de quatorze ans se jette par une fenêtre du premier étage et se casse le bras. Cet incident décourage ses compagnes de l'imiter. D'ailleurs, les religieuses ne sont pas moins sévères pour elles-mêmes que pour leurs ouailles. Elles se mortifient volontiers en restant couchées des heures durant la face contre terre, les bras en croix, soit dans la petite chapelle particulière du couvent, soit dans les couloirs. En se relevant, elles ont un regard radieux. De quelque côté qu'on se tourne, un grand crucifix vous rappelle vos devoirs. Çà et là, sur les murs blanchis à la chaux, s'étalent des sentences peintes en noir, tirées de la Bible. Malgré la rigueur quasi militaire du couvent, les jeunes élèves ne portent pas d'uniforme. Chacune est habillée, au dire de Juliette

---

[1]. Juliette Drouet: *Manuscrit autographe d'une ancienne pensionnaire du couvent de Sainte-Madeleine.*

Drouet, «selon le goût ou le moyen de ses parents, et en serge bleue le dimanche, avec fichu, bonnet et voile de mousseline blanche».

Le voile blanc est remplacé pour Julienne, à l'approche de ses quinze ans, par le voile noir des postulantes. Est-ce une promotion ou une condamnation? Fière et terrifiée tout ensemble, elle vacille au bord d'un précipice. Elle se demande, durant ses insomnies, si elle ne finira pas comme la mère supérieure, qui paraît si heureuse de n'avoir rien vu, rien connu au-delà des murs du couvent. Le 15 août 1821, la fillette participe à la fête de cette sainte femme, aimée de Dieu, des Madelonnettes et des pensionnaires, et mêle sa voix à celles du chœur qui chante:

Hélas! ma mère, accordez-moi la grâce
De ne plus voir cette terre d'impénitence [1] *!*

Quand est-elle sincère? Quand elle proclame ainsi, sur l'air de *La sympathie est le lien des âmes*, son impatience de renoncer aux vains plaisirs du monde ou lorsqu'elle regrette de n'avoir pu goûter aux chocolats que sa tante lui a apportés, lors d'une courte visite au parloir, et que la sœur tourière lui a confisqués pour lui éviter de céder à la tentation de la gourmandise? Seules friandises autorisées les jours de fête et les dimanches, au réfectoire: «trois ou quatre pruneaux et autant de noix pour le

---

1. *Ibid.*

dessert». La nuit, un silence sépulcral pèse sur le couvent. Pourtant, certains soirs, Julienne entend le son lointain d'une flûte qui joue invariablement le même air: *Ma Zétulbé, viens régner sur mon âme.* Intriguée, charmée, elle monte aux «commodités» du second étage, se hisse, à la force des bras, jusqu'à la lucarne et tente d'apercevoir cet étrange donneur de sérénades. «J'ai même été jusqu'à agiter mon mouchoir, mais en pure perte, je dois l'avouer, écrira-t-elle. Du reste, il m'était impossible de distinguer l'âge ni la figure du délicieux musicien [1].» Retournant dans son lit, elle continue de rêver à ce doux appel de l'univers extérieur. Dehors, c'est l'harmonie, la poésie, le mystère, la passion; ici, c'est la chape de plomb et la férule.

A mesure que la date fatidique des vœux se rapproche, Julienne se sent gagnée par une angoisse incoercible et sans doute diabolique. Que peut-elle attendre de l'avenir? Elle a le choix entre la sécurité sinistre du cloître et le vide tragique où elle tombera si elle quitte le giron des Madelonnettes. Ni père ni mère; une sœur, Renée, dont elle est sans nouvelles; l'autre, Thérèse, morte à douze ans, dans l'indifférence générale; la tante Françoise enfin, qui a un cœur de pierre, se cantonne dans la lecture des Écritures saintes et ne reçoit que des prêtres. D'ailleurs, malgré quelques déboires sentimentaux avec son mari, l'oncle René-Henry Drouet, elle lui a donné une fille, Eugénie. Ainsi comblée dans son instinct

---

1. *Ibid.*

maternel, elle se détache encore un peu plus de Julienne. La rage de pouponner et de mignoter la rend même si agressive envers sa nièce que, après de longues années d'oubli, Juliette Drouet pourra la qualifier, dans une de ses lettres, d'«odieuse vieille femme», dont elle a dû souffrir jadis «toutes les lâches et ignobles injures [1]».

En revanche, l'oncle Drouet se montre indulgent et tendre. Mais il est tellement fatigué qu'on ne peut guère compter sur lui pour un conseil ou un appui. Jamais Julienne ne s'est sentie aussi seule ni aussi vulnérable qu'en cette année 1821, où, à quinze ans, elle doit, par un serment solennel, tourner le dos à la vie et se consacrer à Dieu.

C'est Mgr de Quelen, coadjuteur de l'archevêque de Paris, qui reçoit, l'une après l'autre, pour un suprême examen, les professes, les novices, les postulantes et les simples pensionnaires de Sainte-Madeleine, dans le salon de l'abbesse. Quand vient le tour de Julienne Gauvain, agenouillée devant le prélat sur un «oreiller de tapisserie», elle est si émue qu'elle craint de n'avoir pas la force de parler. Cependant, elle se ressaisit vite et, encouragée par le bon regard de ce confesseur exceptionnel, elle ose lui avouer, entre deux soupirs, son hésitation à la croisée des chemins. «Le coadjuteur me rassura, écrira-t-elle, prit mes mains dans la sienne et releva

---

1. Lettre de Juliette Drouet à Victor Hugo du 23 février 1843, citée par Gérard Pouchain et Robert Sabourin dans *Juliette Drouet ou la dépaysée*.

de l'autre mon menton, que je tenais baissé sous mon petit capuchon noir.» A voix basse, le prêtre l'interroge sur sa vie à Sainte-Madeleine et sur la profondeur de ses sentiments religieux. Acculée à la sincérité, Julienne éclate en sanglots. Et, comme Mgr de Quelen insiste pour connaître la raison de ses larmes, elle lui déballe son cœur. Au risque de subir sa colère, elle lui dit que, tout en aimant Dieu et en respectant les bonnes sœurs, elle étouffe sous leur surveillance, qu'elle est impatiente de s'en évader, bref, qu'elle préférerait mourir plutôt que de finir ses jours au couvent. Quand elle a terminé de parler, elle courbe les épaules dans l'attente d'une semonce foudroyante. Mais Mgr de Quelen est un homme pondéré, bienveillant et perspicace. Il refuse d'enrôler au service de Dieu des créatures qui n'éprouvent pas la nécessité de se soustraire aux plaisirs de la condition humaine. Loin de gronder la jeune fille pour son défaut de vocation, il l'assure qu'il l'aidera à rejoindre la foule de celles qui, tout en étant de bonnes chrétiennes, désirent assumer, dans le siècle, leur destin de femme. «Il s'empressa de me consoler, écrira Juliette Drouet, et il me promit que je ne serais pas religieuse contre mon gré.»

Promesse tenue: quinze jours plus tard, à l'instigation du coadjuteur de l'archevêque de Paris, Julienne Gauvain fait ses adieux aux dames de Sainte-Madeleine, verse quelques larmes en se séparant pour toujours de ses compagnes de réclusion et franchit le portail du couvent, sans savoir au juste où aller, ni que penser, ni que faire. Elle n'a pas appris grand-chose en cinq ans de claustration et de brimades. Les bonnes sœurs lui ont enseigné beaucoup de prières, des rudiments d'orthographe, un peu de couture, un minimum de connaissances ménagères, le goût de la soumission, de la ponctualité et du sacrifice. De quoi marcher droit dans la vie. Ses notions littéraires se bornent à *L'Imitation de Jésus-Christ*, qu'il était prescrit de réciter à haute voix au réfectoire pendant le dîner, et à *La Vie des saints*, dont la lecture accompagnait invariablement le souper. Elle sait, bien sûr, qu'il existe d'autres livres, derrière les murs de Sainte-Madeleine. Cela fait partie des enchantements défendus qu'elle a hâte de découvrir. Au couvent, chaque soir, après le coucher, une religieuse à la démarche feutrée accomplissait sa ronde dans le dortoir, l'œil scrutateur, une lanterne sourde à la main. Cette présence tutélaire était à la fois, pour Julienne, une contrainte insupportable et un gage de protection. Pourra-t-elle s'endormir, désormais, sans ce regard vigilant qui la clouait dans son lit et lui assurait la paix de l'âme? Ne va-t-elle pas regretter la sombre quiétude du cloître au milieu de l'agitation de tant de gens qui ne lui sont rien? La frayeur et la curiosité se partagent son cœur, tandis qu'elle décide de confier à son oncle René-Henry Drouet le soin de guider ses premiers pas dans un Paris tentaculaire.

II

UNE MADELONNETTE
EN QUÊTE DE PROTECTION

L'oncle René-Henry a quarante-sept ans, de graves ennuis de santé et pas un sou vaillant lorsqu'il voit débarquer chez lui cette adolescente échappée aux mains des Madelonnettes. Avec son air innocent et espiègle, ses formes à peine marquées et ses grands yeux scintillant de malice, elle est agréable à regarder, mais cela ne suffit pas à faire bouillir la marmite. A quoi l'employer, alors que le couvent ne l'a préparée à rien ? Pendant quatre ans, Julienne Gauvain mène une vie discrète, dont aucune lettre, aucun document ne permet de retracer l'itinéraire. Sans doute gagne-t-elle un peu d'argent en exécutant çà et là d'humbles tâches ménagères, des besognes de couture, des gardes d'enfants. Comme elle est d'un tempérament enjoué, son oncle ne se fait pas trop de souci pour elle. Un jour ou l'autre, elle finira par trouver un mari ou un emploi honnête dans le commerce. D'ailleurs, en quelques mois, elle a pris le ton de la capitale. Elle s'est même mis en tête d'apprendre la peinture en suivant les cours de Pierre-Joseph Redouté, surnommé «le Raphaël des fleurs». Dans l'atelier de ce spécialiste des grâces horticoles, se pressent des élèves de toute condition. Le beau sexe y domine. Ce sont aussi bien des femmes du meilleur monde que des jeunes filles d'un milieu modeste, voire des ouvrières en quête d'un nouveau métier, qui s'échinent, côte à côte, à copier des roses, des œillets et des hortensias. Certaines de ces apprenties se destinent à l'enseignement du dessin, d'autres rêvent d'acquérir assez d'habileté pour travailler dans une manufacture de porcelaine ou de tapisserie, d'autres encore ne voient là qu'un aimable passe-temps. Peut-être Julienne se dit-elle que cette expérience la conduira à exercer, plus tard, une activité à la fois amusante et rémunératrice dans le domaine de l'art. Toujours est-il que, peu de temps après, elle émigre dans un autre atelier, situé à côté, au numéro 3 de la rue Neuve-de-l'Abbaye [1]. C'est là que gîte un sculpteur de renom, Jean-Jacques Pradier, dit James Pradier. Chez lui, plus encore que chez Redouté, règne une atmosphère de gaieté licencieuse. Tout y est permis, pourvu qu'on ait du talent et de l'esprit. Peintres, musiciens, journalistes, écrivains, femmes entretenues, grandes dames du boulevard Saint-Germain et grisettes se côtoient parmi des ébauches de statues

---

1. Actuellement rue de l'Abbaye.

juchées sur leurs selles tournantes. Le maître des lieux ne se contente pas de manier avec dextérité la spatule et le ciseau, il joue aussi de la guitare, de la harpe, du piano et compose des romances dont raffolent ses belles visiteuses. Comme il n'aime rien tant que le déguisement et la fête, il leur apparaît dans les tenues les plus extravagantes. Tantôt on le voit engoncé dans une tunique de velours grenat à gilet de dentelle, tantôt il a le torse pris dans un pourpoint noir, taillardé, aux crevés doublés de satin de couleur, tantôt il se pavane enveloppé dans un justaucorps violet soutaché de brandebourgs «à la polonaise» et les épaules à demi couvertes d'une cape à collet. Julienne est subjuguée par cet illusionniste de trente-cinq ans, fantasque et rieur, qui semble connaître tout Paris, donne son avis avec aplomb sur les sujets les plus divers, jette l'argent par les fenêtres et tire des figures sublimes de la terre glaise, comme Dieu le Père lors de la création du monde. Justement, James Pradier cherche des modèles. Les séances de pose sont bien payées. Il en parle à Julienne. Ne voudrait-elle pas se plier à cette charmante discipline? Il l'immortaliserait dans le marbre. Et elle serait rétribuée en conséquence. Seule obligation: elle devrait se dénuder devant lui. Mais il est un artiste. Ce qui l'intéresse, dans un corps de femme, c'est uniquement l'assemblage des volumes, des lignes, les jeux de la lumière sur l'épiderme. Il jure qu'il ne pensera pas à autre chose en détaillant du regard l'anatomie de l'ancienne pensionnaire du couvent de Sainte-Madeleine. Amusée, excitée,

Julienne accepte le marché. L'homme ne lui déplaît pas et l'intérêt qu'il porte à son aspect plastique la flatte.

Très vite, les séances de pose s'achèvent au lit. Les mains de James Pradier passent avec bonheur de l'argile inerte à la chair vivante. Il est enchanté d'avoir ainsi, à demeure, une femme qui allie les avantages de la maîtresse à ceux du modèle. Julienne prête sa beauté à de nombreuses statues dont, à l'en croire, celle représentant, place de la Concorde, «la Ville de Strasbourg». «C'est moi qui triomphe, écrira-t-elle bien des années plus tard, puisqu'on illumine ma statue, qu'on la pavoise et qu'on la couvre de fleurs [1].»

Un an après son entrée dans l'atelier de James Pradier, elle se découvre enceinte et, le 12 novembre 1826, met au monde une fille, Marie-Sophie-Claire. Pendant plus de huit mois, le sculpteur hésite à reconnaître l'enfant, qui est déclarée à l'officier de l'état civil sous le seul nom de sa mère. Dans l'intervalle, Julienne Gauvain a renoncé à son prénom d'origine et préfère se faire appeler Julie. Quant à James Pradier, il a gravi de nouveaux échelons dans la célébrité. Le 23 juin 1827, il a été élu membre de l'Institut; le 29 décembre de la même année, le voici professeur à l'École des beaux-arts; et, le 9 avril 1828, il est nommé chevalier de la Légion d'honneur. Son *Prométhée* et son *Buste de Charles X*

---

1. Lettre de Juliette Drouet à Victor Hugo du 5 septembre 1870.

vont être achetés par la Maison du roi. Tant de réussite en si peu de temps lui fait un devoir d'accéder au désir de Julie. Le 22 mai 1828, il reconnaît officiellement sa fille, Marie-Sophie-Claire, âgée de dix-huit mois, et exige que, désormais, elle porte son nom. Du coup, Julie se sent presque aussi respectable qu'une épouse légitime. A-t-elle posé le pied sur la première marche de son vrai destin? Elle est bien près de le croire, mais, à vivre en bohème avec ce diable de Pradier, elle a contracté le goût du risque, du hasard, de l'imprévu. Si l'ancienne pupille des dames de Sainte-Madeleine penche pour la fidélité et la sécurité, la maîtresse du sculpteur, cent fois dessinée, modelée, palpée et révélée, a soif de nouvelles aventures. D'ailleurs, James Pradier a l'esprit large. Pour plus de commodité, Julie commence par mettre sa fille en nourrice à Vert, près de Mantes, chez une «femme Dupuis» dont le mari est garde champêtre. Après quoi, elle se lie avec un certain Scipion Pinel [1], médecin spécialisé dans la recherche scientifique. Le père de Scipion, l'aliéniste Philippe Pinel, lui ayant laissé en mourant un coquet héritage, il partage son temps entre des études sur «les fièvres essentielles» ou sur «l'endurcissement du système nerveux» et de vagues projets de romans. Scipion Pinel est versatile,

---

1. Les biographes ont longtemps affirmé que le premier amant de Juliette Drouet, après sa liaison avec James Pradier, était le graveur Bartolomeo Pinelli. Grâce aux recherches de Gérard Pouchain et Robert Sabourin (*op. cit.*), il est établi maintenant qu'il s'agissait, en fait, de Scipion Pinel.

tête en l'air et dépensier. Son capital fond si rapidement que, peu après avoir séduit Julie et voulant néanmoins la combler de cadeaux, il signe pour plus de vingt mille francs de lettres de change à une dame Ribot, usurière notoire, «revendeuse à la toilette», connue pour avoir grugé et mis sur la paille de nombreux fils de famille. En février et mars 1828, Scipion Pinel est condamné pour n'avoir pas réglé ses dettes. Ses meubles sont vendus à l'encan. Mais les enchères rapportent une somme insuffisante pour dédommager les créanciers. Scipion Pinel doit encore huit mille francs. Par crainte de nouvelles poursuites, il se dépêche de fuir en Allemagne avec Julie. Elle en avertit son «protecteur», James Pradier. Le sculpteur est un brave bougre, léger mais tendre, pourri de vices mais disposé à toutes les indulgences. Il n'en veut nullement à son ex-maîtresse de sa petite «trahison» et la plaint même d'avoir fait un mauvais choix en s'acoquinant avec ce fou de Pinel. Ses lettres sont celles d'un ami compatissant et avisé. Il la met en garde contre elle-même. «Sans [autre] jugement que celui de ta passion, qui t'a enlevé tout sens de conservation pour toi et les tiens, lui écrit-il, tu ne verras clair que quand il ne sera plus temps [1].» Et, comme elle se désespère de manquer de tout à Francfort, il gratte ses fonds de tiroirs et propose de lui envoyer deux cents francs. Il va jusqu'à lui promettre d'essayer de tirer quelque argent des «ouvrages de M. Pinel» et d'expédier au couple «la

1. Lettre du 11 août 1828.

somme entière» que rapporterait cette tractation de la dernière chance. Sa sollicitude envers l'infortunée Julie est si grande qu'il lui arrive de signer ses épîtres : «Ton dévoué ami, amant et père.»

Sont-ce les lettres de James Pradier, les inconvénients de la pauvreté partagée ou une lassitude croissante dans les jeux érotiques qui précipitent la rupture entre les amants? Toujours est-il que, dès le début du mois d'octobre 1828, Julie est décidée à quitter Scipion Pinel, empêtré dans des procès sans fin. A peine mis au courant de la brouille, James Pradier félicite la jeune femme : «Tu fais bien : il vaut mieux tard que jamais. Tu le peux. C'est d'ailleurs un service que tu te rends à toi-même. Pour moi, je me croirai assez récompensé et heureux quand je te verrai faire une chose qui te rendra le rang que tu mérites encore [1].»

Ce «rang» auquel son ex-amant rêve pour elle est celui de comédienne. Il estime que, avec son physique pimpant, son «talent naturel» et sa voix «gentille et suffisamment forte», elle a toutes les chances de faire une belle carrière au théâtre. Au vrai, depuis peu, elle est irrésistiblement attirée par la scène. Les potins des coulisses que publient les journaux excitent son envie. Elle aimerait ressembler à ces actrices tant vantées, tant courtisées et dont la vie semble être une succession de fêtes. James Pradier abonde dans son sens. Mais comment la propulser vers les sommets? Le plus sage, pense-t-il, serait de

---

1. Lettre du 14 octobre 1828.

commencer par tâter le terrain en Belgique. Le public y est moins féroce qu'en France. James Pradier possède à Bruxelles quelques bons amis qui ne demanderont pas mieux que de pousser la débutante sur les planches. Il compte notamment sur Charles Durand, avocat et journaliste, lequel, installé dans une salle de Waux-Hall, enseigne l'éloquence aux timides et l'aisance aux empotés. Afin d'achever de persuader Julie que son salut est au-delà de la frontière, il engage pour elle une dame Giraudier, lingère, qui la rejoint à Francfort. Tandis que Scipion Pinel, revenu en France tête basse, reprend ses fonctions à l'hospice de la Salpêtrière, où il avait débuté jadis comme médecin surveillant, Julie, aidée de sa nouvelle soubrette, boucle ses valises et se prépare à changer de pays, de métier et peut-être d'amant. Les deux femmes arrivent à Bruxelles le 31 octobre 1828 et descendent à l'hôtel de Brabant. Julie a vingt-deux ans et une peur de l'avenir aussi démesurée que son ambition.

III

Mlle JULIETTE,
COMÉDIENNE A BRUXELLES

Pour se préparer au métier de comédienne, Julie a deux mentors : Charles Durand, qui lui apprend à parler juste et à se mouvoir avec élégance, et James Pradier, qui la bombarbe de conseils aussi impératifs que surprenants. D'une part, Pradier lui recommande de ne pas se montrer trop farouche avec les hommes importants (acteurs en renom, directeurs de théâtre, chefs d'orchestre) qui lui font la cour; d'autre part, il lui enjoint de leur résister pour éviter de compromettre sa réputation. «Tu as assez d'autres jolies qualités pour récompenser ceux qui seront assez nobles pour t'aider», lui écrit-il. Et il lui prescrit de sucer des pastilles de menthe afin d'être toujours en forme. «Il n'y a que cela qui m'a guéri les nerfs, car j'avais des palpitations comme toi et elles sont parties. Le chocolat sans pain te ferait aussi du bien et t'engraisserait [1] », affirme-t-il encore, en connaisseur des avantages physiques de son ex-maîtresse. Il la trouve amaigrie et voudrait qu'elle se remplumât pour plaire au public, qui aime les rondeurs. Le lendemain, le ton change et Pradier l'encourage à persévérer dans la voie artistique qu'elle a choisie, car elle y trouvera « la récompense de ses peines ». « Heureux celui qui entre dans la route du bien, ajoute-t-il, il surmontera tous les obstacles, sois-en sûre. » N'est-ce pas Mgr de Quelen, coadjuteur de l'archevêque de Paris, qui parle ainsi, par la voix du sculpteur, à la petite Julienne Gauvain ? Mais non, voici que Pradier redescend sur terre pour démontrer à la jeune femme qu'elle a intérêt à se spécialiser dans le vaudeville. Avec son nez mutin, sa voix clairette et son air de fausse innocence, elle est faite, dit-il, pour ce genre superficiel et charmant et ne doit surtout pas penser à l'ennuyeuse tragédie. Quant à sa garde-robe, elle a bien tort de la juger trop modeste. Sa grâce naturelle la dispense de s'afficher dans les riches atours dont se prévalent les « routinières du spectacle ». Son sourire, ses fossettes, ses yeux enjôleurs valent tous les falbalas imaginés par les couturières parisiennes. Le seul « handicap » que Pradier reconnaisse à sa protégée, c'est sa timidité. Le trac la paralyse. Mais les fameuses « pastilles de menthe » la guériront de ce défaut, il s'en porte garant.

1. Lettre du 10 novembre 1828.

Enfin engagée au théâtre du Parc à Bruxelles, Julie choisit, en tremblant, son pseudonyme. Sur la scène comme à la ville, elle sera, à dater de ce jour, Mlle Juliette. Pour ses débuts, elle doit interpréter un petit rôle dans *La Mansarde des artistes*, vaudeville en un acte de Scribe, Dupin et Varner. Or, la première représentation de cette pièce, trois semaines auparavant, s'est déroulée dans un chahut assourdissant, provoqué par de jeunes énergumènes qui protestaient contre on ne sait quoi. Terrorisée à l'idée d'affronter à son tour les quolibets et les sifflets du public, Mlle Juliette regrette soudain de s'être lancée dans ce métier ingrat. Comment supportera-t-elle l'hostilité d'une foule d'inconnus, elle que le moindre mot blessant désarçonne? Par bonheur, à la dernière minute, la direction du théâtre a décidé de remplacer *La Mansarde des artistes* par un autre vaudeville: *Simple Histoire*, due aux inventions conjuguées de Scribe et de Courcy. Mlle Juliette interprétera une pupille de dix-sept ans, amoureuse de son tuteur. L'argument lui convient à merveille et elle a déjà appris les répliques et les couplets de la pièce en même temps que ceux de *La Mansarde*. Le moment venu, elle s'avance dans la lumière de la rampe, les genoux faibles et le cœur résolu comme une martyre chrétienne pénétrant dans la fosse aux lions. Miracle! Les fauves se sont transformés en brebis. Au lieu de rugir et de la dévorer, ils semblent engourdis de plaisir. Personne ne crie ni ne ricane en l'écoutant débiter son texte. A elle revient l'honneur de chanter le couplet final:

Pour mes défauts, quand j'agis en pupille,
Par vos bontés, agissez en tuteur.

On l'applaudit. Elle salue en donnant la main à d'autres acteurs. Quand elle rentre chez elle, brisée par l'émotion, elle a l'impression d'avoir prononcé des vœux aussi importants que ceux qu'exigeaient d'elle les dames du couvent de Sainte-Madeleine.

Le lendemain, 7 décembre 1828, la presse est, dans l'ensemble, élogieuse. Le critique de *L'Argus politique, littéraire, des spectacles, des arts et des mœurs* note que Mlle Juliette, une nouvelle venue sur la scène, a «une jolie figure, des yeux pleins de charme et d'expression, une voix faible, mais douce et juste, une excessive timidité, mais sans gaucherie, de la gentillesse, de l'intelligence, des inflexions qui viennent de l'âme et qui ne sont le fruit ni de l'étude ni de l'expérience».

En lisant cet hommage, Juliette ne doute plus d'avoir toutes les qualités requises pour séduire les foules belges et – pourquoi pas? – françaises. Mais, la semaine suivante, elle doit jouer le rôle de Camille dans *La Mansarde des artistes*, vaudeville avec lequel il était prévu qu'elle ferait ses premières armes et qui a chuté si malencontreusement. Le scandale de la précédente représentation va-t-il se reproduire cette fois-ci? Julie a tellement peur d'être emportée par la bourrasque qu'elle manque de voix au moment d'entrer en scène et a recours au souffleur pour retrouver son texte. Le public ne la houspille pas, mais demeure de glace. Quant à la critique, elle est, hélas! réticente. *La Gazette des Pays-Bas,* qui ces derniers jours lui promettait un avenir jonché de roses, écrit maintenant: «A peine entendait-on Mlle Juliette qui semblait bouder les acteurs et le public et dont, par conséquent, le jeu était, comme le visage, fort maussade et fort triste. Nous voilà bien payés de nos encouragements.» *L'Argus,* à son tour, enfonce le clou. «En prenant les habits de Camille dans *La Mansarde des artistes,* Mlle Juliette a perdu sa grâce et sa vivacité; ce n'était pas la même personne. Je ne lui conseille guère de faire un troisième essai, car, en suivant la même marche, elle pourrait descendre jusqu'aux sifflets [1].»

Le réveil est si brutal que Juliette hésite à en avertir Pradier. Elle espère se racheter auprès des spectateurs dans d'autres comédies. Mais le cœur n'y est plus. Elle est trop impatiente de retrouver Paris pour se consacrer, corps et âme, aux badinages de la scène. Après avoir mis la petite Claire en nourrice, avec l'assentiment de Pradier, elle souffre d'être restée longtemps séparée de sa fille. Serait-elle aussi mauvaise mère que mauvaise comédienne? Comme Pradier ne semble pas pressé de la revoir, elle le soupçonne de chercher à la dissuader de revenir en France pour n'avoir plus à s'occuper d'elle, moralement et matériellement. Pourtant, à un moment, elle croit avoir trouvé la voie royale en signant un contrat avec Pierre Victor, ancien comédien du Théâtre-Français et du théâtre de l'Odéon. Ayant

---

1. Cf. Gérard Pouchain et Robert Sabourin, *op. cit.*

pris la tête d'une jeune troupe, Pierre Victor prévoit de monter des spectacles somptueux à Bruxelles, dans la salle des Beaux-Arts, place de Bavière. Il a d'ailleurs joué naguère avec le grand Talma et il compte d'utiles relations à Paris. Ces considérations déterminent Juliette, qui a besoin de se raccrocher à une dernière possibilité de rapatriement. Selon l'engagement qu'elle a signé, elle doit se produire dans une comédie en un acte et en vers de Désaugiers et Gentil, *L'Hôtel garni ou la Leçon singulière*, puis dans une tragédie en cinq actes et en alexandrins adaptée par M. Ducis du *Hamlet* de Shakespeare. Accueil mitigé pour les deux pièces. Certes, *Le Journal de la Belgique* remarque «la jeune et jolie personne qui donne la réplique à Pierre Victor», mais *La Minerve des Pays-Bas* adresse à Juliette un avertissement aigre-doux: «La nature vous fit gentille, l'art vous fait mignarde. Retournez à la nature: vérité et simplicité.» A l'opposé, *L'Impartial* la félicite de «cesser de faire des mines». Qui croire? Avec son tempérament d'écorchée vive, elle craint de ne pouvoir supporter plus longtemps cette alternance de louanges et de moqueries, cette constante remise en question de ses efforts, cette négation de son talent, assortie d'un banal hommage à sa jeunesse et à son charme. Dans un sursaut de bonne volonté, elle tente encore sa chance au service d'une comédie en un acte et en prose de Pigault-Lebrun, *Les Rivaux d'eux-mêmes*. Une fois de plus, les critiques l'admirent comme femme et la dénigrent comme actrice. On lui reproche de savoir à peine son texte et de le débiter sur un ton monocorde au lieu de le vivre au gré des péripéties. «Le public, dit le chroniqueur du *Journal de la Belgique*, n'a fait que rire de cette espièglerie qui, probablement, ailleurs et dans d'autres circonstances, aurait valu à la coupable une de ces légères corrections nécessaires parfois à des enfants aimables mais étourdis et qu'on aurait tort de gâter.»

La comparer à une «enfant gâtée», alors qu'elle est orpheline, fille-mère, abandonnée de tous et s'échine à apprendre des rôles stupides pour les jouer devant une assemblée de bourgeois belges encroûtés, c'en est trop! Il lui faut beaucoup de courage pour honorer son contrat jusqu'au bout et se produire encore dans quelques pièces, dont le *Venceslas* de Rotrou, le *Britannicus* de Racine et l'*Alzire* de Voltaire. Rien que des demi-rôles et des demi-succès. Si cela continue, elle finira dans la figuration.

De plainte en plainte, elle parvient à attendrir Pradier, qui jure de parler d'elle à différents directeurs de théâtres parisiens. Mais le fera-t-il? Prompt à promettre monts et merveilles, il est trop distrait pour s'en souvenir le lendemain. Ses lettres, toujours aussi nombreuses et attentionnées, ne suffisent plus à assagir Juliette. Pour sauvegarder la réputation de son ex-maîtresse, il les adresse à «Mme Giraudier, pour Mlle Juliette». Cette Mme Giraudier, qu'il a chargée de veiller sur la jeune femme, est une affreuse mégère. Sans doute est-elle de mèche avec tous ceux qui veulent empêcher Juliette de revoir sa fille. Le monde entier se ligue contre l'exilée. Elle était plus heureuse au couvent!

Cependant, au début de mars 1829, Pradier charge sa propre domestique, Mme Lanvin, de chercher un petit appartement pas cher pour y loger «une personne à qui [il veut] du bien». En même temps, il prévient Juliette des déboires qui l'attendent dans la capitale. Si elle a souffert de l'indifférence du public bruxellois, que dira-t-elle de la férocité du public parisien? Sans compter l'atmosphère empuantie des coulisses! Ici règne la loi de la jungle. L'argent pourrit les cœurs. La malveillance prend le masque de la politesse. On ne s'embrasse que pour mieux s'entre-déchirer. «Songe que tu vas entrer dans une autre ère, écrit Pradier à Juliette, et que tu dois te dépouiller de tout ce qui peut nuire à ta réputation et ce qui pourrait te rappeler le temps passé, indigne de toi et de tes vrais amis.» Cette lettre est datée du 3 avril 1829. Quand Juliette la lit, elle a déjà fait ses valises et retenu deux places dans la diligence de Paris.

IV

DÉBUTS PARISIENS

Elle a mal jugé Pradier: alors qu'elle craignait, de sa part, un torrent de remontrances ou, pis, une tentative de reprise de leurs rapports physiques, il l'accueille en «bon papa», soucieux avant tout de la rassurer sur son avenir de comédienne. Pour une femme habituée à plaire, il est parfois réconfortant, et même flatteur, de sentir qu'un homme s'intéresse à elle en dehors de toute idée de coucherie. Cependant, c'est moins sur les démarches de son ex-amant qu'elle compte pour s'imposer dans les théâtres parisiens que sur son propre don de persuasion et sur la petite renommée qu'elle s'est acquise à Bruxelles. Assiégé par elle, le directeur du Vaudeville, Étienne Arago, finit par se laisser convaincre. Il s'agit d'une salle secondaire, spécialisée dans les spectacles sans prétention et dont le public se fait de plus en plus rare. Malgré la réputation douteuse de l'établissement, qui ne monte que des pièces de pacotille et perd de l'argent tous les soirs, Juliette est ravie d'être enfin engagée dans une vraie troupe. Elle doit débuter le 11 juillet 1829 dans une œuvrette sotte et conventionnelle de Duvert et Paulin, *Kettly ou le Retour en Suisse*. Elle y tiendra le rôle de Kettly, la fille d'un vieux militaire retiré, et y chantera plusieurs duos avant de trouver l'amour et la fortune que méritent son innocence, sa droiture et sa beauté. Mais les répétitions traînent en longueur et, de report en report, la première n'a lieu que le 24 juillet. Le trac que Juliette a si souvent connu en Belgique n'est rien auprès de la terreur paralysante qu'elle éprouve avant d'affronter le jugement de Paris. La pensée que toute sa carrière dépend de ce contact fatidique avec ses compatriotes lui vide la tête et lui coupe les jarrets. Plus elle voudrait se dominer et jouer avec naturel, plus elle se sent désemparée et gauche. Les applaudissements polis qu'elle recueille après le baisser du rideau ne suffisent pas à la requinquer. Comme toujours, songe-t-elle avec dépit, ce que ces gens ont admiré, ce n'est pas son talent, mais sa figure et sa robe. Elle en vient à se demander s'il n'y a pas quelque malédiction, pour une personne du sexe, à avoir le nez droit, l'œil brillant et la poitrine avenante.

La lecture des gazettes, les jours suivants, tempère un peu sa déception. Certes, *Le Courrier du théâtre* la traite d'«actrice en herbe», souligne «la peur dont elle a été saisie tout au long de la représentation» et déplore que cette timidité maladive ait «nui à ses moyens». Mais, conclut l'aristarque, «elle paraît posséder une qualité précieuse au théâtre, l'âme et l'expression». Le critique de *La Semaine* avoue avoir été séduit par cette débutante, qui a «une jolie figure, une voix faible, mais assez juste, et un jeu spirituel». *Le Figaro* reconnaît qu'elle est «élégante et gracieuse» et *Le Corsaire* va même jusqu'à conseiller à Étienne Arago de la retenir dans sa troupe: «C'est une bonne acquisition à faire», lit-on dans l'article de cette feuille d'habitude piquante. Le galop d'essai s'étant révélé satisfaisant, Juliette se prépare, dans la fièvre, à l'examen définitif. En effet, selon l'usage de l'époque, une actrice est tenue d'assumer trois «débuts» consécutifs avant d'être officiellement engagée.

Ce troisième début, Juliette obtient de l'accomplir, sans désemparer, dès le 19 août, dans *Une visite à Bedlam*, comédie en un acte de Scribe et Delestre-Poirson, qui tient l'affiche depuis dix ans au Vaudeville. On l'attend au tournant. Elle en est consciente et se demande si elle saura proférer un mot quand elle entrera en scène. Or, par une espèce d'état de grâce, elle se montre, le moment venu, plus à l'aise que lors de ses précédents essais. Les journalistes lui en savent gré. *Le Corsaire* déclare carrément: «Mlle Juliette vient de confirmer nos espérances. Il y a bien quelques restes de timidité, mais la tenue est plus assurée, la diction plus ferme, les poses plus variées et plus faciles.» Néanmoins, *Le Journal de Paris* écrit: «Mlle Juliette est une jeune et jolie personne; aussi est-ce avec tous les égards possibles que le public l'a déjà plusieurs fois avertie que quelques mois d'étude et de leçons lui sont encore nécessaires pour obtenir de véritables suffrages [1]. »

Les louanges que les journaux prodiguent à la beauté de Juliette agacent certaines de ses camarades. On lui en veut de cette joliesse insolente qui lui permet, dit-on, de se passer de talent. Les coulisses bourdonnent de propos malveillants où son nom revient avec insistance. Le climat du Vaudeville s'alourdit d'une soirée à l'autre. Toute la troupe est sur les nerfs. D'autant que le public semble de plus en plus attiré par des salles concurrentes. On parle d'une réunion possible du théâtre Saint-Martin, qui vient d'être mis en faillite, et du théâtre de l'Odéon, que dirige Jean-Charles Harel. Mais c'est François-Louis Crosnier qui, en fin de compte, obtient pour quinze ans, lors de la fusion, le privilège de présider aux destinées de cette nouvelle entreprise de spectacles. L'affaire s'annonce comme un somptueux défi à tout ce qui a été tenté jusqu'à ce jour dans le domaine du divertissement. On promet de frapper haut et fort.

Attentive à ces rumeurs de réorganisation, Juliette n'hésite pas. Si elle veut gagner, elle doit rejoindre le parti de ceux qui vont de l'avant. Quittant le Vaudeville qui agonise, elle se rapproche de la troupe de la Porte-Saint-Martin. Crosnier l'engage pour tenir le rôle d'Emma dans *L'Homme du monde* d'Ancelot et Saintine, un mélodrame éculé, mais qui fait encore

---

1. Cf. Gérard Pouchain et Robert Sabourin, *op. cit.*, ainsi que Jeanine Huas, *Juliette Drouet, le bel amour de Victor Hugo*.

couler bien des larmes. La première est programmée pour le 27 février 1830. Deux jours auparavant, la Comédie-Française a donné *Hernani*, la pièce en vers d'un jeune auteur à la mode, Victor Hugo. En apprenant que cette soirée inaugurale a été marquée par de violents incidents, Juliette est saisie d'une affreuse prémonition. On raconte qu'au cours de la représentation d'*Hernani* les adeptes du romantisme, reconnaissables à leurs cheveux longs, à leur tenue excentrique et à leur insolence, s'en sont pris aux vénérables défenseurs de l'art classique et des bonnes manières. Au milieu des vociférations d'enthousiasme et des explosions d'injures, les adversaires en étaient venus aux mains. Les gazettes relatent à satiété cette empoignade littéraire. Pourvu, songe Juliette, que ces bandes d'énergumènes, ayant pris goût au scandale lors de la première d'*Hernani*, ne soient pas tentées de recommencer lors de la représentation de *L'Homme du monde*! Bien sûr, les deux pièces ne se ressemblent pas. Sans avoir vu *Hernani*, Juliette sait, par ouï-dire, qu'il s'agit d'une œuvre pleine de sentiments extrêmes et de vers audacieux, tandis que *L'Homme du monde* ne se signale ni par son originalité ni par sa poésie. Mais toute occasion est bonne pour une jeunesse résolue à manifester. Au paroxysme du trac, Juliette en voudrait presque à Victor Hugo d'avoir indisposé le public à la veille d'une expérience si importante pour elle.

Or, contrairement à son appréhension, *L'Homme du monde* est bien accueilli par une assemblée qui paraît composée justement de gens du monde. Pas une protestation, pas un éclat, un silence respectueux, des applaudissements corrects. Sans doute les fous furieux d'*Hernani* n'ont-ils pas jugé utile de se déranger. Ils dédaignent ce genre de spectacle, destiné aux bourgeois. Même la presse est d'une tiédeur apaisante. Tout en constatant que Juliette «a joué la première partie de son rôle plus que faiblement», *Le Pandore* admet que, par la suite, «le talent de l'actrice s'est révélé». *Le Voleur* avoue qu'en regardant Juliette il a assisté à «l'essor d'un talent naissant». Ainsi rassurée, Juliette finit par convenir qu'*Hernani* n'a pas fait de tort à *L'Homme du monde*. D'ailleurs, le vacarme suscité par la pièce de Victor Hugo est tel que Crosnier songe à exploiter la situation en montant, le même soir, en complément de *L'Homme du monde*, une parodie d'*Hernani* intitulée: *N, I, Ni*. On y ridiculise les violences verbales de l'auteur à travers un assortiment de vers pompeux, de calembours, de pataquès et de grimaces. Les spectateurs rient à gorge déployée et Juliette s'amuse elle-même beaucoup. Elle ne connaît pas Victor Hugo. Pourquoi le plaindrait-elle d'être ainsi brocardé en public? Ce qui lui semble le plus important, c'est que Mme la duchesse de Berry, ayant fait l'honneur aux comédiens de se rendre au théâtre, l'a applaudie dans *L'Homme du monde* et s'est esclaffée à plusieurs reprises aux facéties de *N, I, Ni*.

Pour récompenser Juliette de ses progrès sur la scène, Crosnier lui offre le rôle de Jessica dans le *Shylock* de Dulac, inspiré par *Le Marchand de Venise* de Shakespeare. L'abondance des péripéties tragiques secoue le public jusqu'au malaise. Seule la jeune et pure Jessica apporte un souffle de fraîcheur dans ce festival de haine. Les critiques apprécient sa performance. Portée par le vent du succès, Juliette se produit ensuite dans *Le Bigame ou Toinette et Stéphanie*, de Sauvage et Georges, dont l'intrigue pleurnicharde met à rude épreuve les nerfs fragiles des spectatrices. Les journalistes louent tout ensemble la délicatesse de son jeu et l'élégance de ses toilettes. *La Semaine* la trouve «pleine de grâce» dans son interprétation de la baronne Stéphanie et note la perfection du «timbre de sa voix». Cependant, le chroniqueur du *Journal des comédiens* estime qu'elle a montré, au long du spectacle, une sorte d'essoufflement et que, de toute évidence, le rôle de Stéphanie est «au-dessus de ses forces». On ne peut contenter tout le monde, décide Juliette pour se consoler des fluctuations imprévisibles de l'opinion. Ce ne sont pas les jappements de quelques courriéristes qui l'empêcheront de poursuivre sa route. Elle enchaîne la série de ses apparitions sur scène avec *Aben Humeya ou la Révolte des Maures*, mélodrame romantique en trois actes de Martínez de la Rosa, qui lui permet de ravir les messieurs du parterre en s'exhibant dans un costume arabe.

Le succès de la pièce, superbement montée, se maintient pendant plusieurs mois, malgré les remous politiques qui agitent la capitale. L'autorité obtuse de Charles X est dénoncée dans les salons et dans la rue. Pressentant la tempête, Juliette se demande si elle n'aurait pas mieux fait de rester à Bruxelles. C'est le cœur serré qu'elle continue à jouer devant des salles houleuses. Et, soudain, l'insurrection éclate. Le peuple relève la tête. Juliette ne sait trop si elle doit s'en réjouir ou s'en effrayer. Ses compatriotes sont fous de préférer les barricades au théâtre. Ce n'est pas en pillant les palais et en chassant les ministres qu'ils trouveront le bonheur et la prospérité. Mais voici que Charles X déguerpit et que tout le monde, autour de Juliette, se réjouit de son abdication. «L'idéal républicain triomphe», répètent les esprits éclairés. Et, en effet, Louis-Philippe, proclamé lieutenant général du royaume, puis roi des Français, passe pour avoir les idées larges et une indéniable sympathie envers les petites gens. La preuve en est qu'il a rétabli le drapeau tricolore. Dès le lendemain de la «révolution de juillet», Crosnier décide de profiter de la situation et fait chanter en chœur, à la troupe assemblée devant le rideau, des couplets de circonstance qui soulèvent l'enthousiasme du public:

> *Salut, drapeau de la patrie,*
> *Guide toujours nos défenseurs,*
> *Liberté, liberté chérie,*
> *Salut, salut à tes nobles couleurs!*

Juliette mêle sa voix à celles de ses camarades. Elle est applaudie en même temps qu'eux pour sa conviction et son charme. Enrichie de cet hymne à la liberté, la pièce repart pour une suite de soirées fastueuses jusqu'en septembre 1830. Entre-temps, Juliette a dû faire face à l'intransigeance de la dame Ribot, qui exige d'elle le remboursement d'une traite de huit mille francs acceptée jadis par son amant, Scipion Pinel, et qu'elle a eu l'imprudence de garantir dans les meilleurs moments de leur éphémère liaison. Pour se tirer d'affaire, elle aurait besoin d'un contrat plus avantageux que celui qu'elle a signé avec Crosnier. Les soucis d'argent, joints à l'envie de renouveler son répertoire, la poussent à se tourner vers une scène «d'avenir». Certes, en octobre 1830, elle connaît encore le plaisir des applaudissements en se produisant dans un drame de Dupeuty et Regnier, *Napoléon ou Schönbrunn et Sainte-Hélène*, mais elle sait trop que cette bruyante approbation s'adresse moins à elle qu'au légendaire empereur, incarné par Gobert et dont chaque mot, chaque geste conduit les spectateurs au bord de l'extase. Si elle a sa part dans les ovations, c'est uniquement parce que, d'après les données de la pièce, elle obtient d'un Napoléon plus magnanime que nature la grâce d'un étudiant autrichien qui a voulu le poignarder par patriotisme. Retrouvera-t-elle ailleurs une aussi belle occasion de prouver qu'elle excelle à la fois dans l'héroïsme et dans la séduction? Or, voici que Gobert-Napoléon est condamné à une forte amende pour avoir refusé de jouer, à deux reprises, le rôle titre de l'œuvre. En même temps, le flot des spectateurs se tarit. Napoléon ne fait plus recette. Juliette juge que le moment est venu de prendre le large. Déjà, elle lorgne du côté de l'Odéon, dont le directeur, Jean-Charles Harel, un ancien bonapartiste, lui fait les yeux doux. Elle l'a connu à Bruxelles. Non seulement il est l'amant attitré de l'illustre actrice Mlle George, qui a connu, selon la chronique, les faveurs de Napoléon et peut-être du tsar Alexandre Ier, mais encore on affirme dans les coulisses qu'il pourrait bien être appelé, sous peu, à régner sur la Comédie-Française. Le rêve de Juliette se rapproche! Servir Molière, Corneille, Racine et toucher des émoluments convenables! Dès la fin d'avril 1831, elle signe un engagement de dix mois à l'Odéon, avec l'espoir qu'il s'agit là d'un premier pas vers la plus prestigieuse des troupes parisiennes.

V

TRIBULATIONS THÉÂTRALES ET SENTIMENTALES

Même quand elle ne se produit pas sur scène, Juliette intéresse les journalistes. Son nom revient souvent dans les rubriques à potins des gazettes. Deux auteurs obscurs, Morel et Joseph, composent une comédie-vaudeville intitulée tout bonnement *Juliette*, qui évoque les aventures galantes d'une ancienne pensionnaire de couvent dont la ressemblance avec la jeune comédienne ne trompe personne. Elle ne s'en offusque pas et même s'en amuse. Son ambition avouée a toujours été de devenir une brillante figure parisienne. Après tout, Victor Hugo n'a pas protesté quand de vils parodistes se sont moqués de lui dans *N, I, Ni*. Pourquoi serait-elle plus susceptible que cet écrivain qu'elle n'a fait que croiser dans les coulisses du théâtre, mais que beaucoup de gens considèrent comme une étoile montante de la littérature ? D'ailleurs, elle va avoir bientôt une belle occasion de s'illustrer : elle répète une pièce de Louis-Marie Fontan, *Le Moine*, qui reprend, en l'amplifiant et en le pimentant, le thème inépuisable du *Faust* de Goethe. A l'affût de l'actualité, le journal *L'Entr'acte* fait, en passant, un compliment à Juliette et imprime que *Le Moine* «va fournir à cette jeune et jolie actrice l'occasion de développer davantage un talent que n'ont pu étouffer des injustices et des coteries de coulisses [1]».

Il y a de tout dans la pièce abracadabrante que s'apprête à monter l'Odéon : de la passion en veux-tu en voilà, des apparitions terrifiantes, un saint homme débauché par une diablesse, le viol de la pure et douce Antonia par le religieux Ambrosio qui s'est vendu aux puissances infernales, un duel entre le malheureux moine et Satan, au dernier acte, parmi les gambades et les vociférations d'une cohorte de démons grimaçants. Patatras ! Dès la première représentation, le 28 mai 1831, Frédérick Lemaître, qui incarne Ambrosio, est blessé, au cours de l'assaut final, par l'épée de Delafosse, qui incarne le Malin. A moitié éborgné, il termine sa prestation en jouant à l'aveuglette. Cet incident déchaîne les sifflets et les rires de la salle au moment le plus pathétique. Malgré cette mésaventure, Juliette, chargée du rôle d'Antonia, a droit à des applaudissements nourris. On trouve que, dans la scène du viol, elle a défendu sa virginité avec

1. Cf. Gérard Pouchain et Robert Sabourin, *op. cit.*

élégance et conviction. *Le Figaro* écrit que «Mlle Juliette a joué avec beaucoup de charme, de sensibilité et de grâce les parties naïves et tristes du rôle difficile d'Antonia». Et *Le Cabinet de lectures* affirme qu'elle a chanté les mélodies d'Auber, qui accompagnent la pièce, avec une «suavité d'ange [1]».

Tout cela semble de bon augure pour les débuts de Juliette à l'Odéon. Mais les pièces qui succèdent au *Moine*, sous la direction d'Harel, tombent à plat. Ni *Le Jeune Prince ou la Constitution...*, de Merville, ni *La Norma ou l'Infanticide*, de Soumet et Barba, n'emplissent la salle plus de quelques jours. Enfin, le 3 août, le théâtre affiche un drame aux péripéties prometteuses, *L'Homme au masque de fer*, d'Arnould et Fournier. Cette fois, Harel est sûr de tenir «un succès de larmes et d'argent». Dans ce drame historique, Juliette a repris le rôle de Marie d'Ostanges, créé naguère par Marie Dorval, et, de l'avis unanime, elle y est très agréable à regarder. Pour ce qui est du talent, l'opinion est plus divisée. *L'Indépendant* est caustique : «Marie d'Ostanges, sous les traits de Mlle Juliette, était jolie, jolie... et à une jolie femme on passe bien des choses...» Pour *Le Corsaire*, «elle a eu plusieurs éclairs de sensibilité qui prouvent que les charmes de l'extérieur n'excluent pas l'âme». Plus sévère, *Le Furet de la ville et de la banlieue* estime qu'elle est très au-dessous de son personnage et

---

1. *Ibid.*

que « le plus clair de son jeu consiste en des mouvements de tête et son pathétique dans une sorte d'essoufflement factice ».

Cependant, pour le grand public, Juliette, en Marie d'Ostanges, est l'incarnation de l'amour crucifié. Le sculpeur Chaponnière, ami de Pradier, réalise une statuette intitulée *Mademoiselle Juliette, artiste dramatique*. La comédienne est représentée par lui dans une lourde robe avec manches à gigot; un léger capuchon couvre à demi ses cheveux couronnés d'un diadème; une ceinture à la boucle ornée d'une croix enserre sa taille souple; enfin, elle pose la main sur un livre dont le titre, facilement lisible, rappelle son récent succès: *L'Homme au masque de fer*. Cette élégante figurine est tirée à des dizaines d'exemplaires. Ils se vendent comme des petits pains. Grâce à eux, Juliette pénètre dans des maisons inconnues. Deviendrait-elle « populaire » ? Elle en est à la fois confuse et ravie. Déjà un nouveau rôle l'attend. Celui de Marie Rackmanoff dans une comédie d'Arnould et de Lockroy, *Catherine II*. Elle y interprète une jeune et belle comtesse prussienne transplantée à la cour de l'impératrice de Russie et victime des fluctuations de l'amour et de la politique. Pourtant, alors qu'elle recueille les éloges de la critique, tant pour la sincérité de son jeu que pour l'élégance de « sa robe de velours bleu de ciel ouverte par-devant sur une autre robe en soie brochée bouton d'or », elle se prépare à quitter l'Odéon. En vérité, ce n'est pas une autre scène qui l'attire, mais un autre mode de vie. Elle est excédée par les intrigues de ses camarades, dont la jalousie croît à mesure que s'affirme sa notoriété. En tête de ses ennemies, il y a la despotique, l'indétrônable Mlle George, laquelle ne supporte pas la présence d'une jeunesse à ses côtés et oblige Harel à servir ses intérêts de vieille maîtresse au détriment de la qualité artistique du spectacle. Juliette a bu la coupe jusqu'à la lie. Elle éprouve le besoin de changer d'horizon.

Une chance d'évasion se présente à elle: depuis près de trois ans, un admirateur fidèle la suit de Belgique en France, de théâtre en théâtre. Il se nomme Simone Luigi Peruzzi et assume les fonctions de ministre de Toscane à Paris. A chaque première, il applaudit Juliette avec tant d'ardeur que, pour le récompenser, elle accepte de paraître avec lui dans les endroits les plus «sélects» de la capitale. On les voit ensemble au café Tortoni, au café Anglais, aux Bains Chinois, au bal Dourlans et aux réceptions des ambassadeurs d'Angleterre et d'Autriche. Il se proclame son chevalier servant. Peut-elle, dans ces conditions, refuser d'être sa maîtresse? Quand il lui propose de se rendre, tous frais payés, à Florence, où il jure d'aller incessamment la rejoindre, elle se réjouit de cette escapade amoureuse. Selon le programme établi d'un commun accord, elle part la première, au début d'octobre 1831. Fidèle à sa promesse, Peruzzi la retrouve à Florence, le 26 du même mois. Elle loge avec lui dans le palais qu'il possède en ville, sur la via

San Sebastiano [1], près de la piazza Santa Annunziata. Toujours attentif à la réussite, tant sentimentale que théâtrale, de sa «protégée», Pradier lui écrit à son adresse florentine en lui conseillant de ne pas oublier son vrai métier, de travailler sa diction pour y exceller quand elle remontera sur scène et de s'astreindre à visiter «les beaux monuments, les antiquités, les beaux palais» de la ville et des environs. Il l'engage même à lui répondre en italien pour parfaire son instruction.

Au vrai, Juliette n'a guère le temps de se perfectionner dans cette langue. Quel que soit le luxe dont elle jouit dans le palais de Peruzzi, elle ne peut ignorer les troubles qui déchirent l'Italie. Partout, des patriotes révolutionnaires défient le pouvoir. Les troupes autrichiennes menacent d'intervenir. Dès les premiers jours de l'hiver, Juliette confie ses craintes à Simone Peruzzi. Celui-ci, malgré ses hautes fonctions, ou à cause d'elles, avoue la comprendre. Elle quitte donc Florence, au début de janvier 1832. Trois mois plus tard, Peruzzi regagne officiellement son poste à Paris. La diplomatie et l'amour s'y conjuguent harmonieusement. Juliette ne regrette pas l'Italie, où la persistance des luttes intestines

---

1. Actuellement via Gino Capponi. L'existence de cette liaison de Juliette avec Peruzzi a été établie grâce à la récente découverte du manuscrit de Simone Peruzzi: *Diario autografo*. S'appuyant sur cette donnée indiscutable, Gérard Pouchain et Robert Sabourin ont fait justice de la légende selon laquelle la jeune femme aurait été la maîtresse du richissime prince russe Demidoff et, comblée de cadeaux, l'aurait suivi en Italie après sa rupture avec le théâtre de l'Odéon.

finira, pense-t-elle, par mettre en fuite tous les amateurs d'art. Du reste, ayant goûté à ces vacances de faste et de repos, elle est reprise par l'envie de respirer à nouveau l'odeur des planches.

Elle redoute un peu d'avoir été oubliée par le public et les journaux durant son absence. Or, les événements lui apportent un démenti rapide. Harel, qui gère conjointement les destinées de l'Odéon et de la Porte-Saint-Martin, se dépêche de la rengager par crainte qu'un directeur concurrent ne le devance. Le contrat qu'il signe avec elle stipule qu'elle assumera uniquement des emplois de jeune première, qu'elle paiera ses robes de scène, qu'elle ne pourra refuser aucun rôle et qu'elle apprendra chaque jour au moins «quarante lignes ou vers qui lui seront distribués». Ses émoluments annuels seront de six mille francs, payables par douzièmes. Immédiatement, *Le Courrier des théâtres* claironne la nouvelle: «Mlle Juliette, récemment actrice à la Porte-Saint-Martin et qui avait quitté ce théâtre pour aller en Italie, vient de revenir et d'y rentrer coup sur coup. Compliments au directeur.»

Ainsi annoncée, Juliette attend l'occasion de s'illustrer dans un rôle à sa mesure. Le 17 mars, elle assiste à la première de *Dix ans de la vie d'une femme*, drame en cinq actes et neuf tableaux de Scribe et Terrier. Elle a été pressentie trop tard pour figurer dans la distribution et le regrette. Tous ces applaudissements qui iront à d'autres, alors qu'elle-même en aurait tant besoin! Mais, dès la scène d'exposition, elle comprend que, sans le savoir, elle vient d'échapper à un grand péril. Les aventures de l'héroïne, Adèle Darcey, laquelle, passant d'un amant à l'autre, va d'exaltation en désillusion jusqu'à ce que mort s'ensuive, ont vite fait de lasser le spectateur par la répétition des sanglots, des pâmoisons et des soupirs. «Dix ans» de ce manège sentimental, c'est trop pour un public de gens rassis. Même les critiques les plus indulgents sont offusqués par l'étalage de ces errements des corps et des cœurs. *Le Voleur* dénonce «le cynisme de ces tableaux qui semblent faire gloire de leurs nudités et braver sans honte la morale publique». Les sifflets et les huées sont si violents que Marie Dorval, interprète d'Adèle, doit quitter la scène, les larmes aux yeux, et ne reparaît, quelques instants plus tard, que couverte de honte et à demi aphone. En pensant qu'elle aurait pu être à la place de la malheureuse, Juliette se ratatine dans son fauteuil et croise les doigts. Antoine Fontenay, qui l'aperçoit dans la salle, ne se doute pas du tourment qu'elle endure par comédienne interposée et note le soir, dans son journal: «Pièce infâme d'indécence. Lutte d'obscénités avec le public, cris de la salle: apportez la cuvette! – Voilà un poisson de belle taille [1].»

Va-t-on retirer la pièce de l'affiche? Non. Impavides, les auteurs la rafistolent en quelques heures. Coupant dans les bonheurs et les malheurs verbeux de leur héroïne, ils allègent si bien le texte que la nouvelle mouture paraît tout à fait acceptable aux

---

1. Cf. Gérard Pouchain et Robert Sabourin, *op. cit.*

spectateurs. Du coup, Harel charge Juliette de remplacer Mme Zélie-Paul dans le rôle de Sophie Marini, Marie Dorval reprenant celui d'Adèle dont elle a gardé un si mauvais souvenir. Mais, cette fois, c'est l'embellie. Les journaux reconnaissent les qualités de Marie Dorval et louent Juliette qui, «par son jeu spirituel, la grâce de ses manières et le bon goût de sa parure, a su donner du charme à son rôle médiocre». Renchérissant sur ce satisfecit, *L'Entr'acte* écrit, de son côté: «Nous espérons qu'un rôle, plus fait pour elle, lui permettra bientôt de développer encore mieux sa grâce et ses talents [1].»

Ces pronostics encourageants ne tiennent pas compte des effets du choléra qui, depuis peu, sévit à Paris. Les gazettes annoncent jusqu'à huit cents décès par jour dus à l'épidémie. Les médecins sont débordés; il n'y a pas assez de lits dans les hôpitaux pour recevoir les malades; on ramasse des mourants dans les rues; les fossoyeurs ont à peine le temps de jeter quelques pelletées de terre sur les cadavres qu'on apporte par tombereaux aux cimetières. Apeurés, les survivants se terrent chez eux; les théâtres se vident un à un; l'Odéon ferme ses portes; pour attirer quelques spectateurs à la Porte-Saint-Martin, Harel affirme dans les journaux que, selon les milieux médicaux, les salles de spectacle sont les seuls endroits publics où le choléra n'a aucune chance de se manifester. Cette information hasardeuse ne suffit pas à convaincre les foules.

---

1. *Ibid.*

En vérité, ce n'est pas tant le choléra qu'appréhende Juliette, en ce mois d'avril 1832, que la justice de son pays. Elle vient, en effet, d'être appelée à comparaître devant le tribunal de commerce de Paris pour n'avoir toujours pas honoré la traite de huit mille francs que le sieur Scipion Pinel a signée à la dame Ribot, «revendeuse à la toilette», et dont elle, «Mlle Gauvain-Drouet, artiste de la Porte-Saint-Martin», a jadis garanti le remboursement. Plusieurs fois reportée, l'audience s'ouvre enfin le 17 avril et Juliette s'avance à la barre avec un pâle visage de victime. Selon le compte rendu de *La Gazette des tribunaux*, elle est vêtue d'une robe et d'un châle couleur lilas, à bordure rose, et coiffée d'un tout petit capuchon noir. Plus émue et plus désemparée qu'un soir de première au théâtre, elle répond d'une voix à peine perceptible aux questions du président Panis. Incapable de nier l'évidence, elle reconnaît avoir cautionné, en 1830, par légèreté, les lettres de change de la dame Ribot. Celle-ci prétend n'avoir différé son exigence jusqu'à ce jour qu'en raison de l'insolvabilité notoire de Mlle Gauvain-Drouet. Mais, étant donné le nouveau contrat de l'actrice, la plaignante veut aujourd'hui être payée tout de suite et intégralement. C'est en vain que l'avocat de Juliette, Me Nouguier, tente d'obtenir le renvoi de l'affaire devant une juridiction civile. Le tribunal refuse tout arrangement, toute manœuvre de procédure et arrête que Mlle Gauvain-Drouet devra régler les huit mille francs garantis par sa signature, auxquels s'ajouteront les intérêts de retard.

Juliette se retire, consternée. Cependant, le tribunal n'a pas fixé de délai pour le remboursement. Elle pourra donc, pense-t-elle, gagner le temps nécessaire, faire prendre patience à la dame Ribot par de petits versements échelonnés, vendre au besoin quelques meubles, quelques bijoux... Harcelée par ces soucis d'argent, elle en néglige sa carrière. C'est sans entrain qu'elle se prépare à jouer le personnage de la marquise de Saint-Sorlin dans une comédie de Laffite, Lagrange et Rougemont: *Jeanne Vaubernier ou la Cour de Louis XV*. Le peu d'intérêt qu'elle porte à ce rôle est si flagrant que les critiques présents dans la salle ne la ménagent pas. L'un d'eux note qu'elle sait à peine son texte et en lit des bribes, subrepticement, tantôt sur une lettre qu'elle tient à la main, tantôt sur un éventail dont elle se sert avec habileté. Un seul journaliste éclate d'enthousiasme: c'est le chroniqueur du *Figaro*, Alphonse Karr. Il va même jusqu'à féliciter la comédienne d'avoir inventé cet ingénieux stratagème pour dire sur scène, à l'insu du public, des répliques qu'elle n'a pas eu le temps d'apprendre. «L'artiste qui avait imaginé cette espièglerie, écrit-il, était du reste remarquable par le bon goût de son costume; ses traits paraissaient encore plus piquants sous la perruque poudrée; nous la verrons bientôt, dit-on, dans une pièce plus importante, remplir un rôle dramatique et passionné.»

Juliette ne peut rester insensible à une admiration aussi chaleureusement exprimée. Si elle continue à se montrer dans les salons avec Peruzzi, si elle assiste à ses côtés aux grandes premières parisiennes, elle est de plus en plus émue par la persistance d'Alphonse Karr dans la louange. Serait-il amoureux d'elle? Ne devrait-elle pas le remercier pour la délicatesse de ses sentiments? Le 15 juillet 1832, en rendant compte d'une reprise du *Moine* où Juliette a retrouvé son rôle d'Antonia, il écrit dans *Le Figaro*: «Elle [Juliette] a déployé beaucoup d'âme et de sensibilité. Cette actrice est douée d'une voix pure et flatteuse. C'est en partie grâce à elle que *Le Moine* pourra marcher quelque temps avec *La Tour de Nesles*[1].» En revanche, d'autres aristarques, qui de toute évidence n'osent espérer aucune faveur de Juliette, décrètent qu'elle est franchement mauvaise. *Le Corsaire* affecte même une ironie blessante. «Elle a bien de la peine à soutenir l'énorme réputation que lui a faite une camaraderie toute particulière, prétend un rédacteur grincheux. Cette actrice a de l'intelligence, mais elle manque de force et ne sait qu'imiter.» En lisant ces appréciations vinaigrées, Juliette sent le rouge lui monter au front. Ah! s'il n'y avait que des Alphonse Karr autour d'elle, que la vie serait agréable!

Mais voici qu'on lui offre de jouer le personnage de Térésa, rôle titre du drame d'Alexandre Dumas et Anicet Bourgeois. Malgré le prestige du premier de ces deux auteurs, elle ne croit guère au succès de la pièce. Trop de péripéties et un insoutenable

---

1. Drame d'Alexandre Dumas et Frédéric Gaillardet, qui faisait fureur à l'époque.

verbiage! Néanmoins, elle accepte de tenter l'aventure. L'échec est sans appel. Public et critiques sont d'accord pour juger la soirée ennuyeuse. Certains chroniqueurs s'en prennent directement à Juliette et lui reprochent son «jeu froid» et sa «diction monotone». Heureusement, Alphonse Karr est là pour racheter la méchanceté de ses confrères. Il se bat, la plume à la main, pour la comédienne, tel un champion du Moyen Âge qui défendrait, avec son épée, l'honneur de la dame dont il porte les couleurs. Est-ce l'approbation indéfectible de son soupirant qui la pousse à multiplier ses apparitions sur la scène? Drame ou vaudeville, elle ne recule devant aucune création et ne ménage jamais ses forces. Il lui arrive d'interpréter deux pièces coup sur coup, dans la même journée. La plupart du temps, en dépit du soutien des claqueurs professionnels, elle est mal récompensée de sa fatigue. C'est à croire qu'un mauvais sort frappe les œuvres qu'elle est censée animer. Un nouveau drame d'Alexandre Dumas et Anicet Bourgeois, *Le Fils de l'émigré*, où elle joue une fille du peuple déshonorée par un marquis et mêlée à de sombres histoires d'adultère, d'enlèvement, d'assassinat et d'exécution capitale, est un four retentissant. Selon Frédérick Lemaître, qui tient le rôle principal, le public est tellement furieux de s'être dérangé pour une sottise qu'il hurle et jette des petits bancs sur la scène. Seul l'inébranlable Alphonse Karr tresse des couronnes à sa jeune idole et déclare dans *Le Figaro* qu'elle a su introduire infiniment de grâce dans un texte ingrat.

Malgré la violence des critiques et la désaffection du public, Harel, qui a le cuir épais, met aussitôt en répétition un drame en cinq actes de Lockroy et Anicet Bourgeois, *Perrinet Leclerc ou Paris en 1418.* Cette fois, le choix est bon. Rien de tel qu'un mélo prétendument historique avec de beaux décors, des costumes somptueux, une intrigue à rebondissements et une distribution hors pair pour attirer le chaland. Bizarrement, les échos de la lutte entre Armagnacs et Bourguignons au XVe siècle passionnent les bourgeois de 1832. Mlle George joue Isabeau de Bavière et Juliette doit se contenter du personnage très secondaire de Marie, la fiancée de Perrinet Leclerc. Elle se tire avec avantage de ce rôle effacé. On l'en félicite dans la presse et certains regrettent qu'elle soit confinée dans des emplois d'utilité et qu'aucun écrivain de talent n'ait encore songé à lui donner sa chance. Suprême consécration, une revue de mode publie son portrait et décrit sa robe dans les moindres détails. Pour n'être pas en reste, Alphonse Karr propose au directeur de *L'Artiste,* Achille Ricourt, un long article retraçant la carrière de la comédienne et vantant ses mérites: «Quelques-unes de nos actrices peuvent peut-être disputer à Mlle Juliette le prix de la beauté, mais aucune n'a cette pureté, cette jeunesse, cette naïveté de contours qui rappellent les statues grecques, et, à la fois, cette poétique et expressive physionomie qui fait comprendre les héroïnes de Shakespeare.» Ce n'est plus l'analyse raisonnée de son talent, c'est une déclaration d'amour que Juliette lit dans les colonnes du journal. L'auteur, qu'elle a eu plusieurs fois l'occasion de remercier au foyer du théâtre, n'a que vingt-quatre ans. Né d'un père allemand et d'une mère française, Alphonse Karr est un garçon étrange, au visage tourmenté, à la lèvre garnie d'une épaisse moustache et aux oreilles si grandes et si décollées qu'elles ressemblent à des anses flanquant un broc. Sa laideur est presque monstrueuse, mais il a du feu dans le regard et s'habille avec recherche. D'un tempérament fougueux, irascible, fantasque, il a tâté de tous les métiers avant de se lancer dans le journalisme. Chroniqueur attitré du *Figaro*, il a connu un certain succès, cette année même, avec son premier roman, *Sous les tilleuls*.

D'emblée, il a été séduit, envoûté par le charme de Juliette. Elle lui rappelle un amour malheureux de son adolescence, qu'il a d'ailleurs évoqué dans son livre. A présent, il compte sur elle pour ressusciter les émois de cette belle époque d'illusions. Dans chaque article qu'il lui consacre, il tente de lui faire comprendre les sentiments qu'elle lui inspire. Tant d'assiduité ne peut que troubler Juliette. Elle cède par gratitude envers un homme de cœur, de goût et de conviction. Alors commence pour eux une liaison qu'Arsène Houssaye appellera «les Cent-Jours d'Alphonse Karr». Les deux amants s'enivrent de leur jeunesse et de leur folie. Ils se montrent bras dessus, bras dessous dans les coulisses des théâtres, fréquentent les bals populaires du boulevard du Crime, boivent, les yeux dans les yeux, au café des Mousquetaires ou à *L'Épi Scié*, échangent des baisers goulus dans les fiacres. Elle trouve maintenant que les traits disgracieux de son compagnon ne manquent pas d'une virile beauté et admire ses boutades, son insolence, ses sautes d'humeur. Lui, de son côté, n'en revient pas d'avoir été distingué par une femme si jolie et dont le nom paraît si souvent dans la presse. En outre, il apprécie qu'elle gagne largement sa vie, alors qu'il a, la plupart du temps, les poches vides. Bonne pâte, Juliette lui avance parfois un peu d'argent. Aussitôt après, il en redemande: «Engage des bijoux s'il est nécessaire, pour me prêter cinq cents francs, lui écrit-il un jour de dèche. Je serai en mesure de te les rendre – facilement – au plus tard dans deux mois. Je te regarde comme ma femme; tu le vois, ce mot-là n'est plus une caresse, c'est un mot sérieux.» Cette promesse déguisée de mariage ne suffit pas à convaincre Juliette. Échaudée par son aventure avec Scipion Pinel, elle craint de se laisser entraîner, une fois de plus, dans la spirale des dettes de son amant. Comme elle renâcle, il insiste avec un cynisme naïf: «Si – ce qui paraît aujourd'hui livré au hasard – tu te trouves être plus riche que moi, je prendrai sans scrupule, sans hésitation, la moitié de ta petite fortune. […] Si tu n'as rien, tu dois de même ne pas hésiter à partager avec moi le fruit de mon travail et j'aurai bien de la force et du courage quand je travaillerai pour toi. […] Si tu es ma femme, Julie, si tu es décidée à partager ma vie et mon avenir quels qu'ils soient, il est simple et nullement répugnant pour moi de te dire: procure-moi encore cinq cents francs pour demain.»

Une mendicité aussi insistante finit par lasser Juliette. Après avoir été intriguée, puis subjuguée par cet homme à la fois aigri, désordonné et spirituel, elle n'éprouve plus pour lui ni désir, ni pitié, ni reconnaissance. Devinant qu'il est sur le point de la perdre, il lui offre son amitié. Mais elle s'en méfie et préfère l'éloigner, quitte à être privée dorénavant des éloges hyperboliques du *Figaro*.

Or, elle aurait bien besoin d'un thuriféraire de talent pour la soutenir dans sa carrière. Le 7 décembre 1832, la première, à la Porte-Saint-Martin, du vaudeville de Masson, Saintine et Villeneuve, *Le Pêcheur de Schevning*, avec Juliette dans le rôle principal, est un tel four que le rideau tombe, après le dernier acte, sur une tempête de sifflets et que la pièce doit être retirée de l'affiche au lendemain de la quatrième représentation. Beau joueur, Alphonse Karr reconnaît que le spectacle a fait naufrage, mais n'en persiste pas moins à encenser son ancienne maîtresse. «Embarquée dans cette maudite galère, écrit-il, elle était la plus jolie et la plus aimable de l'équipage; elle a chanté comme une sirène.» D'autres journaux font des réserves, sinon sur la beauté de la «sirène», du moins sur son talent. «Son chant, son jeu ont été d'une grande faiblesse, note le chroniqueur de *La Gazette des théâtres*. [...] De temps immémorial, cette actrice semble avoir fait consister son talent et son existence de comédienne dans la toilette. Avoir un beau chapeau, une belle robe, faire dire qu'elle est bien mise, c'est tout ce qu'elle demande. Avant-hier, dans la pièce nouvelle,

elle nous a montré une robe de velours noir et un bibi blanc, une robe de soie jaune et un béret bleu de ciel. [...] Si la voix et le jeu avaient pu être à la hauteur du bibi et du béret...!»

Juliette se mord les poings en lisant ces moqueries hargneuses. C'est avec tristesse, avec angoisse qu'elle dresse le bilan de ses expériences théâtrales. Adulée par les uns, raillée par les autres, elle sait qu'elle a un joli visage, une taille fine, des yeux enjôleurs, mais doit convenir qu'à plus de vingt-six ans, et malgré quelques succès, elle n'est encore qu'une actrice de second ordre. Ce ne sont pas les aventures galantes où elle s'est égarée de temps en temps qui peuvent la consoler de son échec sur les planches. Il lui faudrait un grand amour – comme en inventent souvent les auteurs dramatiques – pour lui faire oublier ses déceptions de comédienne. Une occasion paraît s'offrir à elle sous les espèces du jeune décorateur Charles Séchan. Cheveux d'un blond cendré et regard bleu rêveur, il a de l'abattage, du talent et sa tête bouillonne d'idées généreuses, voire révolutionnaires. Harel lui a confié la confection des décors de *Perrinet Leclerc*. Sans doute même Charles Séchan a-t-il desssiné la robe de Juliette pour cette pièce. Quoi qu'il en soit, dès ses premières rencontres avec elle, il décèle que, sous des dehors fort attrayants, elle dissimule une âme aussi passionnée que la sienne. Il le lui dit et elle l'écoute avec sympathie. Elle a un tel besoin d'être comprise, épaulée, protégée que, par excès de solitude, elle tombe dans ses bras. Toutefois, cette flambée de désir se transforme vite en une tendresse réfléchie, en une amicale confiance. Deux ans plus tard, Juliette écrira à Charles Séchan, qui se prétend inconsolable: «Ne me dites pas que vous êtes malheureux à cause de moi, cela m'afflige plus que je ne puis vous le dire; il ne dépend plus de moi de vous rendre heureux.» Et, alors qu'elle-même traverse une crise de neurasthénie, elle insistera: «Mon bon Charles, je vous parle avec la divagation d'une âme qui souffre et je sais que vous me plaignez [1].» De la compassion, de l'estime, en souvenir des bons moments passés ensemble, c'est tout ce qu'elle demande à Charles Séchan, qui désormais s'éloigne et se contente, comme elle, des brumes inoffensives du songe. Pourtant, elle est d'un tempérament trop combatif pour se complaire dans la résignation. Sa fierté lui tient lieu de courage. Elle hait à la fois la routine, la médiocrité, le mensonge, le doux enlisement dans les habitudes. Contre toute raison, elle veut croire qu'elle n'a pas dit son dernier mot, ni comme actrice, ni comme femme. Elle ne sait d'ailleurs pas laquelle de ces deux vocations est la plus importante à ses yeux. Le mieux serait encore qu'elle les assumât l'une et l'autre, en même temps. Mais ne serait-ce pas être trop gourmande à la table de Dieu?

---

1. Lettres de 1864, citées par Louis Barthou: *Les Amours d'un poète*.

VI

M. VICTOR HUGO, ÉCRIVAIN

Il n'est question, parmi la troupe de la Porte-Saint-Martin, que du récent tour de force de Victor Hugo, dont *Le roi s'amuse*, destiné à la Comédie-Française, vient d'être interdit par ordre du gouvernement et qui a écrit, en onze jours, un autre drame, *Lucrèce Borgia*, que l'astucieux Harel s'est empressé d'accepter. L'auteur en a déjà fait la lecture à Mlle George et elle s'est prise de passion pour cette histoire truffée d'empoisonnements, de coups de poignard, d'orgies et de discours incendiaires. Une nouvelle lecture doit avoir lieu, cette fois devant l'ensemble des acteurs, le lendemain 2 janvier 1833. Juliette s'habille avec beaucoup de soin pour cette cérémonie dont elle mesure l'importance. Elle connaît Victor Hugo, bien sûr, par certaines de ses œuvres, qu'elle admire comme la majorité de ses camarades, mais aussi pour l'avoir croisé à plusieurs reprises dans les coulisses des théâtres. Elle sait qu'il est considéré, à trente et un ans, comme le chef de l'école romantique, qu'il est d'un abord réservé et qu'il a une haute conscience de sa valeur. En outre, Alphonse Karr, qui est au courant de tous les secrets de la société parisienne, a pu la renseigner sur le passé intime du personnage. Avant d'accourir au rendez-vous fixé par Harel, elle repasse en mémoire quelques détails qu'elle a appris sur le mystérieux et prolifique poète des *Feuilles d'automne*. Marié très jeune, par amour, à son amie de jeunesse Adèle Foucher, il en a eu cinq enfants [1], mais, avec les années, l'ardeur du couple s'est peu à peu éteinte et l'épouse, déçue, a trompé son mari avec le meilleur ami de celui-ci, l'écrivain Sainte-Beuve. D'après la rumeur publique, Hugo en a conçu un profond chagrin. Jugeant sévèrement l'infidèle, il n'en a pas moins conservé, par dignité, les apparences d'une vie de famille et cherché à se consoler dans la solitude et le travail. Quand Juliette le voit, en cette froide matinée d'hiver, assis, son manuscrit entre les mains, face aux comédiens attentifs, elle lui trouve l'air pâle, inspiré et nerveux. Elle note qu'il porte une redingote couleur tabac d'Espagne et des pantalons gris à sous-pieds, que ses cheveux châtains pendent en désordre autour de son front démesuré, que ses regards se cachent derrière des lunettes vertes et que, quand il sourit, ses lèvres charnues découvrent «des dents de crocodile». Est-ce la physionomie d'un homme blessé par la trahison

1. Six en réalité, mais l'un est mort en bas âge.

d'une femme aimée ou celle d'un dramaturge uniquement préoccupé du sort de sa nouvelle pièce? Juliette n'a guère le temps d'élucider la question: déjà la lecture commence.

Bercée par la musique des phrases, elle ne quitte pas des yeux la bouche qui les prononce. Il lui semble même parfois que la voix grave de l'auteur l'empêche de pénétrer le sens de ses propos. Après la dernière réplique, les bravos éclatent. La plus exubérante des auditrices est la plantureuse et vieillissante Mlle George, tout émoustillée à la perspective d'incarner, à près de cinquante ans, une meurtrière et une amoureuse de haut vol. Harel est sûr qu'elle sera une inoubliable Lucrèce Borgia et que Frédérick Lemaître donnera des frissons aux spectateurs en prêtant sa stature à l'infortuné Gennaro, victime et assassin de sa terrible mère. Puis il passe à la suite de la distribution. Juliette tressaille de dépit en entendant le directeur annoncer qu'elle devra se contenter de jouer la princesse Negroni. Cette comparse ne fait qu'une courte apparition au dernier acte et ne bénéficie que de neuf répliques. A-t-on voulu la brimer, l'humilier en lui offrant cette silhouette tout juste digne d'une débutante? Outrée, elle rentre chez elle et expédie dare-dare à Harel une lettre de démission. Les journaux spécialisés s'emparent de la nouvelle. Désolé de ce mouvement d'humeur chez une comédienne dont le public apprécie le petit talent et le joli visage, Harel lui répond qu'il s'agit là d'un malentendu, qu'une meilleure occasion se présentera bientôt à elle de prouver de quoi elle est capable et que, pour sa part, il veut demeurer son «ami». Ce témoignage d'estime, joint au souvenir de Victor Hugo lisant son manuscrit à travers ses lunettes vertes, atténue la colère de Juliette. Le soir même, revenant sur sa décision de rompre le contrat qui la lie à la Porte-Saint-Martin, elle reparaît dans *Perrinet Leclerc* et écrit à Harel: «Il n'y a pas de petit rôle dans une pièce de M. Victor Hugo.» Le 14 janvier 1833, *Le Courrier des théâtres* précise: «La Porte-Saint-Martin a renoué avec Mlle Juliette. Le petit déchirement avait eu lieu à l'occasion d'un rôle extrêmement court dont cette actrice ne voulait pas se charger dans *Lucrèce Borgia*. En le prenant, Mlle Juliette a levé l'obstacle et raccommodé la maille qui nous l'ôtait en s'échappant.»

Les répétitions commencent dans l'euphorie. Juliette ne fait plus allusion à la brièveté de son rôle et trouve fort à son goût le costume qu'on est en train de lui confectionner pour l'occasion. *La Revue des théâtres*, toujours bien informée, indique que la robe de la jeune actrice sera «de satin ponceau frappé d'or, demi-queue», avec «des manches à la pagode doublées de satin blanc [1]». D'instinct, elle redouble d'amabilité envers Victor Hugo, qui se montre plutôt réticent, guindé et même maussade. Il ne la tutoie pas, bien que ce soit l'usage entre gens de théâtre, lui baise la main en arrivant et en partant et ne s'adresse à elle qu'en l'appelant, long comme le

---

1. Cf. Gérard Pouchain et Robert Sabourin, *op. cit.*

bras, «Mademoiselle Juliette». Elle en conclut qu'il est timide avec les femmes et qu'il se méfie surtout des comédiennes, dont il est bien connu qu'elles ruinent les fils de famille et brisent les ménages. Cependant, elle remarque qu'il la dévore du regard dès qu'elle entre en scène. A un moment donné, le comte Maffio Orsini s'écrie devant la princesse Negroni: «L'amitié ne remplit pas tout le cœur, Madame!» «Mon Dieu! qu'est-ce donc qui remplit le cœur?» demande Juliette, suivant le texte d'Hugo. «L'amour!» répond Maffio. Sur quoi, la Negroni, coquette, observe: «Vous avez toujours l'amour à la bouche!» «Et vous dans les yeux!» réplique son partenaire. Pendant cet échange de galanteries, Victor Hugo couve sa délicieuse interprète d'une prunelle allumée. Le temps d'un éclair, elle a l'impression que le rôle principal de la pièce n'est pas échu à Mlle George, mais à elle. Oubliant la médiocrité de son emploi actuel, elle voudrait ne plus penser qu'à la silencieuse complicité qui, au-delà des paroles, la lie déjà à Victor Hugo.

Or, dès le 23 janvier, en plein milieu des répétitions, elle doit comparaître devant la 2e chambre de la Cour royale, à la requête de l'insupportable Mme Ribot, qui, ayant lu dans la presse que Mlle Juliette avait été engagée pour jouer dans *Lucrèce Borgia* aux côtés de Mlle George et de Frédérick Lemaître, décide que sa débitrice ne peut plus invoquer l'impécuniosité pour refuser d'honorer une lettre de change dûment acceptée par elle. Cette fois encore, Me Nouguier obtient le renvoi devant les tribunaux civils. Mais les journaux se font l'écho des démêlés de la jeune femme avec la justice. Juliette s'affole. Ne risque-t-elle pas la contrainte par corps en se dérobant plus longtemps à l'obligation de rembourser la plaignante? A cette crainte s'ajoute celle de voir, par contrecoup, son «écrivain favori», qui semble imbu de préjugés bourgeois, la fuir comme une pestiférée. Soudain, elle comprend qu'elle tient par-dessus tout à l'estime de cet homme, dont hier encore elle ne connaissait l'existence qu'en lisant son nom sur la couverture d'un livre ou sur une affiche. C'est avec la double angoisse de la femme éprise et de la comédienne novice qu'elle se prépare à affronter le public dans une pièce de Victor Hugo.

La première de *Lucrèce Borgia* a lieu le 2 février 1833. L'affluence est telle aux abords du théâtre que la direction a dû faire appel aux forces de police pour calmer l'exaltation de la foule. Des spectateurs impatients entonnent *La Marseillaise* et *Le Chant du départ* en attendant d'être admis dans la salle. Lorsque Juliette paraît, au troisième acte, légère comme une vision de rêve, le regard languide et ses longs cheveux bruns enserrés dans une coiffe de perles et de plumes, un murmure d'approbation la salue. Avant même d'avoir parlé, elle devine qu'elle a gagné la partie. La pièce, menée tambour battant, représente déjà, pour certains, l'événement littéraire de la saison. Tous les journaux sont d'accord pour prédire un succès durable. Victor Hugo est certes reconnaissant de cette réussite aux interprètes principaux de son œuvre, mais il n'oublie pas Mlle Juliette et la remercie nommément dans la préface qu'il rédige en vue d'une édition en volume de *Lucrèce Borgia*: «Le public a vivement distingué Mlle Juliette, écrit-il. On ne peut guère dire que la princesse Negroni soit un rôle, c'est en quelque sorte une apparition. C'est une figure belle, jeune et fatale, qui passe, soulevant aussi son coin du voile sombre qui couvre l'Italie au seizième siècle. Mlle Juliette a jeté sur cette figure un éclat extraordinaire. Elle n'avait que peu de mots à dire, elle y a mis beaucoup de pensée. Il ne faut à cette jeune actrice qu'une occasion pour révéler puissamment au public un talent plein d'âme, de passion et de vérité.» Se remémorant cette soirée triomphale, Théophile Gautier, de son côté, vantera, dans *Les Belles Femmes de Paris*, publié en 1839, la charmante Mlle Juliette qui a trouvé le moyen, «avec si peu de temps et si peu de paroles [...], de créer une ravissante figure, une vraie princesse italienne au sourire gracieux et mortel, aux yeux pleins d'enivrements perfides [...]. On aurait dit une couleuvre debout sur sa queue, tant elle avait une démarche onduleuse, souple et serpentine». Et, plus loin: «Quoique Mlle Juliette ait une plus grande réputation comme jolie femme que comme actrice, nous ne savons pas trop quelle comédienne aurait découpé aussi rapidement une silhouette étincelante sur le fond sombre de l'action. [...] La tête de Mlle Juliette est d'une beauté régulière et délicate. [...] le nez est pur, d'une coupe nette et bien profilée; les yeux sont diamantés et limpides [...], la bouche, d'un incarnat humide et vivace, reste fort petite même dans les éclats de la plus folle gaieté [...]. Le col, les épaules sont d'une perfection tout antique chez Mlle Juliette: elle pourrait inspirer dignement les sculpteurs et être admise au concours de beauté avec les jeunes Athéniennes qui laissaient tomber leurs voiles devant Praxitèle méditant sa Vénus.» Pour une fois, Alphonse Karr est dépassé dans le dithyrambe. Il se rattrape en accordant, lors de son compte rendu habituel du *Figaro*, une place plus importante à Mlle Juliette, qui n'a que trois mots à dire, qu'à Mlle George, qui porte toute la pièce à bout de bras: «Ceux qui ont assisté à cette première représentation n'auront pas plus oublié que nous une actrice rose et jolie, disant quelques mots à des jeunes gens couronnés de fleurs; aucune n'était mieux parée qu'elle, aucune n'aurait voulu comme elle sacrifier tant de grâce et de complaisance à un rôle sans grâce, sans esprit, sans complaisance. Cette actrice est Mlle Juliette. Qui donc distribue les rôles à la Porte-Saint-Martin[1]?» Ce sera le dernier bouquet de fleurs de l'ancien amant, déposé aux pieds de celle qui, déjà, lui cherche un successeur.

Au plaisir de susciter autant de louanges s'ajoute pour Juliette, le 8 février 1833, le soulagement d'apprendre que le tribunal ne juge pas nécessaire de prononcer à son encontre la terrible contrainte

---

1. Cf. Gérard Pouchain et Robert Sabourin, *op. cit.*

par corps. Certes, la dette demeure, mais la menace de la prison disparaît. Reste simplement à réunir assez d'argent pour payer Mme Ribot et, avec elle, quelques créanciers accessoires. Juliette enrage d'être si mal rétribuée par Harel, alors que le succès de *Lucrèce Borgia* grandit de jour en jour et que tant de beaux louis neufs tombent dans les caisses du théâtre. N'y a-t-il pas là une sorte d'injustice? Dans son indécision, elle se tourne vers celui qui profite en premier du pactole: l'auteur. Elle a deviné, à mille signes évidents, qu'il n'est pas insensible à son charme. Mais elle sait aussi qu'il se tient sur ses gardes depuis sa mésaventure conjugale. Désormais, la plupart des femmes lui paraissent dangereuses. Et, de toute manière, avec son talent et sa réputation, il est plus difficile à ferrer qu'un Alphonse Karr ou un Charles Séchan. Surtout ne pas le secouer, ne pas l'inquiéter: il rentrerait dans sa coquille. Pourtant, elle éprouve une telle soif de conseils, de compréhension, de protection que, peu après l'audience du tribunal, elle écrit à l'inabordable Victor Hugo: «Pouvez-vous me consacrer un moment, ce soir, après dix heures? J'ai besoin de vous parler.» Elle n'ose croire qu'il répondra à cet appel au secours. Ne va-t-il pas, lui qui a jadis surestimé la vertu de sa femme, se figurer qu'on lui tend là un nouveau traquenard? Or, il se précipite. Sans doute ne regretteront-ils ni l'un ni l'autre ce rendez-vous, car, le 16 février, elle le tutoie pour la première fois: «Monsieur Victor, viens me chercher ce soir, chez Mme K. [Laure Kraft, amie de Juliette, chez qui elle habite et qui ne tardera pas à devenir Mme Luthereau.] Je t'aimerai jusque-là pour prendre patience. A ce soir. Oh! ce soir, ce sera tout! Je me donnerai à toi tout entière. »

Dans la nuit même du 16 au 17 février 1833, Victor Hugo accourt et grimpe jusqu'à la chambre où Juliette l'attend. Hier, il avait dû se contenter de caresses préliminaires qui l'ont mis en appétit. Maintenant, comme elle le lui a promis dans son billet, elle s'offre à lui sans réticence et presque sans coquetterie. En la couvrant de baisers, il a conscience de sceller une union qui dépasse celle de leurs corps. « Cette nuit-là, lui écrira-t-il trois ans plus tard pour célébrer l'anniversaire de leur mutuelle révélation, il y a eu en moi un être nouveau, toi. » Ils ont envisagé de se rendre, le 19, à un bal costumé au foyer du Gymnase. Victor Hugo a même acheté les billets. Mais elle n'a plus envie de participer à cette manifestation carnavalesque. Lui, en revanche, s'y mêlerait volontiers. Dans un brusque accès de jalousie, elle le supplie de renoncer à s'amuser loin d'elle. Faut-il qu'elle soit sûre de son pouvoir pour lui envoyer, au lendemain de leur première nuit d'amour, un véritable ultimatum? « Si vous allez au bal de ce soir, lui écrit-elle, c'est que vous acceptez une rupture définitive entre vous et moi. Je souffre trop de la pensée que vous allez vous trouver au milieu de femmes charmantes et heureuses pour que vous puissiez le faire sans être coupable envers moi. Répondez chez Mme K. [Kraft.] Si vous ne me répondez d'ici à minuit, je comprendrai que vous tenez peu à moi... et que tout est fini... et à tout jamais...»

Le voici prévenu: il a affaire à une femme jalouse et orgueilleuse! Qu'il l'accepte telle quelle ou qu'il aille chercher fortune ailleurs! Ce soir-là, elle paraît une fois de plus dans une reprise de *Perrinet Leclerc*. En débitant son texte sans faillir, devant le public qui ne se doute de rien, elle se demande si Victor Hugo obéira à sa mise en demeure, si elle n'a pas eu tort de jouer le tout pour le tout. Et s'il la prenait au mot, s'il préférait renoncer à leur liaison plutôt que de céder à ses caprices? L'idée de cette rupture absurde, après un tel espoir, la paralyse. Au bord du désarroi, elle s'accuse de vanité déplacée, de stupide maladresse. Mais, en sortant de scène, elle voit Hugo qui l'attend, docile. Il n'a nullement l'intention d'aller au bal. Elle a gagné. Il est à elle. Elle l'entraîne, aussi impatient qu'elle, dans sa chambre. Et ce sont des étreintes répétées dans la pénombre et le silence, tandis qu'en bas, dans la rue, éclatent les pétards et les rires du Mardi-Gras. Rivés l'un à l'autre, les deux amants ont l'impression que c'est leur bonheur dont les Parisiens célèbrent à grands cris l'apothéose. Sans doute Juliette enseigne-t-elle à Victor des voluptés qu'Adèle n'a pas su lui apprendre au cours de leurs onze ans d'existence commune. Il est émerveillé par les ressources amoureuses de sa maîtresse et découvre en lui-même des exigences nouvelles. Pour un peu, il se figurerait qu'il commence tout juste à vivre, alors qu'il a passé la trentaine et qu'il croyait son destin à jamais établi.

Elle, de son côté, apprécie la vigueur d'un partenaire insatiable. Et, quand elle se dit qu'elle donne du plaisir avec son corps à l'homme qui a écrit *Ruy Blas*, *Hernani* et les superbes poèmes des *Feuilles d'automne*, elle a l'illusion que ce sont, à travers lui, des milliers de lecteurs inconnus qui la remercient. Jouir par lui devient aussi important pour elle que de le faire jouir dans ses bras. La sève qu'il lui dispense est celle dont il nourrit ses plus belles œuvres. Parvenue à ce point d'exaltation, elle décide qu'elle vient de décrocher son meilleur rôle. Celui dont elle rêvait, sans le savoir, depuis son enfance.

Chaque jour, désormais, il s'arrange pour la retrouver et la contenter. Afin de garder une trace de ces instants magiques, elle prend l'habitude de rédiger, après ses visites, si furtives soient-elles, des «gribouillis» destinés à son «cher bien-aimé», à son «Victor trois fois béni», à son «monstre d'écriture». Il a l'esprit collectionneur et emporte ces messages pour les lire chez lui, à l'insu de sa femme. Juliette savoure le plaisir de faire ainsi courir sa plume sur le papier, alors qu'elle est encore tout alanguie par les caresses de son amant. Ce sont ses poèmes «à elle», sa littérature «à elle», son œuvre dont personne, hormis elle et lui, ne doit rien savoir. Elle s'y montre toute nue, dans sa naïveté, son exigence, son bon sens et sa drôlerie. Avec une familiarité de maîtresse comblée, elle l'appelle son «Toto» et il lui répond en l'appelant sa «Juju». Parfois, elle laisse tomber, du bout de sa plume, une exclamation de plaisir physique: «Baise-moi! Oh! baise-moi!» En l'apostrophant ainsi, elle déguste le délice sacrilège de se frotter à un génie, de tutoyer un hôte de l'Olympe. Elle peut tout se permettre avec lui en écriture, puisqu'il se permet tout avec elle en amour. Mis bout à bout, ces bulletins fiévreux constituent le journal de bord de leurs bonheurs et de leurs querelles. Souvent, abandonnant un manuscrit en cours, Victor Hugo se surprend à relire ces étranges feuilles de température où sont consignées les oscillations de leur sensualité. Même loin de lui, Juliette règne sur sa pensée. Qu'il reçoive des invités de marque, qu'il discute avec un éditeur, qu'il écoute sa femme l'entretenir de la santé de leurs enfants, il n'a qu'une hâte: rejoindre Juju. Dès qu'il a un moment de liberté, il se rue chez elle pour faire l'amour ou pour la conseiller sur la meilleure façon d'organiser son existence. Elle est trop dépensière, il veut qu'elle tienne mieux ses comptes et, surtout, qu'elle se restreigne. Cependant, il ne s'oppose pas à ce qu'elle continue son métier. De quoi vivrait-elle autrement?

A la fin de la série de représentations de *Ruy Blas*, elle accepte de jouer, au théâtre Molière qui vient de rouvrir ses portes, une plate comédie, *Le Fils de Zambular*; puis elle va, de reprise en reprise, jusqu'à une réapparition dans *Norma ou l'Infanticide*, qui lui vaut cette sévère remarque du *Corsaire*: «Nous l'engagerions [Mlle Juliette] à s'animer davantage.» La vérité est qu'elle se croit plus à sa place entre deux draps avec Toto que sur une scène en train de débiter des fadaises devant un public malveillant.

Quand elle retrouve, sans enthousiasme, dans *Dix ans de la vie d'une femme*, le rôle que tenait à sa création Marie Dorval, elle s'attire une critique de *La Gazette des théâtres* plus virulente encore que celle du *Corsaire*: «Mlle Juliette, qui s'attache à imiter presque servilement Mlle Dorval, a été écrasée par le rôle qu'elle avait à remplir. Il n'était pas reconnaissable. Nous faisons ces observations avec d'autant plus de regret qu'il y a chez cette actrice des qualités qui pourraient la faire distinguer si elle cherchait à s'occuper de son art.» Cette fois, Juliette enrage. Elle voudrait que son Toto fût fier d'elle autant qu'elle l'est de lui! Et voici que tous les journaux la fustigent à l'envi. Ne va-t-il pas la mépriser, se détacher d'elle? Mais non, il est trop grand pour s'émouvoir de ces clabauderies! Il feint même d'en rire et, pour la consoler, il l'entraîne, entre deux répétitions, vers des promenades à travers Paris ou dans les environs. Ensemble, ils déambulent dans les rues, s'aventurent dans les cabarets à la mode sur la butte Montmartre, louent un fiacre pour aller respirer l'air de la campagne, déjeunent sur l'herbe dans une clairière de la forêt de Saint-Germain, se lutinent derrière des buissons à la Butte-aux-Cailles et rentrent à la maison, les vêtements froissés et le rire aux lèvres, tels des collégiens en rupture d'école. Un jour qu'ils se restaurent dans une auberge d'Enghien, Victor Hugo trouve, sur son assiette, un billet soigneusement plié. Il le lit, tandis que Juliette le couve des yeux. «Je reconnais avoir reçu de M. Victor Hugo beaucoup d'amour, beaucoup de bonheur et beaucoup de dévouement que je m'engage à lui payer à vue. Signé: Juliette.» Et Victor Hugo, bouleversé, lui répond, séance tenante: «Si jamais amour a été complet, tendre, brûlant, inépuisable, infini, c'est le mien!» Précisant sa pensée, il lui écrira encore: «Il faut se baiser sur la bouche, sur les yeux et ailleurs [1].»

Tout serait pour le mieux s'il n'y avait «les autres». On jase autour du couple et Victor Hugo en prend ombrage. Comment pourrait-il oublier le passé trouble de sa maîtresse? Certes, il ne saurait lui en vouloir d'avoir eu des amants avant de le rencontrer, puisque lui-même a une épouse, des enfants et qu'il s'est catégoriquement refusé à les sacrifier au nom d'une nouvelle passion. Mais, selon une tradition bien établie, un homme a toujours plus ou moins l'excuse des exigences de son sexe quand il multiplie les aventures, alors que Juliette, en cédant à des partenaires successifs, a terni sa réputation et contracté peut-être de fâcheuses habitudes de libertinage. Tout en hésitant à la condamner ouvertement, Hugo regrette qu'elle ne soit pas «sans tache». Il fait même allusion, dans certaines de ses lettres, à sa «chute» de femme, terrassée «par les fatalités de [sa] vie». S'il l'avait connue vierge, il l'aurait adorée, alors qu'aujourd'hui il doit la plaindre. Elle, de son côté, supporte difficilement les succès qu'il collectionne dans les salons, auprès de jolies inconnues. Elle les

---

1. Lettre de 1833.

imagine plus brillantes et plus cultivées que l'humble comédienne dont il se prétend épris. Pour apaiser les soupçons de sa Juju, Victor Hugo lui répète, d'une missive à l'autre, qu'elle seule le contente dans ses ébats et l'inspire dans sa poésie. «Oh! lui écrit-il de son cabinet de la place Royale, il me semble que je deviendrais fou de bonheur si tu entrais tout à coup en ce moment dans ma chambre et que tu disais, avec ton divin sourire: "Je viens passer la nuit avec toi!" Te figures-tu cela? Cette seule idée – s'il y a idée – m'enivre et m'éblouit. Oh! te posséder, c'est encore t'aimer, un bonheur du ciel quand je t'ai, quand je te tiens toute nue dans mes bras, vois-tu, je ne suis plus un homme, tu n'es plus une femme, nous sommes deux êtres souverains et empereurs du paradis.» Et encore: «Juliette, faite de chair comme Vénus et d'amour comme Marie [...], le corps que je désire, l'âme que je divinise, la beauté que je contemple dans la sphère idéale, la femme que je veux dans mon lit [1].» Même dans les vers qu'il lui dédie à cette époque, il mêle la sensualité à l'adoration, la religion au paganisme:

> *Tes caresses me font aimer la terre,*
> *Tes regards me font comprendre le ciel* [2].

Ces élans lyriques nempêchent pas Juliette de redouter le lent travail de sape que l'entourage de

---

1. Cité par Jeanine Huas, *op. cit.*
2. Dans *Toute la lyre*.

Victor Hugo mène contre leur liaison. A juste titre, elle soupçonne ses camarades de théâtre, qui la détestent tout en lui souriant, de la desservir auprès de l'auteur glorieux qu'elles courtisent. Mlle George a pris la tête de cette campagne sournoise. Selon certaines rumeurs de coulisses, elle aurait dit à Victor Hugo qu'elle s'étonnait de voir un homme tel que lui, défenseur de la famille, de la vertu et des grands sentiments, céder aux manœuvres d'une femme aussi «fausse, vaniteuse, coquette et désordonnée» que Juliette. Comment un écrivain encensé par tout Paris et connu pour son humeur sourcilleuse pourrait-il résister à une pareille conjuration dans la perfidie? Combien de temps encore croira-t-il Juliette sur parole quand elle lui jure sa fidélité? Il a beau s'écrier: «Personne n'aurait le droit de te jeter la première pierre, excepté moi», cette première pierre, il l'a déjà à la main. Quoi qu'il dise, elle n'est plus pour lui sans défaut. Il lui reproche à présent les trop nombreuses robes qui pendent dans ses armoires, les dettes qu'elle a contractées auprès des couturières, des modistes, des marchands d'antiquités, le fouillis de son carnet de comptes et jusqu'à ses fréquentations. Qu'allait-elle faire, l'autre soir, chez Frédérick Lemaître? S'agissait-il d'un rendez-vous «de métier», comme elle l'affirme, ou d'une partie de plaisir à l'issue d'une répétition? Injustement attaquée, Juliette riposte par écrit: «Dieu m'est témoin que je ne t'ai pas trompé dans notre amour une seule fois en quatre mois, soit en action, soit en pensée[1]. » Et aussi: « Tu m'en veux de t'aimer avec cette exclusion qui me rend folle et jalouse. Par moments, tu es las de mon amour, il t'étreint trop fortement[2]. » Des orages éclatent entre deux embellies. Après une de ces querelles, Juliette songe même à grimper dans la première diligence venue pour rejoindre sa fille à Saumur, où l'enfant, qu'elle a trop longtemps abandonnée, est en pension. Mais aussitôt elle se reprend: sa place n'est pas auprès de la petite Claire, qui, bien que vivant loin d'elle, ne manque de rien, mais auprès du grand Victor Hugo, son tourmenteur adoré. Elle reconnaît l'aimer trop pour être raisonnable: « Je ne trouve pas de mots pour vous dire mon regret, mon repentir, mon désespoir de tout ce qui s'est passé hier, lui écrit-elle; je n'en excepte pas vos torts. »

A présent, elle envie Adèle, l'épouse délaissée, qui du moins cumule les avantages d'une situation sociale honorable, d'un budget équilibré, d'un intérieur somptueux et d'une maternité dont elle n'a pas à rougir. Est-ce Juliette qui, poussée par une curiosité maladive, demande à Victor de lui faire visiter l'appartement de la place Royale? Est-ce au contraire Victor qui, profitant d'une absence de sa femme, veut introduire sa maîtresse au foyer conjugal, lui montrer sa table de travail et la posséder dans le lit à baldaquin doré où il a jadis fait l'amour avec Adèle? Toujours est-il que, au retour de cette expé-

1. Lettre de juin 1833.
2. Autre lettre de 1833.

dition sacrilège, Juliette est aussi meurtrie que si elle avait assisté aux ébats de son Victor avec une autre. «Savez-vous que vous êtes bien charmant de m'avoir ouvert les portes de chez vous, lui écrit-elle. C'était plus que de la curiosité satisfaite pour moi, et je vous remercie de m'avoir fait connaître l'endroit où vous vivez, où vous aimez et où vous pensez. Mais, pour être sincère avec vous, mon cher adoré, je vous dirai que j'ai rapporté de cette visite une tristesse et un découragement affreux! Je sens bien plus qu'avant combien je suis séparée de vous et à quel point je vous suis étrangère. Ce n'est pas de votre faute, mon bien-aimé, ce n'est pas de la mienne non plus, mais c'est comme cela... Je me trouve la plus misérable des femmes. Si vous avez quelque pitié de moi, mon cher amour, vous m'aiderez à sortir de cette posture accroupie et humiliante dans laquelle je suis et qui torture mon esprit en même temps que mon corps. Aidez-moi à me relever, mon bon ange, que j'aie foi en vous et en l'avenir. Je vous en prie, je vous en prie!»

Puisque le divorce, institué en 1792, a été malheureusement aboli en 1816, elle espère du moins que Victor Hugo se séparera un jour, définitivement, de sa femme, qu'il la choisira elle, Juliette, comme compagne officielle, qu'ils habiteront ensemble et qu'ils pourront s'aimer au vu et au su de tout le monde. «Je t'aime, lui écrit-elle, avec l'idée que je suis ta femme, ta seule femme en amour.» Cependant, ayant vu le portrait d'Adèle dans une chambre de l'appartement de la place Royale, elle doit reconnaître que cette belle créature brune, au visage altier, a de quoi séduire. Épouse légitime, Mme Hugo a, derrière son dos, tout l'arsenal des lois et tout le poids de la société. Combien Juliette se sent démunie, face à une telle rivale! Si encore elle pouvait se prévaloir d'un grand succès au théâtre! Mais, là aussi, tout n'est que demi-mesure ou échec camouflé. Obéissant au train-train du métier, elle incarne Agathe de Montalais dans *La Chambre ardente*, un drame en cinq actes de Mélesville et Bayard. Cette évocation de la marquise de Brinvilliers, de ses intrigues et de ses crimes chatouille le goût du public pour le mystère et l'horreur. C'est Mlle George qui prête son visage tragique à la célèbre empoisonneuse. On l'applaudit. Mais on applaudit aussi – plus discrètement, il est vrai – Mlle Juliette. «La mort de Madame, expirant dans les bras de Mlle Juliette, qui est fort jolie, a semblé du meilleur goût», lit-on dans *Le Journal des débats*. Immédiatement après, pressée par le besoin d'argent, Juliette accepte un emploi secondaire dans *Bergami et la reine d'Angleterre*, une pièce qui, à son avis, n'est qu'une «dégoutante rhapsodie». Elle est tellement mécontente de son rôle qu'à plusieurs reprises elle songe à refuser de paraître sur scène. Cependant, elle craint que, dans ce cas, Harel ne l'attaque en rupture de contrat, ce qui gâcherait encore les rapports, déjà très tendus, de Victor Hugo avec le directeur de la Porte-Saint-Martin. Alors, elle se résigne. Que ne ferait-elle pour épargner à son cher grand Toto le moindre souci dans sa carrière théâtrale ? Il n'est pas grave qu'elle rate la sienne, mais lui, le phénix, doit triompher toujours et partout!

VII

RÉUSSITE DE LA FEMME, ÉCHEC DE LA COMÉDIENNE

Au début de l'automne 1833, il semble à Juliette que le guignon s'acharne sur elle. Suffirait-il d'avoir un petit nom au théâtre pour déchaîner l'animosité de gens qui ne vous sont rien? Alphonse Karr, qui a disparu de son horizon depuis belle lurette, se rappelle à son souvenir par un roman étrange, intitulé *Une heure trop tard*, dont l'héroïne, Hélène, d'obscure naissance mais de grande beauté, mène une existence de patachon, passe de la couche d'un comte cousu d'or à celle d'un romancier de talent et se voit obligée de vendre ses bijoux pour survivre. La ressemblance est patente, mais ni Juliette ni Victor Hugo n'y attachent la moindre importance. Plus outrageante est la publication, au mois d'octobre, d'un autre roman, *Une actrice*, dû à un jeune écrivain, Eugène Guérin, et inspiré, lui aussi, par les cabrioles galantes de la comédienne. Cette fois, l'héroïne se nomme carrément Juliette; elle se produit sur une scène secondaire du boulevard Saint-Martin, additionne les amants de tout acabit, riches de préférence, et compte plus sur ses succès d'alcôve que sur ses succès de théâtre. Il faut beaucoup de sang-froid à Juliette pour encaisser l'affront et à Victor Hugo pour ne pas protester dans la presse. Malgré l'évidence de la diffamation, la plupart des journalistes ferment les yeux avec hypocrisie sur cette violation, par un des leurs, des secrets de la vie privée. Seul le critique de *Bagatelle* dénonce la bassesse du procédé et reproche à l'auteur de n'avoir pas, du moins par correction, donné un autre nom que Juliette à son personnage central et situé ses exploits dans un autre théâtre qu'une salle du boulevard Saint-Martin. «Je plains, autant que je le dis, le nom de mademoiselle Juliette de se trouver mêlé à de pareilles aventures, conclut-il; vraies, c'est horrible; fausses, c'est fâcheux [1].» Mais voici que, brochant sur le tout, une poétesse, Hermance Sandrin [2], publie, presque en même temps, un recueil de vers, *Rêveuse*, où figure un poème dédié à Victor Hugo sous le titre: *A.V.H.* Saisie d'une vertueuse indignation, la signataire de ce morceau d'éloquence reproche au dédicataire d'avoir abandonné une épouse admirable pour se traîner aux pieds d'une gourgandine. Prenant le parti d'Adèle, Hermance Sandrin écrit à l'adresse de Victor Hugo:

1. Cf. Gérard Pouchain et Robert Sabourin, *op. cit.*
2. Pseudonyme d'Hermance Lesguillon (cf. *ibid.*).

Vous l'avez délaissée et choisi devant elle
La courtisane impure au souffle revendu;
Vous avez dédaigné l'épouse chaste et belle;
Indigne, d'un beau ciel vous êtes descendu.

Ces allusions venimeuses, venant de plusieurs côtés à la fois, soulèvent des rires dans les coulisses du théâtre de la Porte-Saint-Martin. Or, c'est précisément à cette époque que Victor Hugo, après avoir menacé Harel de le provoquer en duel si les représentations de *Lucrèce Borgia* étaient suspendues, comme il en avait été question, s'est réconcilié avec lui et lui a confié le soin de monter son nouveau drame en prose: *Marie Tudor*. Lors d'une première lecture aux acteurs, la pièce a été accueillie «avec transport». Mais, si les interprètes ne tarissent pas d'éloges sur l'auteur, ils ne savent qu'inventer pour humilier sa maîtresse. Dès le début du travail de mise au point, Juliette, qui incarne Jane, une douce orpheline élevée par l'ouvrier ciseleur Gilbert, doit subir les impertinences et les moqueries de ses camarades. Son partenaire, Bocage, menace de rendre son rôle si la direction ne désigne pas quelqu'un d'autre pour lui donner la réplique. De bisbille en bisbille, il démisionnera et sera remplacé par Lockroy, qui n'est guère plus amène. Quant à Mlle George, qui joue la reine d'Angleterre, chaste, passionnée et sanglante, elle ne manque pas une occasion de rappeler à Juliette que cette dernière a décroché son emploi «par protection» et qu'elle n'est qu'une intruse parmi de vrais comédiens. Refoulant ses larmes, Juliette accepte toutes les brimades par égard pour Victor Hugo, lequel fonde de grands espoirs sur l'avenir de cette œuvre. Au cours des répétitions, alors qu'elle dit son texte avec une exactitude scolaire, elle sent sur son visage le regard scrutateur de son amant. Elle devine qu'il la juge à chaque mot, à chaque geste, qu'il la critique en silence, qu'il regrette peut-être, à part soi, de lui avoir confié la responsabilité de traduire sa pensée. Comme la date de la première approche, Harel paraît soudain douter des qualités de la pièce. Il s'est, entre-temps, enthousiasmé pour un nouveau drame que lui a proposé Alexandre Dumas: *Angèle*. Hugo et Dumas sont rivaux dans la faveur du public. Les partisans du premier estiment que la réputation du second est usurpée et qu'il n'est qu'un montreur de marionnettes, tandis que les œuvres de leur idole sont pétries de chair et de sang. Un des fidèles de l'auteur de *Marie Tudor*, le jeune Granier de Cassagnac, qui est d'ailleurs ouvertement patronné par Victor Hugo, a proposé à Bertin, directeur du *Journal des débats*, un article d'une rare violence, dénigrant l'art commercial de Dumas et exaltant le génie spontané d'Hugo. Bien entendu, le texte de cette profession de foi littéraire a été soumis à Hugo, qui en a approuvé, en secret, le fond et la forme. Toutefois, pour ne pas s'aliéner la sympathie d'un confrère qui va être bientôt joué dans le même théâtre que lui, il a demandé à Bertin de surseoir à la publication de ce pamphlet doublé d'un dithyrambe. Cette solution de sagesse est brusquement compromise par une initiative d'Harel. Après des semaines d'hésitation, le directeur de la Porte-Saint-Martin croit de moins en moins au succès de *Marie Tudor* et de plus en plus à celui d'*Angèle*. Pour appâter les clients, il fait placarder des affiches ainsi libellées: «Incessamment: *Marie Tudor*. Prochainement: *Angèle*.»

Cette façon d'insinuer que *Marie Tudor* ne tiendra pas longtemps la scène et que l'événement de la saison sera *Angèle* révolte Hugo et désole Juliette. Plus que jamais amoureuse, elle se sent responsable de tous les mécomptes dont souffre son amant. A la demande expresse d'Hugo, l'affiche est retirée, mais il ne peut se contenter de cette réparation. Blessé dans son orgueil, il se persuade que c'est Dumas en personne qui a suggéré à Harel son insolente réclame. Dans ces conditions, il n'a plus aucune raison, pense-t-il, de retarder la publication par *Le Journal des débats* de l'article de Cassagnac. En découvrant dans cette gazette, le 1er novembre 1833, une bordée de sarcasmes à son égard, Dumas tombe des nues. Pour lui, il est clair que c'est Hugo, ami de Bertin et sympathisant déclaré de Cassagnac, qui est à l'origine du coup fourré. «Cet article, sinon rédigé par vous, devait être fait sous votre patronage, écrit-il à Hugo. [...] Je ne comprends pas que, lié comme vous l'êtes avec M. Bertin, un article où il est question de moi et de vous passe sans vous être communiqué; j'ai donc la conviction que vous connaissiez l'article.» Embarrassé par l'accusation, Hugo se drape dans sa dignité et répond qu'il a fait de son mieux pour atténuer les termes de la diatribe de Cassagnac et que, par conséquent, Dumas n'a nul motif de lui en vouloir. «Dans cette occasion, lui affirme-t-il, ce n'est pas moi qui vous dois une justification, mais vous qui me devez un remerciement. Mais je vous dirai tout quand vous viendrez; dix minutes de causeries éclaircissent mieux les choses que dix lettres.» Malgré cette invitation à un dialogue amical, Dumas ne se dérange pas et Hugo reste sur ses positions. La brouille est d'autant plus grave que, si Hugo a Juliette pour maîtresse, Dumas, lui, a dans son lit Ida Ferrier, elle aussi comédienne et elle aussi impatiente de prouver son talent. Chacune des deux compte sur «son» auteur pour accéder à la gloire et à la fortune. Ainsi, rivaux à travers leurs œuvres, les deux écrivains le sont-ils également à travers les femmes qui partagent leur vie. Juliette en a conscience et se débat à l'aveuglette dans cet imbroglio. Comment veut-on qu'elle joue avec aisance alors qu'une telle lutte d'influence se déroule derrière son dos et que Mlle George, plus haineuse que jamais, s'évertue à dresser contre elle toute la troupe? Les nerfs de la malheureuse ne résistent pas longtemps à l'épreuve des piques et des camouflets. Exténuée, excédée, elle se trompe dans ses répliques aux répétitions. *Marie Tudor* est annoncée pour le 6 novembre 1833. Juliette tiendra-t-elle jusque-là? Hugo en est sûr; Harel en doute; Juliette s'en remet à Dieu.

Le 5 novembre, veille de la première, Harel déclare à Hugo que Juliette est décidément incapable de défendre la pièce et que Mlle Ida Ferrier, la maîtresse de Dumas, ayant eu, par hasard, la bonne idée d'apprendre le rôle, pourra la remplacer au pied levé. Hugo refuse catégoriquement ce rattrapage déshonorant. Il le fait certes pour ménager la susceptibilité de Juliette, mais aussi pour ne rien devoir à son rival, Dumas, et à la créature de celui-ci, l'intrigante Ida Ferrier. Force lui est pourtant de constater que, dans l'état de prostration où se trouve sa Juju, ce serait un crime que de la livrer, le lendemain, au jugement d'une foule toujours prête à piétiner les vaincus. Sur sa demande, Harel «maintient» Juliette mais retarde la première de vingt-quatre heures. Ce sera toujours ça de gagné!

Le 7 novembre 1833, bravant le froid et la pluie, le public se rue vers les guichets du théâtre de la Porte-Saint-Martin. Des gardes municipaux à cheval et des sergents de ville canalisent tant bien que mal cette cohue où voisinent des femmes en grand tralala, des écrivains célèbres, des journalistes besogneux, des étudiants faméliques et des prostituées. A l'intérieur de l'établissement, le vacarme s'amplifie. Certains énergumènes se déchargent de leur trop-plein d'énergie en braillant – c'est devenu une tradition – *La Marseillaise*: «Bruit sublime à abasourdir un roi, à réveiller un académicien», écrira *Le Charivari*. Des jeunes gens surexcités se bombardent à coups de pommes cuites et de croûtons de pain. D'autres hurlent le nom de l'auteur sans qu'on sache s'ils l'honorent ou le conspuent. Sont-ce des fous en liberté? Non, simplement des passionnés de théâtre, des amateurs de chahut, les lecteurs habituels des potins dans les gazettes. Personne, parmi eux, n'est impartial. Les thuriféraires d'Hugo narguent les thuriféraires de Dumas. Les uns et les autres entendent transformer cette soirée en un combat fratricide. Une seconde bataille d'*Hernani* ne leur fait pas peur.

Blottie derrière un portant, Juliette écoute cette grande rumeur et se demande si, le moment venu, elle saura dominer la panique qui la gagne. Quand retentissent les trois coups, elle n'a plus de cœur, plus de jambes, plus de voix. Le rideau de velours cramoisi se lève sur une nuit brumeuse, dominée par la tour de Londres. Le public fait silence. C'est à Juliette de parler. Mais est-ce bien elle qui récite ces mots qu'elle a tant de fois répétés, sous l'œil vigilant de l'auteur? La tête lui tourne. Elle est une autre. Elle va tomber. Au parterre, quelques amis d'Hugo applaudissent. Aussitôt, ceux de Dumas ripostent par des sifflets et des ricanements. Alors que Mlle George, en professionnelle du spectacle, continue de jouer comme si de rien n'était, Juliette, désarçonnée, le souffle court, les yeux vides, baisse la tête sous l'ouragan. Au troisième acte, elle n'est plus qu'une victime expiatoire, qui attend le dernier coup comme une délivrance. Son attitude courbée paraît du dernier comique à quelques spectateurs. «Elle avait l'air de chercher une épingle tombée de son joli costume, écrira *Le Courrier des théâtres*. L'effet de cette mauvaise pose était affreux quand on voyait l'actrice par-derrière; à ces épaules sans l'ornement principal, on aurait dit une horrible décollation..., pardon de l'image, mais elle est exacte! Point de voix, nulle sûreté dans la diction, point de sentiment dramatique et beaucoup de manières, telle a été Mlle Juliette [1].» Quand Gilbert, personnage dont Jane est éprise dans la pièce, lui dit: «Relevez la tête, tenez-vous droite, là, et regardez-moi!» un éclat de rire secoue la salle de bas en haut. Jamais Juliette ne s'est sentie aussi indigne de l'auteur qu'elle aurait tant voulu servir. Il lui semble que ce n'est pas seulement la comédienne que raille impitoyablement le public, mais l'ancienne pensionnaire du couvent de Sainte-Madeleine, tombée trop bas pour espérer se relever un jour. Lorsque le rideau se referme sur une tempête de bravos, d'invectives et de huées, elle a le visage en sueur et claque des dents. Elle prévoit déjà qu'à la prochaine représentation elle sera remplacée par Ida Ferrier. Et ce sera comme si Dumas avait gagné sur Hugo.

Après une telle dégelée, elle n'a plus qu'une hâte: rentrer chez elle, oublier, dormir. Mais, la lampe éteinte, les paupières closes, elle est encore en butte aux quolibets d'une salle féroce. Sa nuit n'est qu'une succession de sanglots et de cauchemars. Au matin, elle grelotte de fièvre. En lui rendant visite, dans la journée, Victor Hugo découvre une femme à demi folle de honte, de chagrin et de colère. Avec d'infinies précautions, il tente de la convaincre qu'elle est la victime d'une cabale, que c'est contre lui et non contre elle que les partisans de Dumas ont mené l'assaut, qu'elle doit prendre exemple sur lui et faire

---

1. *Le Courrier des théâtres*, 9 novembre 1833.

front, parce que, tôt ou tard, leurs ennemis communs, las de crier et de gesticuler, déposeront les armes. Elle le remercie de ses bonnes paroles, mais n'en reste pas moins persuadée qu'elle a perdu sur les deux tableaux: comme artiste et comme maîtresse.

La lecture des gazettes la confirme dans cette idée: toute la presse la dénigre. Si *Le Journal des débats* se contente de noter que «Mlle Juliette, indisposée depuis plusieurs jours, avait plutôt consulté son zèle que ses forces», *La Revue des Deux Mondes* écrit, sous la signature de Gustave Planche: «Le jugement le plus sévère et le plus juste que je puisse porter sur Mlle Juliette, c'est de dire qu'elle n'a pas joué; car je ne dois compter pour rien le mouvement assidu de ses épaules ni la perpétuelle prière que ses yeux adressaient au ciel. Elle n'a pas été mauvaise, elle a été nulle. Elle n'a pas montré un seul instant de tristesse sincère, de repentir véritable, de joie vive ou de tendresse intime. Elle ne semblait occupée que du satin de sa robe ou des pierreries de sa coiffure.» *Le Journal de la femme* estime, quant à lui, que «Juliette s'est vue, dès le premier mot, écrasée par le rôle de Jane». *Le Courrier des théâtres* déplore que le «non-succès de l'actrice» ait gravement compromis le «succès» de l'ensemble de la troupe. Le chroniqueur de *Brid'-Oison* divertit ses lecteurs par un calembour et décrète qu'à cause du jeu de Juliette la pièce d'Hugo ne devrait pas s'appeler *Marie Tudor*, mais *Jeanne, tu dors!* Et, comme pour abattre définitivement la «coupable», toutes les feuilles parisiennes saluent son remplacement par Ida Ferrier. Suprême insulte, *La Revue de Paris* conclut: «Celle qui remplissait le rôle de Jane [Juliette] l'a cédé à Mlle Ida dont le talent, à la fois énergique et sérieux, rendrait Roméo lui-même infidèle à Juliette.»

Pour panser la blessure d'amour-propre de sa maîtresse, Victor Hugo lui adresse une longue lettre de gratitude qu'elle pourra exhiber à la ronde: «Vous n'avez joué le rôle de Jane qu'une fois, mon amie, mais la trace que vous y avez laissée pour moi est aussi profonde que si vous l'aviez joué cent fois. [...] Ce que vous avez mis dans ce rôle de votre cœur, de votre âme, de votre esprit, de votre caractère, de votre passion, de votre amour, de votre beauté, de votre nature, je l'écrirai un jour. Je tâcherai que rien de cela ne soit perdu. [...] Si mon nom vit, votre nom vivra. [...] Vous n'avez pas cessé un seul instant d'avoir l'accent vrai, l'accent passionné, l'accent pathétique [...]. Tout ce que vous avez dit, vous l'avez dit sans perdre un instant le sentiment délicat des nuances. [...] Soyez tranquille, on vous rendra toute justice un jour. [...] Ayez seulement le courage d'être sur la scène ce que vous êtes dans la vie. [...] Les belles qualités de votre nature sont trop rayonnantes pour ne pas convaincre tôt ou tard tous les yeux. Un rôle suffirait pour cela. Vous n'êtes pas le caillou qui a besoin d'être frappé à plusieurs reprises pour donner un peu de feu. Vous êtes le diamant, à qui un rayon de soleil suffit pour jeter mille étincelles [1].»

---

1. Lettre de 1833, postérieure au 7 novembre.

Cette apologie de ses dons de comédienne, sans consoler tout à fait Juliette, lui donne la mesure de l'amour que lui porte Victor Hugo. Déchue, raillée, renvoyée dans l'ombre, elle reconnaît qu'elle a besoin d'un bras d'homme pour s'appuyer dessus. Après avoir longtemps cru que, grâce à son talent, elle pourrait un jour se passer de protecteur, elle va compter sur son amant non seulement pour lui dispenser du bonheur dans ses livres, au théâtre et au lit, mais aussi pour l'aider pécuniairement. Il est pour elle tantôt le grand Victor Hugo que lecteurs et spectateurs hissent sur un pavois, tantôt le gentil Toto qu'elle doit reconquérir chaque soir pour garder sa confiance et désintéresser ses créanciers. Grâce à lui, elle a pu emménager récemment dans un appartement décent et douillet, au 35 *bis* de la rue de l'Échiquier. Mais, pendant les répétitions de *Marie Tudor*, elle a commis l'imprudence de faire disparaître quelques bibelots, quelques bijoux et quelques robes qui avaient été saisis à son domicile sur décision de la Cour royale et placés sous la surveillance, toute théorique, d'un gardien judiciaire. Prenant soudain conscience de la gravité de cet outrage à la loi, affolée par l'accumulation de ses dettes, elle n'ose encore recourir à la générosité de Victor Hugo et s'adresse d'abord à Pradier. Mais il est en voyage. Alors elle écrit à son amie Laure Kraft, qui l'hébergeait naguère: «Ma chère Laure, jusqu'au retour de Pradier, il faut que tu tâches de me prêter mille francs. J'ignore comment tu pourras te les procurer, mais il s'agit d'honneur et c'est à toi que je me confie. Je perds la tête. Je ne sais plus que faire, mais il me faut cette somme – demain, entends-tu? Mon Dieu, fais l'impossible, fais plus que pour toi. Si tu savais combien je suis malheureuse depuis que tu m'as quittée!»

Laure Kraft doit être elle-même au bout du rouleau, car elle ne répond pas à ces implorations. Ne sachant plus à quelle porte sonner, Juliette tente encore de réclamer à Alphonse Karr l'argent qu'il lui doit depuis la fin de leur liaison. En vain. Il a disparu dans une trappe. Là-dessus, elle est convoquée à comparaître, le 8 décembre 1833, devant la 6e chambre correctionnelle pour répondre du détournement frauduleux des objets saisis et gardés chez elle. Selon son avoué, elle risque jusqu'à cinq ans de prison. Terrorisée, elle se résigne à tout avouer, avant l'audience, à Victor Hugo. Elle le supplie, par lettre, de venir la voir d'urgence. Mais il se dérobe sous de mauvaises excuses. Aurait-il fini par se lasser des complications financières et sentimentales où elle l'entraîne? La veille du procès, elle lui écrit encore, à huit heures du soir: «Il faut que j'assiste demain, en personne, au tribunal de police correctionnelle. [...] Je suis folle, folle. Je sens bien que ma raison n'en peut supporter davantage et, pour finir ma journée, tu ne viens pas, tu ne viendras pas. A quoi m'auront servi ma confiance en ton amour, ma foi en l'avenir et mon courage? – Tu m'abandonnes toujours au milieu du danger. Oh! Victor, Victor, tu es bien coupable, et moi bien malheureuse. Oh! je souffre. Pardonnez-moi cette lettre, son désordre, ses expressions et sachez que, quoi qu'il arrive, je vous aimerai toujours passionnément.»

Le 8 novembre, assise, plus morte que vive, sur le banc d'infamie des prévenus, elle s'attend à un verdict implacable. Mais, après un bref examen de l'affaire, le tribunal remet son jugement à huitaine. Les journaux relatent ce petit événement parisien avec une commisération teintée d'ironie. De nouveau, on parle de Mlle Juliette, mais c'est pour souligner son insuffisance comme actrice et son inconséquence comme femme. Et, malgré sa répugnance, elle doit encore honorer son contrat avec le théâtre de la Porte-Saint-Martin. Elle joue trois soirs de suite, telle une somnambule, dans des «reprises» sans intérêt et sans éclat. Enfin, le 15 novembre, le tribunal rend une sentence qui la délivre du poids qui lui écrasait le cœur. Considérant que le préjudice invoqué par Mme Ribot n'est pas justifié, le juge fait preuve d'indulgence, ne requiert pas la prison pour dettes à l'encontre de Mlle Juliette, mais confirme qu'elle demeure redevable envers la plaignante d'une somme de huit mille francs augmentée des intérêts.

Aussi soulagé que Juliette, Hugo cherche avec elle le moyen de régler ses dettes. Selon lui, le mieux serait qu'elle s'adressât de nouveau à Alphonse Karr afin de lui rappeler son engagement. Pour plus de sûreté, il choisit lui-même les termes de la lettre qui doit convaincre l'ancien amant de sa maîtresse de mettre la main à la poche: «Cette dette, écrit-elle sous sa dictée, depuis dix mois que ma détresse augmente chaque jour, que je suis accablée de poursuites, qui vont jusqu'à vendre mes bas et mes chemises place du Châtelet, [...] cette dette, depuis dix mois, dis-je, moi misérable, vous peut-être heureux, vous ne vous en êtes pas souvenu [1].» Malgré les adjurations répétées de Juliette, Alphonse Karr continue de feindre la pénurie et la perte de mémoire. Pour couper court à un affrontement épistolaire qui l'embarrasse, il reproche à sa correspondante le style inamical de ses lettres. «Adieu, Juliette, lui répond-il. Je suis affligé que, par conseils ou autrement, vous n'ayez pas gardé avec moi le ton affectueux qui convenait [2].»

Comprenant que, de ce côté-là, on fera toujours la sourde oreille et que c'est lui seul qui sera contraint de subvenir aux besoins de Juliette, Victor Hugo se renfrogne. Après l'échec de sa maîtresse dans *Marie Tudor*, il prévoit qu'elle ne réussira pas à se tailler une situation honorable au théâtre. Dans ces conditions, est-il raisonnable qu'elle s'obstine à apprendre des rôles secondaires, à signer des contrats au rabais et à essuyer la mauvaise humeur des journalistes ? Ne vaut-il pas mieux qu'elle s'éloigne du clinquant des spectacles et rejoigne la cohorte des femmes sages, qui se consacrent à des tâches ménagères, à des fréquentations mondaines, à d'innocentes rêveries et guettent d'heure en heure le

---

1. Cf. Louis Barthou, *op. cit.*
2. *Ibid.*

retour au foyer d'un mari ou d'un amant dont la réussite leur tient lieu d'ambition personnelle? En vérité, il redoute que sa maîtresse, dont il admire autant l'esprit que la beauté, ne soit pas d'un tempérament assez docile pour accepter cette douce léthargie. Et il ne sait trop comment la préparer au passage de la vie brillante et agitée des planches à la vie oisive et rassurante d'une fausse épouse. En attendant, il feint de croire, pour la tranquilliser, qu'elle connaîtra encore, au théâtre, des lendemains heureux. Cependant, elle n'est pas dupe de ce mensonge charitable. Elle devine que, pour lui comme pour la plupart des hommes, le destin congénital d'une femme est dans l'inactivité, la futilité et la soumission. Elle admet que, dans sa situation d'aimable parasite, l'essentiel est que son Toto ne l'abandonne pas. Mais, hésitant à la croisée des chemins, elle se demande si elle doit craindre ou espérer l'étrange métamorphose qu'il envisage pour elle.

VIII

TEMPÊTE DANS UN VERRE D'EAU SUCRÉE

Entre les deux amants s'installe bientôt un jeu subtil et dangereux: tout en jurant une adoration éternelle à sa maîtresse, Victor Hugo lui reproche de ne pas mieux équilibrer son budget et de ne lui révéler le montant de ses dettes qu'au moment où, le couteau sur la gorge, elle ne sait comment les rembourser. Elle, de son côté, tout en affirmant qu'elle ne pense plus à une carrière théâtrale, dévore les articles de journaux où défilent les noms de ses rivales et soupire devant Toto en évoquant ses pauvres succès d'hier. Comme aucune rentrée d'argent n'est à prévoir de ce côté-là, elle a recours à lui pour régler son loyer – mille trois cents francs par trimestre –, la pension de Claire, les broutilles de la vie courante. Chaque fois, il règle les factures en maugréant. Il lui a si souvent rappelé ses écarts de femme entretenue qu'elle ne voudrait, à aucun prix, retomber dans cette position humiliante. Elle n'oublie pas que le pauvre grand homme est chargé de famille et qu'il n'a que sa plume pour assurer leur existence à tous. Mais est-ce sa faute si elle n'a jamais su résister à la tentation d'un achat? Elle doit douze mille francs à l'orfèvre Janisset, mille sept cents francs au tapissier Jourdain, cinq cents francs à la blanchisseuse, quatre cent vingt francs à Vilain, le «marchand de rouge», deux cent soixante francs au coiffeur Poivin, deux mille cinq cents francs aux dames Lebreton et Gérard, «marchandes de cachemire»... Plutôt que d'affronter le courroux de Toto en lui annonçant le chiffre global de ses dépenses, elle préfère gagner du temps et signer des lettres de change en espérant que, tôt ou tard, un hypothétique contrat dans un bon théâtre la remettra à flot. Or, comme elle ne peut lui dissimuler ses angoisses de femme démunie et traquée par les créanciers, il imagine une tout autre cause à l'embarras de sa maîtresse: soudain, il la croit infidèle! Oui, elle a sûrement renoué avec ses erreurs de jadis; son passé la rattrape! Parfois, saisi d'une brusque colère, il lui jette à la figure qu'elle est redevenue la créature volage qu'il a eu tant de mal à tirer de la fange: «Si tu me trompes (et toi seule le sais), ton devoir d'honnête femme est de me quitter, lui écrit-il. Si tu ne me trompes pas, ton devoir est de rester avec moi.» Et il ajoute: «Agis bien en conscience, je t'en supplie, et comme devant Dieu.» Elle lui répond par des accès de jalousie aussi virulents que les siens. N'est-il pas, malgré ses serments, moins amoureux d'elle que de son épouse légitime, avec laquelle il n'aurait, dit-il, plus de rapports? De toute évidence, Mme Hugo, la mère de ses enfants, a pour lui les attraits de la docilité et de la respectabilité bourgeoises. Juliette, qui ne la connaît que de réputation, voudrait lui ressembler. «Je suis bien à plaindre, écrit-elle à Victor, car je suis jalouse, et de qui? de la plus belle, de la plus douce, de la plus adorable femme de la terre – et cette femme, c'est la tienne!» Puis elle se raisonne. Adèle, qui est au courant du concubinage de son mari, accepte la situation avec philosophie. Pourquoi Juliette n'en ferait-elle pas autant en ce qui concerne les liens distendus mais persistants entre Victor et Adèle? Tout irait mieux si chacune des deux consentait à rester dans son rôle pour le repos de celui dont elles se partagent les attentions. Mais déjà d'autres rivales surgissent dans l'imagination de Juliette. Elle souffre de voir Toto fréquenter des salons où elle n'est pas invitée et où, sans doute, il fait la roue devant un cénacle d'épouses mûrissantes et de pimbêches enamourées. «Vous m'avez quittée bien vite, mon Victor, lui écrit-elle un jour de rancune. Vous paraissiez bien pressé de retourner parmi les beautés de tous les mondes qui s'étaient réunies ce soir pour vous enlever à moi. Mais prenez-y garde. Fussiez-vous au bout de la terre, avec la plus belle des Patagonaises, j'irai vous y retrouver, terrible, et la hache à la main.» La défiance de Juliette, attisée par celle d'Hugo, est telle que le moindre indice de trahison la rallume. Qu'il manque un rendez-vous avec elle, qu'il abrège sans explication un de leurs tête-à-tête, qu'elle découvre entre ses mains un mouchoir dont la provenance lui paraît suspecte et la scène éclate, avec accompagnement de larmes et de cris. Les réconciliations sont d'ailleurs aussi rapides et mouvementées que les brouilles. «Fais de moi ce que tu voudras, lui propose-t-elle après un de ces raccommodages. Je t'aime, le souvenir du passé et la crainte de l'avenir m'empêchent de te le dire comme autrefois. Oublie le passé, charge-toi de l'avenir, et je retrouverai la faculté de te dire que je t'aime comme je le sens. Je t'aime. – Juliette.» Ou encore: «Mon soleil, c'est toi, mon amour mille fois plus beau et plus rayonnant que lui; ma nuit, c'est ton absence.» Pour n'être pas en reste, Victor Hugo lui répond: «J'ai besoin de toi, de ta santé, de ton amour, de ton bonheur. Vois-tu, ma bien-aimée, sois tranquille tant que je serai là.»

Cédant aux prières de Juliette, il a entrepris des démarches – à contrecœur, il est vrai – pour l'aider à retrouver un emploi décent au théâtre. A sa demande, l'éditeur Eugène Renduel lui a promis de faire publier, par *Le Courrier français*, le communiqué suivant que Victor Hugo a rédigé en pesant chaque phrase: «Mlle Juliette, cette jeune actrice pleine de beauté et de talent, que le public a si souvent applaudie à la Porte-Saint-Martin, est sur le point de quitter ce théâtre. Plusieurs administrateurs dramatiques lui font en ce moment des offres d'engagement. Il est probable que c'est à la Comédie-Française que Mlle Juliette donnera la préférence. Son talent si digne et si intelligent l'appelle à notre premier théâtre.» Mais Renduel, au dernier moment, refuse cette longue annonce qui lui semble à la fois prématurée et injustifiée. Alors Hugo, tarabusté par Juliette, sollicite le directeur du *Vert-Vert*, qui, moins scrupuleux que celui du *Courrier français*, accepte d'insérer dans sa feuille une note plus laconique: «On assure que M. Jouslin de La Salle, directeur du Théâtre-Français, vient d'engager Mlle Juliette. Nous félicitons la Porte-Saint-Martin si elle tient en réserve assez de jeunes et charmants talents pour ne pas nous faire regretter Mlle Juliette.»

De fait, à la suite d'âpres pourparlers, appuyés par la promesse de donner une pièce inédite au Théâtre-Français si la direction appelle Mlle Juliette dans sa troupe, Victor Hugo a obtenu qu'elle soit engagée comme pensionnaire, aux émoluments de trois mille francs par an. Certes, le contrat, signé à l'arraché, ne prévoit pas la date des débuts de la nouvelle recrue, mais Juliette est aux anges. Elle jure qu'elle saura attendre le temps qu'il faudra pour reparaître dans un bon rôle. Et elle remercie avec effusion son irremplaçable Toto du mal qu'il s'est donné pour lui permettre de remonter sur les planches. Cependant, on répète de tous côtés qu'elle n'a dû cette promotion qu'à un «chantage» intellectuel de Victor Hugo et les grincheux s'en indignent. *La Revue théâtrale* persifle: «Un journal de théâtre assure que Mlle Juliette, du théâtre de la Porte-Saint-Martin, vient d'être engagée à la Comédie-Française. Ceci n'est point vraisemblable! Peut-on supposer que Mlle Juliette ait été appelée au Théâtre-Français parce qu'elle était médiocre à la Porte-Saint-Martin?»

Bah! ce ne sont que piqûres de moustiques, décide Hugo, superbe. L'essentiel, c'est que le contrat ait été signé, avec, à la clef, l'assurance d'une rétribution convenable. Toutefois, pour inciter Juliette à plus de rigueur dans la tenue de ses comptes, il lui offre un carnet relié en maroquin vert et exige, tendrement mais fermement, qu'elle y inscrive ses dépenses. Elle promet, en souriant, de se soumettre à cette recommandation peu romantique d'un champion du romantisme. Au vrai, elle l'aime tant qu'elle est prête à chérir jusqu'à sa ladrerie.

Vers la fin du mois de juin, il arrive chez elle au milieu de l'après-midi, l'air à la fois exténué et radieux, lui annonce qu'il vient de terminer un texte important, *Claude Gueux*, dont il a profité pour dénoncer l'horreur de la peine de mort, lui en lit quelques passages et l'entraîne, ahurie, pimpante et joyeuse, fêter l'événement à Montmartre. Réfugiés sous la tonnelle d'un cabaret, ils bavardent, les yeux dans les yeux, la main dans la main, comme au premier jour de leur union. Puis Hugo se fait apporter une plume, de l'encre, tire de sa poche le manuscrit de *Claude Gueux* et l'enrichit d'une dédicace: *A ma Juliette bien-aimée, à qui j'ai lu ces quelques pages immédiatement après les avoir écrites, le 24 juin 1834, sur la colline Montmartre, entre trois et quatre heures après midi. Il y avait deux jeunes arbres qui nous donnaient de l'ombre et, au-dessus de nos têtes, un beau soleil – moins beau qu'elle! – Victor Hugo.*

Associée à la verve créatrice de son amant, Juliette ne regrette plus autant les petites satisfactions de sa carrière de comédienne. Il y a déjà deux mois qu'elle a signé son contrat avec le Théâtre-Français et on ne lui a toujours pas proposé le moindre rôle. En revanche, Victor Hugo a accepté qu'elle lui serve de secrétaire. C'est avec vénération qu'elle s'applique à copier les vers ou la prose qu'il lui confie. En mettant au net les brouillons de l'écrivain, elle a l'illusion de collaborer au rayonnement de son œuvre. Tout ce qui tombe de sa plume est sacré. Elle voudrait lui épargner le plus petit souci pour ne pas assombrir son front ni gêner son inspiration. Qu'il se plaigne d'une légère fatigue oculaire et elle s'affole: «Je vais préparer ton eau pour tes yeux, tout à l'heure; je suis si heureuse de m'occuper de toi!» S'inquiète-t-il de savoir où elle en est de sa besogne de copiste amoureuse et elle se dépêche de le rassurer: «Je suis rentrée hier; j'ai lu tes vers, j'ai dîné, j'ai fait mes comptes; ensuite je me suis couchée; j'ai lu des journaux; je me suis endormie, j'ai rêvé de toi, je me suis réveillée ce matin à huit heures, je me suis levée presque aussitôt, j'ai fait une partie du ménage, réparé la toilette d'hier... A deux heures et demie, je me suis mise à copier et, depuis que jai fini, je t'écris. Voici, *mon Commandant*, le rapport de la place; êtes-vous satisfait?»

Ce bonheur sans nuages se poursuivra au mois de juillet. Lors d'une excursion à Jouy-en-Josas, Juliette dresse un «procès-verbal» de leur amour en ces termes: «Hier, 3 juillet 1834, à 10 heures et demie du soir, à l'auberge de l'Écu de France, j'ai été la plus heureuse et la plus fière des femmes de ce monde. Je déclare encore que, jusque-là, je n'avais pas senti dans toute la plénitude le bonheur de t'aimer et d'être aimée de toi. Cette lettre qui a toute la forme d'un procès-verbal est en effet un acte qui constate l'état de mon cœur. Cet acte, fait aujourd'hui, doit servir pour tout le reste de ma vie dans le monde; le jour, l'heure et la minute où il me sera représenté, je m'engage à remettre ledit cœur dans le même état où il est aujourd'hui, c'est-à-dire rempli d'un seul amour qui est le tien et d'une seule pensée qui est la tienne. – Juliette. Ont signé pour témoins les mille baisers dont j'ai couvert cette lettre.»

Pour remercier sa maîtresse d'un serment aussi solennel que celui prononcé par une fiancée à l'église, devant un prêtre, Victor Hugo inscrit dans l'agenda de la jeune femme: «Quand je t'entends chanter, ma Juliette, mon ange, tout ce qu'il y a en moi de pensées douces et tendres dresse la tête et écoute. Je suis heureux. Mon amour, mon ange! il n'y a rien de plus enivrant que le chant qui sort de ta bouche, si ce n'est le baiser qu'on y cueille. N'oublie jamais que ces lignes ont été écrites dans ton lit, toi dans mes bras, nue et adorable, tandis que tu me chantais des chansons de moi avec une voix qui ravissait mon âme. Pauvres chansons que tu me rendais charmantes! J'en avais fait les vers, tu en faisais la poésie.»

Malgré les heures exaltantes qu'ils ont connues dans l'appartement du 35 *bis*, rue de l'Échiquier,

Victor Hugo estime que le loyer est trop onéreux et loue pour Juliette un logement plus modeste, 4 *bis*, rue de Paradis. Juliette s'étonne: 35 *bis*, 4 *bis*, on dirait qu'elle est «abonnée» aux *bis*! Ne serait-elle pas, elle aussi, une sorte de *bis* dans la vie de Toto? Pour la convaincre que la rue de Paradis est bien nommée et qu'un bonheur plus grand encore les y attend, il devient lyrique: «Le ciel est pour nous dans cette rue, dans cette maison, dans cette chambre, dans ce lit. [...] Qu'entre nous tout soit comme par le passé, tendre, bon, sympathique, dévoué et amoureux!» lui écrit-il le 20 juillet.

Quarante-huit heures plus tard, le couple part pour un voyage de quelques jours qui les conduit de Meudon à Louviers, à Évreux, à Pacy-sur-Eure... A chaque étape, ils célèbrent par des baisers et des échanges de billets doux le renouveau de leur amour. Juliette flotte, impondérable et comblée, en pleine félicité. Hélas! au lendemain de son retour à Paris, le réveil est brutal: les fournisseurs et les créanciers qu'elle avait cru égarer en changeant de domicile ont découvert sa nouvelle adresse. Leurs visites, rue de Paradis, se font de plus en plus pressantes. Dans l'impossibilité de les rembourser, Juliette, à bout de résistance, se voit contrainte d'avouer à Victor le montant énorme de la dette qu'elle traîne, depuis des mois, derrière elle: vingt mille francs au bas mot. «Je suis une misérable! lui écrit-elle le 1er août. Quelle réparation, quelle expiation exiges-tu pour un crime qui n'est pas le mien, qui vient de je ne sais où, dont mon corps ni mon âme ne sont complices? Parle, prononce! Je me soumettrai à tous les châtiments qui ne seront pas la mort de notre amour.» En dépit de cette promesse de totale servitude, Victor Hugo s'emporte, reproche à Juliette d'attenter à son honneur par des dettes accumulées, d'être pour lui une charge supplémentaire, de l'obliger à travailler deux fois plus afin de régler son arriéré jusqu'au dernier sou.

Ayant clamé sa fureur, il repasse le seuil sans un regard pour la malheureuse, qui est tombée en larmes à ses genoux. Pendant une seconde, elle espère qu'il reviendra sur ses pas, la serrera contre son cœur et qu'ils se réconcilieront, comme d'habitude, dans les baisers et les sanglots. Mais la porte reste close. Il est bien parti! Est-ce pour toujours? Eh bien, tant pis! Blessée dans sa chair, elle rédige une lettre de conclusion, à la fois humble, courageuse et désolée: «Je ne sais ce que j'écris, ni à qui je l'écris. Depuis ce matin, ma raison et ma volonté m'ont entièrement abandonnée. J'écris parce que j'ai besoin de me plaindre à quelqu'un, à quelque chose. J'écris parce que je mourrai bientôt. Ces lignes seront le cadavre froid de mon âme, de mes pensées et de mon amour, comme mon corps sera le cadavre de ma vie de chair et de sang. J'écris pour confesser ma foi. J'écris pour obtenir le pardon de mes crimes. J'écris pour pleurer, parce que mes pleurs m'étouffent, parce qu'ils me tuent. Ce soir, je serai dans la rue. J'y resterai tant que mes forces ne m'abandonneront pas. J'y resterai sans espoir. Mais j'y resterai.»

Sans doute descend-elle, haletante, chancelante,

sur le trottoir et se heurte-t-elle aux passants. Cependant, très vite, une autre idée s'impose à elle. Remontant dans sa chambre, elle s'écroule sur son lit et, dès le lendemain, après avoir entassé quelques vêtements dans une valise, elle griffonne un ultime billet à Victor Hugo: «Samedi à midi; 2 août 1834. – Adieu pour jamais. Adieu pour toujours. C'est toi qui l'as dit. Adieu donc et puisses-tu être aussi heureux et admiré que je suis malheureuse et déchue. Adieu, ce mot-là contient toute ma vie, toute ma joie, tout mon bonheur. [...] Je pars avec ma fille. Je vais en ce moment la chercher et retenir mes places. Quant à la Comédie-Française, elle n'est pas en droit de me faire jouer avant de m'avoir assigné des rôles. Ma bonne a ordre de décacheter mes lettres. S'il en venait une de la Comédie-Française, elle me le ferait savoir tout de suite et rien ne serait dérangé. Il n'y a donc plus à s'en occuper.»

Ce message de froid désespoir, Juliette l'envoie, sous double enveloppe, 4 *bis*, rue de Paradis, avec quelques lignes d'accompagnement à l'intention de sa servante, Marie, restée sur place: «Voici une lettre pour M. Victor H... Tâchez, dans le cas où il ne viendrait pas la chercher à la maison, de lui faire savoir adroitement qu'il y a une lettre pour lui, rue de Paradis; il comprendra votre avis et enverra ou viendra prendre lui-même ma lettre. Dans tous les cas, écrivez-moi, courrier par courrier, dans quel état est M. Victor H..., si vous l'avez vu, ce qu'il vous a dit [...], enfin dites-moi tout ce que vous saurez sur lui.»

La voici à Rennes, où elle vient d'arriver, malade de fatigue et de chagrin. Même la perspective de retrouver bientôt sa fille, âgée de huit ans, ne la détourne pas de son obsession amoureuse. Elle loge chez sa sœur Renée (Mme Koch), laquelle s'apprête à partir pour Saint-Renan, près de Brest, afin d'y suivre une cure de grand air et de repos. Aussitôt, Juliette décide que ce voyage lui fera à elle-même le plus grand bien, ainsi qu'à Claire, qui se morfond encore dans sa pension. Elle va la chercher à Saumur, se désole de la voir pâlotte, maigrichonne et morose, mais c'est surtout à Toto qu'elle pense. A-t-il reçu sa lettre? A-t-il compris que leur amour a atteint un tel paroxysme qu'à ce degré l'apothéose ou la rupture sont également envisageables? A tout hasard, elle lui écrit encore, le 5 août, pour lui avouer qu'elle regrette amèrement la légèreté de sa conduite: «Victor, je t'aime, je me meurs loin de toi, j'ai besoin de toi pour vivre [...]. Il me semble qu'on m'a ouvert toutes les veines et que ma vie s'en va, sans que j'aie la volonté de la retenir; je me sens mourir et je sens aussi que je t'aime plus à chaque douleur. Mon Victor, peux-tu me pardonner? M'aimes-tu encore? Est-ce que c'est vrai que tu me hais, que je te suis odieuse, que tu me méprises, que tu me repousserais la figure sur le pavé si je venais à coller mes lèvres sur tes pieds en te demandant grâce? Oh! si tu m'aimes encore, si tu peux m'estimer encore, si tu peux tout pardonner, dis-le et je ferai tout ce que tu voudras, je ferai tout, mon Dieu! dis, veux-tu encore de moi? Je suis bien malade!»

Tandis qu'elle ne sait plus si elle est encore digne de lui ni si elle serait capable de le reconquérir, Victor Hugo, subitement dégrisé, prend conscience de la brutalité et de l'injustice de ses griefs. Comment a-t-il pu mettre en balance de vulgaires questions d'argent avec l'inappréciable trésor de l'amour qu'elle lui témoigne? C'est lui, à présent, qui se découvre coupable. Il a déjà écrit à Juliette qu'il va faire «des pieds, des mains et des ongles» pour la rejoindre et la sauver. «Tu verras ce que c'est que l'amour, lui assure-t-il encore. Attends. Ne désespère de rien [...]. Garde-moi bien ton cœur de ton côté. Tu sais? souviens-toi de la lettre admirable, du *procès-verbal* de notre journée à Jouy!»

Enfin, ayant réuni l'argent du voyage, il part pour Brest, à six heures du matin, par la malle-poste. Le 8 août, à l'aube, Juliette se rend à la station des Messageries pour l'accueillir. Le Victor Hugo qui descend de la patache est livide, exsangue, désorienté. Il a dû souffrir autant qu'elle de cette séparation absurde. Elle s'en réjouit in petto, tout en le plaignant pour sa mauvaise mine. Quand il referme les bras sur cette femme qu'il a failli perdre par excès de sévérité, il comprend à quel point il tient à elle et se promet d'être plus indulgent à l'avenir.

Le ciel est humide et lourd. Mais bientôt un timide soleil perce la grisaille et Victor Hugo y voit un heureux présage. «Le temps est comme notre destinée, écrit-il dans l'agenda de Juliette. Après une journée de brume et d'orage, nous venons d'avoir un beau jour. Le ciel et la mer, tristes et gris pendant notre séparation, se sont faits bleus et sereins pour te sourire avec moi. Belle âme, Dieu t'aime! Ici, notre union s'est scellée dans une promesse solennelle. Ici, nos deux vies se sont scellées à jamais [...]. J'écris ceci pendant le crépuscule de ce beau jour. Pour notre amour, Juliette, il n'y aura pas de crépuscule [1]. »

Au cours de ces journées tumultueuses, un étrange mimétisme paraît s'être imposé aux deux amants. L'un et l'autre éprouvent le besoin d'écrire pour immortaliser chaque minute de leur marche vers le bonheur. Et ils s'expriment avec la même naïveté et la même emphase. Sans qu'ils se soient concertés, Juliette « fait » du Hugo et Hugo « fait » du Juliette.

Cette féerie de confiance et d'allégresse dure trois semaines. Juliette obtient de Victor que leur voyage sentimental se prolonge par une visite à Carnac, à Vannes, à Nantes, à Tours enfin, où ils assistent à une représentation de *Lucrèce Borgia*. On se rapproche de Paris en faisant des détours par Orléans, Gisors, Beauvais, Versailles... Déjà, Victor Hugo est impatient de retrouver la place Royale, son bureau, ses papiers, sa famille, sa femme peut-être.

Le 1er septembre, il part pour la capitale, tandis que Juliette, à nouveau délaissée, s'installe au hameau des Metz, non loin de Jouy-en-Josas, dans la petite maison des époux Labussière, où il a loué pour elle une chambre mansardée. Elle n'a pas long-

---

1. Cf. Louis Barthou, *op. cit.*

temps à attendre pour le revoir. Deux jours plus tard, il arrive, avec toute sa famille, au château des Roches, chez les Bertin. Le château n'est qu'à quatre kilomètres de la retraite campagnarde où il a logé sa maîtresse. Dans la journée, elle laisse au bien-aimé le temps d'écrire, de converser avec ses amis, avec sa femme, de jouer avec ses enfants ; puis, vêtue d'une rustique robe de jaconas à pékin rose et blanc, les cheveux coiffés d'une très seyante capeline en paille d'Italie, elle va à la rencontre de Toto. Le lieu de rendez-vous, à mi-chemin de leurs demeures respectives, est situé à l'ombre d'un châtaignier au tronc creux. Cet arbre leur sert de boîte aux lettres. En attendant l'arrivée de Victor, Juliette y glisse les déclarations d'amour qu'elle a griffonnées dans la solitude. Ou bien elle se récite, en extase, les derniers vers de son idole. Elle les fait apprendre à Claire, qui partage sa chambre aux Metz. Ce lui est un rare plaisir, chaque fois, que d'écouter sa fille répéter les mots magiques du poète. Malheureusement, la gamine est «la plus paresseuse, la plus musarde des écolières». Trop jeune, elle ne comprend pas la chance qu'elle a de vivre, fût-ce quelques instants, dans le rayonnement d'un tel génie. Quoi qu'il en soit, Juliette est heureuse à l'idée qu'ensuite, après s'être abandonnée entre les bras de son amant, elle retrouvera son enfant à la table du dîner. Tout à coup, elle découvre les satisfactions secrètes de la maternité. Ce nouveau rôle la surprend et la charme. Elle n'a jamais eu l'occasion de le jouer au théâtre. Mais voici que Toto apparaît au détour d'un sentier. Comme mue par un ressort, elle bondit et s'abat contre sa poitrine.

Il arrive pourtant que, certains jours, il manque le rendez-vous. Sans doute a-t-il été retenu au château par quelque réception organisée autour de lui par les Bertin. Elle ne peut lui tenir rigueur d'obéir à ses obligations d'homme marié et d'écrivain célèbre. Privée de «dessert», elle se résigne, soupire, aligne des mots de ferveur sur un papier et glisse le feuillet dans l'anfractuosité de l'arbre: «Je t'ai attendu bien longtemps. Je m'en vais l'âme bien triste; le cœur serré; je crains toutes sortes de malheurs.» De retour aux Metz, tête basse, elle tâche d'oublier sa déception en bavardant avec ses hôtes et avec sa fille ou en confectionnant de la pâtisserie, dont Claire est friande. Enfin, après le dîner, elle rédige encore une longue lettre à l'intention du cruel: «Méchant Toto, vous êtes resté. Pourquoi? Pour qui? Voilà ce que je ne sais pas et qui ajoute au chagrin de ne pas vous voir. Viens vite, mon Toto bien-aimé, vite. Tu verras comme je t'aime! [...] Viens vite, mon adoré. Je te désire, je t'aime, je t'admire, je te respecte, je te bénis. – Juliette. J'espère bien que tu viendras demain.»

Les plaintes et les congratulations amoureuses se succèdent ainsi jusqu'aux derniers jours d'octobre. Tantôt Juliette souffre, à crier, de sa vie obscure, marginale aux côtés d'un homme qu'il lui est défendu d'aimer au grand jour, tantôt elle se félicite des miettes de bonheur qu'un si noble poète lui dispense. Le 25 octobre, il l'accompagne à Bièvres et ils visitent la vieille église du lieu, au moment où le soleil se couche. Agenouillée dans la nef déserte auprès de Victor, Juliette retrouve, pour un instant, sa foi candide de pensionnaire de Sainte-Madeleine et prie Dieu de bénir leur amour. Tandis qu'elle s'abîme dans une double oraison dédiée à la fois au Seigneur et à *son* seigneur, elle sent le regard attentif de Victor sur sa nuque. En sortant, elle est si émue qu'elle peut à peine marcher. Le lendemain, elle découvre dans la cachette du vieux châtaignier un poème avec cette dédicace: *A vous que je respecte, à toi que j'aime: V.*

C'était une humble église au cintre surbaissé,
 L'église où nous entrâmes,
Où depuis trois cents ans avaient déjà passé
 Et pleuré bien des âmes;
[...]
Et moi je contemplais celle qui priait Dieu
 Dans l'enceinte sacrée,
La trouvant grave et douce et digne du saint lieu,
 Cette belle éplorée [1].

Éblouie de fierté, Juliette sait à présent que Dieu l'a entendue et qu'elle ne doit plus redouter de quitter la campagne pour affronter les pièges de la ville. A la fin d'octobre, elle retourne à Paris, non sans avoir réexpédié Claire dans sa pension, à Saumur. Mais, avant de plier bagage, elle a lancé vers Victor

---

1. *Les Chants du crépuscule*, «Dans l'église de ***.»

un ultime aveu de docilité et de confiance: «Mon amour à moi grandit et fleurit sous le soleil brûlant comme sous la pluie et le vent. On voit bien que c'est une plante du ciel, rien de la terre n'y fait [1].»

Victor Hugo a regagné, depuis peu, la capitale et s'est réinstallé à son domicile, place Royale, au cœur du Marais. Mais, entre-temps, il a loué pour Juliette un appartement au 50 de la rue des Tournelles, dans le quartier de la Bastille. Elle y sera, juge-t-il, plus proche de lui qu'au 4 *bis*, rue de Paradis. Il en résultera pour lui un gain de temps appréciable quand il viendra la voir entre deux séances de travail. Certes, elle regrettera un peu d'avoir à déménager une fois de plus, mais que ne ferait-elle pour la commodité de son grand homme?

---

1. Cité par Jeanine Huas, *op. cit.*

IX

LA PRISONNIÈRE

Donnant, donnant: en échange d'une contribution financière accrue, Hugo obtient que Juliette se plie à la discipline quasi monacale qu'il préconise. Par amour pour lui, elle renonce aux plaisirs des toilettes neuves, des bijoux excentriques, des bibelots amusants; elle raccommode ses vieilles robes, elle restreint ses dépenses de table. Jamais de viande quand elle est seule; la plupart du temps, elle se contente d'avaler à déjeuner un verre de lait et de gober un œuf; le soir, un peu de pain, un morceau de fromage et un fruit suffisent à lui caler l'estomac. Par économie, elle évite d'allumer du feu dans la cheminée. Lorsqu'il fait trop froid dans sa chambre, elle se pelotonne au creux de son lit, tire les couvertures jusqu'à son menton et tâche d'oublier, en relisant les vers de Toto, qu'elle est très délaissée, très démunie et très malheureuse. Pour retrouver goût à la vie, elle copie interminablement les brouillons de Victor. C'est une chance qu'il travaille autant! Ainsi n'est-elle jamais désœuvrée. Et sitôt qu'après l'avoir embrassée il retourne chez lui, place Royale, elle ouvre le carnet noir qui porte, gravée en lettres d'or sur la couverture, la formule magique: *Tablettes de bals et de soirées*; là, en guise d'invitation à une valse, il a inscrit, avant de partir, son remerciement pour les heures inoubliables qu'ils ont passées ensemble: «Tes caresses me font aimer la terre, tes regards me font comprendre le ciel [...]. La beauté, tu l'as; l'intelligence, tu l'as; le cœur, tu l'as. Si la société t'avait traitée comme la nature, tu serais bien haut. Mais ne t'afflige pas, la société n'aurait pu te faire que reine; la nature t'a faite déesse [1].» Chapitrée par Victor Hugo, Marie, la domestique qu'il a engagée pour Juliette, surveille les dépenses de «Mademoiselle», épluche ses comptes, discute avec elle la nécessité d'acheter un tablier neuf ou un balai. Si Marie est la servante de Juliette, Juliette est la servante de Toto. Sur son conseil, elle a renoncé à accueillir chez elle des amis et à sortir seule dans la rue. Elle attend qu'il soit là pour mettre le nez dehors. Encore les deux amants évitent-ils de se montrer dans des endroits fréquentés, où trop de regards indiscrets les guettent. Juliette le déplore, car elle n'aime rien tant qu'être vue au bras de son seigneur et maître. Elle est si fière de s'exhiber avec lui que, dans ces instants-là, il lui semble qu'elle est Mme Hugo et que tous les passants l'envient pour sa

---

1. Cf. Jeanine Huas, *op. cit.*

chance. Même quand il omet de lui rendre visite, malgré sa promesse de la veille, elle geint mais ne le condamne pas: «Il est bien plus de 11 heures et je ne t'attends plus [...]. Je t'écris ces lignes pour me justifier du chagrin que j'ai chaque fois que je ne te vois pas. Je souffre, mais je ne t'en veux pas, je pleure, mais je ne t'accuse pas, je suis souvent très à plaindre, mais je ne cesse de t'aimer à l'adoration. Je voudrais que tu en fusses bien sûr, il me semble que je supporterais avec plus de résignation ma mauvaise position [...]. Mais j'oublie, en t'écrivant, que tu travailles, que tu es bien fatigué, que tu n'as ni la force ni le temps d'écouter, c'est-à-dire de lire, tous mes tourments.»

Selon son habitude, il se justifie de ces prétendues cruautés mentales en évoquant, dans ses lettres, les voluptés qu'elle lui donne et le supplice qu'il endure chaque fois qu'il doit s'en passer: «Je voudrais avoir là, comme tout à l'heure, ton pied, ton pied charmant, ton pied nu, ta main, tes yeux et tes lèvres sous mes lèvres. Je te dirais toutes ces choses qui ne se disent qu'avec des sourires et des baisers. Oh! je souffre bien souvent, va, plains-moi! Mais je t'aime. Aime-moi.» En somme, puisqu'il est aussi malheureux que Juju de ne pouvoir partager avec elle tous les moments de la journée, ils sont quittes! Leurs destins se valent. Elle a tort de se lamenter!

Or, cette dialectique masculine ne suffit pas à convaincre Juliette. De temps à autre, elle se révolte contre sa claustration: «Vois-tu, mon Victor, cette vie d'isolement, cette vie sédentaire me tue. J'use mon âme à te désirer, j'use ma vie dans une chambre de douze pieds carrés. Ce que je veux, ce n'est ni le monde, ni de stupides plaisirs, mais la *liberté*, la liberté d'agir, la liberté d'occuper mon temps et mes forces aux soins de ma maison, ce que je veux, c'est de ne plus souffrir, car je souffre mille morts par minute; je te demande la vie, la vie *comme toi, comme tout le monde* enfin!» Il est vrai qu'aussitôt après elle se repent d'avoir osé l'importuner par ses jérémiades et que, de nouveau, elle déverse des brassées de fleurs à ses pieds: «Tu es pour moi l'homme le plus noble, le plus sincère, le plus généreux qu'il y ait au monde.» Un soir enfin, elle lâche cet aveu: «Mon cher bien-aimé, je voudrais toujours être une grande actrice, d'abord parce que je serais encore plus liée à toi, si je l'étais par l'âme et par l'intelligence, mais je le voudrais surtout dans les jours comme celui-ci où je pourrais t'éviter l'ennui d'être en butte aux tracasseries d'une vieille femme féroce à force d'amour-propre.»

Cette vieille femme, c'est Mlle Mars, cinquante-cinq ans, à qui la direction du Théâtre-Français a réservé le rôle principal dans la nouvelle pièce de Victor Hugo: *Angelo, tyran de Padoue*, un mélodrame en prose dont Juliette a suivi la rédaction jour après jour, page après page. Elle en est aussi fière que si elle l'avait fait elle-même. D'ailleurs, c'est d'elle, assurément, que Toto s'est inspiré pour créer le personnage de l'infortunée Tisbé, fille du peuple et orpheline, qui, une fois déchue et devenue comédienne, doit subir les insultes de Catarina, l'épouse du podestat Angelo. Il s'agit là de l'affrontement inévitable entre «la femme hors de la société (Tisbé) et la femme dans la société (Catarina)», dira Victor Hugo dans sa préface à l'édition en volume du texte. Autour de cet antagonisme symbolique, se déploie une intrigue où abondent les perfidies, les fioles de poison, les portes dérobées et les reconnaissances posthumes. Sans attendre la décision de Jouslin de La Salle, Juliette se déclare née pour le rôle de Tisbé et commence à l'apprendre. Quand on a pour amant l'auteur de la pièce, on a de bonnes raisons de croire qu'on ne sera pas oubliée dans la distribution. Il suffira que Toto tape du poing sur la table pour que tout le monde s'incline. Mais les jours passent, les répétitions débutent et Juliette n'a toujours pas été officiellement choisie. De plus en plus inquiète, elle écrit à Hugo: «Je voudrais pouvoir alléger ton fardeau. C'est un souci que j'ai souvent et sur lequel tu te méprends toujours. Oui, mon bien-aimé Victor, je voudrais être indépendante de toi, non pas par orgueil, mais par amour. Je voudrais raccourcir tes journées laborieuses, afin que tu aies plus de temps à donner au bonheur d'être aimé de moi.» Et, comme ces arguments se heurtent à des réponses évasives de la part du destinataire, elle insiste sur le ton de la plaisanterie: «Je voudrais devenir une grande *acteuse*, d'abord pour jouer vos rôles, et puis pour gagner beaucoup d'argent, et puis pour vous *enrichir*, ce qui serait assez *phame*! Voilà les raisons qui me font désirer d'être quelque chose... Je te prie donc, mon cher petit bien-aimé, si tu vois à me faire avancer d'un pas, d'y employer tous tes moyens [...]. Je serais si heureuse de m'élever par toi et de te soulager dans la charge que tu as prise, sans calculer tes forces et tes ressources [1].»

A mesure que Juliette précise ses revendications de maîtresse et d'actrice, Victor Hugo se dérobe. Selon toute évidence, songe Juliette, il ne tient pas à lui confier le moindre rôle dans sa pièce. Il craint qu'elle ne soit pas de taille à en faire valoir les extraordinaires qualités. Son amour, qu'il prétend incommensurable, ne va pas jusqu'à tenter l'aventure. Pris par les tracas et les plaisirs des répétitions, il la néglige. Elle voudrait aller au théâtre pour le voir diriger les acteurs, et surtout les actrices: «Je n'ai pas besoin, *moi*, de confier comme ça mon amant bien-aimé à la discrétion de *n'importe qui*. Je veux le garder moi-même, mon amant, au nez de la nation et des histrionnes françaises. [...] A propos, c'est aujourd'hui l'anniversaire de ma naissance, vous ne le saviez seulement pas! Ou plutôt cela vous est égal que je sois ou que je ne sois pas née! [...] Voilà comme vous faites cas de mon amour, et pourtant, il y a une chose certaine, c'est que je n'ai été créée et mise au monde que pour vous aimer et Dieu sait avec quelle ardeur je remplis ma mission [2]!» Pour se faire pardonner cet oubli, Toto offre à Juju l'édition originale du *Roi s'amuse* et de

---

1. Cf. Jeanine Huas, *op. cit.*
2. Lettre du 11 avril 1835.

Lucrèce Borgia, agrémentée d'une dédicace à la fois orgueilleuse et tendre :

Quand je ne serai plus qu'une cendre glacée,
Quand mes yeux fatigués seront fermés au jour,
Dis-toi, si dans ton cœur ma mémoire est fixée :
Le monde a sa pensée,
Moi, j'avais son amour.

Cette déclaration, joliment troussée, n'apaise qu'à moitié les appréhensions de Juliette. Elle s'attend au pire. C'est donc sans surprise, mais avec humiliation, avec rage, qu'elle apprend la décision du directeur de la Comédie-Française, Jouslin de La Salle, prise sans doute avec l'accord de Victor Hugo : la distribution est arrêtée et il n'y aura pas de rôle pour elle. En revanche, Marie Dorval (Catarina) et Mlle Mars (Tisbé) se partageront l'honneur de servir ce texte admirable. Juliette conclut qu'elle ne sera plus *jamais* l'interprète de son amant. Il veut bien d'elle dans son lit, mais pas sur la scène. Aurait-elle préféré le contraire ? En tout cas, elle refuse d'être dupe des palinodies de Toto. « Ce soir plus que jamais je suis décidée à séparer nos deux causes l'une de l'autre, lui écrit-elle. Ce que tu m'as dit de la vieillesse de Mlle Mars, de l'impossibilité d'obtenir un double succès avec elle, succès littéraire et succès d'argent, la nécessité où tu te trouverais d'avoir recours à Mme Dorval, ou à toute autre actrice jeune et en crédit auprès du public, toutes ces considérations me font désirer de séparer au plus vite mon avenir du tien [...]. Dans cette dernière conversation de ce soir, il m'a été démontré que tu avais eu sur Mlle Mars, sur Mme Dorval, sur le théâtre enfin, des renseignements que tu m'avais tus jusqu'alors [...]; ce silence que tu as gardé à ce sujet, contrairement à toutes tes promesses de ne me rien cacher, de tout me dire, m'afflige plus que la trahison de M. Harel et de Mlle George, plus que le lâche acharnement de tes ennemis, plus que la perfidie de tes amis intimes contre moi. Ce silence est l'aveu le plus positif que je nuis à tes intérêts; tu crains mes prétentions et ma jalousie, et tu avais déjà senti la nécessité de donner un rôle à Mme Dorval et tu n'avais pas osé me le dire dans la crainte de rencontrer de la résistance ou des larmes à cause de cette nouvelle distribution [...]. Dès ce soir, nous cesserons toute communauté d'intérêt dramatique. Je reprends l'attitude première que je n'aurais jamais dû quitter, celle d'une actrice journalière, qu'on emploie le plus mal possible et qu'on paie de même. Toi, tu redeviens libre de toutes entraves. Tâchons que cette nouvelle résolution tourne mieux à l'avantage de notre bonheur.»

Malgré cette mise au point héroïque, Juliette demeure très attentive aux échos des répétitions et ne cesse de mettre Toto en garde contre les coquetteries de Marie Dorval, dont les infidélités envers son amant attitré, Alfred de Vigny, sont la fable de tout Paris: «Je vous prie d'être très boutonné avec cette dame, écrit-elle encore à Victor Hugo, et de ne pas vous laisser aller aux charmes d'une conversation familière et coupable. Je connais la princesse et je sais qu'elle n'a fait aucun scrupule de mettre la main et le reste à l'œuvre dès qu'il s'agit de la chose! Je vous recommande la plus grande réserve vis-à-vis de cette femme. »

Dominant son dépit et ses soupçons, elle se met sur son trente et un afin de paraître, le 28 avril 1835, à la première d'*Angelo*. Assise dans sa loge, elle prend sur soi pour admirer une pièce qu'elle aurait tant voulu défendre devant le public. Chaque mot qu'une autre prononce sur scène lui semble volé à sa bouche, à son cœur. Elle n'en applaudit pas moins avec probité Marie Dorval, qui tient le rôle de Catarina. Rentrée chez elle, elle est partagée entre le bonheur d'avoir assisté au triomphe de Victor Hugo et la douleur d'en avoir été exclue. Mais, à quatre heures du matin, c'est l'enthousiasme qui a le dessus et elle écrit au héros de la soirée: « Bravo! Bravo! Bravo! Bravo! Bravo! C'est la première fois que je t'admire à mon aise, tu n'étais pas là pour m'en empêcher […]. A vos lauriers, j'ajoute des tendresses, des caresses et mille baisers. »

La presse est, comme toujours, divisée entre les partisans de la sévérité classique et ceux du désordre romantique. Si Gustave Planche reproche à l'auteur d'avoir cédé, une fois de plus, à la manie de célébrer la passion dans le vice, Granier de Cassagnac étale, dans *La Revue de Paris*, des éloges tellement énormes qu'ils font douter de leur sincérité. Mais le public se presse aux guichets du théâtre; Victor Hugo surveille la recette et bombe le torse; seule

Juliette hésite à se réjouir. Occupée à suivre, pas à pas, la marche ascendante de *son* écrivain, elle s'inquiète du léger relâchement qu'elle décèle dans leurs rapports. Elle craint qu'à trop fréquenter les comédiennes du Théâtre-Français, parmi lesquelles la redoutable Marie Dorval, il n'ait perdu tout désir pour sa maîtresse. Depuis quelque temps, il est moins empressé auprès d'elle et évite de conclure au lit les visites qu'il lui fait en coup de vent. Habituée à des plaisirs plus substantiels, elle ne peut plus se contenter de paroles. «Au lieu de gribouiller de l'amour *cul par-dessus tête dans mon encrier*, lui écrit-elle, j'aimerais mieux *me trifouiller pêle-mêle avec vous* [...]. Je ne me suis jamais mieux portée que ce soir. Si vous aviez l'esprit d'en profiter, ce serait ravissant, mais vous êtes plus bête qu'un bonhomme en pain d'épice et vous n'êtes même pas bon à être mis en loterie. Je vous assure, plaisanterie à part, mon cher petit Toto, que nous nous conduisons d'une manière tout à fait ridicule. Il est temps de faire cesser le scandale de deux amoureux vivant dans la plus atroce chasteté.»

A-t-elle réussi à réveiller en lui l'appétit de son corps? Oui, car les visites, un moment interrompues, reprennent. Non, car de nouveau il la délaisse pour son travail, à moins que ce ne soit pour une quelconque Marie Dorval. Elle songe qu'elle devrait le quitter, s'enfuir, «que ce soit à pied, à cheval, en diligence ou en tout autre»: «Mon Toto, *vous ne m'aimez pas comme je vous aime*. Vous avez épuisé tout d'un coup toutes vos facultés d'aimer et, comme vous le disiez si bien devant le briocheur de la rue Saint-Jacques, les chaussons exquis de ce temps-là ne sont plus maintenant que d'atroces gâteaux au beurre fort.» Partir, oui, mais pour aller où? Rejoindre sa fille? Une petite Claire ne peut remplacer un grand Toto! Attendre des jours meilleurs? Elle s'y résigne. D'ailleurs, le temps des vacances approche. Et qui dit «vacances» dit, pour elle, évasion avec son amant. Elle a vu juste. Soudain, les portes de sa prison s'ouvrent sur la vie: Toto apparaît dans toute sa splendeur, libre, radieux, avide de la posséder comme aux premiers jours. Juliette s'ébroue, régénérée. Ses soupçons de la veille n'étaient qu'une fausse alerte. Le 25 juillet, ils partent tous deux, par le bateau à vapeur, pour un voyage à travers la Picardie et la Normandie. Les longues promenades au bras de Victor, à Fécamp, à Étretat, excitent l'enthousiasme de Juliette. Elle s'émerveille devant les paysages, les châteaux, les églises, et lui s'attendrit de la voir si spontanée et si juvénile. Entre deux escapades, il compose pour elle des poèmes destinés à son futur recueil, *Les Chants du crépuscule*. Étrange titre, alors qu'auprès d'elle il songe surtout à une nouvelle aurore!

Le 22 août, ils sont de retour à Paris, ivres de grand air et de baisers. Quinze jours plus tard, Juliette retourne, pour quelques semaines, dans l'accueillante maison des Metz, tandis que Victor Hugo et sa famille se réinstallent tout près, au château des Roches. Comme l'année précédente, leur lieu de ralliement est le vieux châtaignier au tronc creux.

Mais, la plupart du temps, Hugo néglige l'heure du rendez-vous: ou bien il ne vient pas, ou bien il abrège leur tête-à-tête. Même ses billets sont de plus en plus rares et de plus en plus laconiques. Pour comble de malchance, il fait froid, il pleut, la campagne est peu engageante. Malgré les intempéries, Juliette se hâte chaque jour vers l'endroit où elle espère rencontrer Toto ou, au pis, trouver un billet de sa main. «A moins que le ciel ne se fonde en eau, lui écrit-elle, j'irai à notre *gros arbre*, qui est bien stérile pour moi, cette année. Il ne m'a pas encore apporté la plus petite lettre.» Et aussi: «Vois-tu, mon Victor, depuis trois ou quatre mois, je t'observe et je crois être sûre que tu m'aimes de moins en moins.» Cela ne l'empêche pas de lui crier son propre amour, toujours plus vorace et plus intolérant. Quitte à lui reprocher, le jour suivant, de la tuer à petit feu par son mépris. Il est vrai qu'il travaille d'arrache-pied, loin de sa maîtresse, et que, si ses gribouillis à elle sont destinés au panier, ses poèmes à lui sont promis à une gloire éternelle. Comment se fait-il, songe-t-elle avec candeur, que le même vocabulaire, la même syntaxe, et parfois la même pensée, produisent chez elle des litanies un peu ridicules et chez lui des chefs-d'œuvre d'harmonie et de profondeur? Quelle mystérieuse intervention de l'au-delà préside, dans le cerveau du poète, au choix des mots, des rythmes et des rimes? L'auteur est-il réellement responsable de ce qu'il écrit ou ne fait-il qu'obéir à ce qui lui est dicté d'en haut? Quand Victor lui dédie un poème, Juliette en est aussi fière que s'il lui avait fait un enfant.

Au mois de septembre, cependant, elle découvre, dans la «boîte aux lettres» du châtaignier, une épître si bizarre qu'elle se demande si elle doit s'en enorgueillir ou s'en affliger:

Oh! n'insultez jamais une femme qui tombe!
Qui sait sous quel fardeau la pauvre âme succombe!
Qui sait combien de jours sa faim a combattu!
Quand le vent de malheur ébranlait leur vertu,
Qui de nous n'a pas vu de ces femmes brisées
S'y cramponner longtemps de leurs mains épuisées.

Certes, il est gênant, pense Juliette, que Victor Hugo rappelle ainsi au public le passé galant de sa bien-aimée. Mais la beauté des vers est si grande que la principale intéressée opte pour l'admiration. Elle fait mieux: par un réflexe de pensionnaire des bonnes sœurs, elle coud le manuscrit du poème dans un sachet de toile et pend cet étrange scapulaire à même la peau, entre ses seins. Ainsi sanctifiée, elle écrit à Toto: «Je sais maintenant combien il est doux de porter, collé sur sa peau, un papier touché par toi, écrit par toi, senti par toi, pensé par toi, aimé de toi.» Cette génuflexion devant le génie est de courte durée. Il suffit d'une remarque désobligeante ou maladroite de Toto pour que Juju revienne au galop à son idée d'aller retrouver sa fille à Saumur. «Adieu encore, mon ami, adieu pour toujours», lui annonce-t-elle, «ce lundi 21 septembre, à onze heures et quart du matin». Le même jour, «à sept heures dix du soir», tout est changé; elle reconnaît ses torts et à nouveau se prosterne: «Avant de boire, avant de manger, que je baise tes genoux, que je t'adore...» Après une série de déchirements et de rabibochages, Victor et Juliette retournent à Paris, sans que rien ait véritablement été modifié dans leurs rapports.

Les Chants du crépuscule paraissent le 27 octobre 1835. Juliette, qui croyait en connaître le contenu, est désagréablement surprise de constater qu'à côté des poèmes d'amour qu'elle a inspirés à l'auteur figurent d'autres poèmes, non moins remarquables, qui lui ont été inspirés par sa femme. Certains critiques ne manquent pas de signaler cette étrange dualité de sentiments. Le venimeux et patelin Sainte-Beuve, que sa liaison avec Adèle a, depuis longtemps, incité à haïr Hugo, s'étonne, le 1er novembre 1835, dans *La Revue des Deux Mondes*, que le poète ait osé juxtaposer dans son livre un hommage délictueux à sa maîtresse et un hommage légitime à son épouse. Il voit dans ce procédé un manque de tact à la fois conjugal et littéraire. Il dénonce cette «poignée de lis» jetée aux yeux du lecteur pour mieux l'abuser. Bref, selon lui, *Les Chants du crépuscule*, malgré leur grande qualité formelle, représentent une œuvre amorale et truquée. Secoué par une fureur vengeresse, Victor Hugo voudrait provoquer en duel ce faux jeton qui, après l'avoir trompé avec sa femme, lui reproche de mêler sa réelle affection pour Adèle à son amour adultère pour Juliette. Est-ce Juliette qui le dissuade d'aller sur le terrain, où il risquerait de recevoir un mauvais coup et de susciter un scandale? Toujours est-il que, après avoir cherché en vain à rencontrer Sainte-Beuve pour lui délivrer son cartel, il décide de l'écraser sous un royal mépris. D'autres articles, fort élogieux, lui font d'ailleurs vite oublier celui de son ennemi intime. De toute cette aventure, il ne reste à Juliette qu'une vilaine impression de gâchis. Elle est vexée que son Toto ait mis autant de talent à célébrer les vertus de son épouse que les charmes de sa maîtresse. Ces *Chants du crépuscule* n'annoncent-ils pas son «crépuscule» à elle? «Tu dois être bien heureux et bien fier pour la *personne* à laquelle tu as consacré tes plus *sublimes vers* (comme ils disent), lui écrit-elle. [...] Je ne suis pas la seule à m'apercevoir que, depuis un an, tu as changé et d'habitude et de sentiment. Je suis peut-être la seule que cela fasse mourir de chagrin, mais qu'importe, puisque le foyer est gai et la famille heureuse.»

En lisant ces lignes, Hugo hausse les épaules. L'imagination, l'exagération sont les menus péchés de sa maîtresse. Il faut lui laisser le temps de retrouver son équilibre. Pour la calmer, il lui écrit le 31 décembre 1835, «à minuit trois quarts», en souhaitant que la nouvelle année lui apporte réussite et bonheur: «Tu es une noble et angélique femme. Tu es aujourd'hui pleinement relevée d'un passé qui désormais ne chargera plus ton avenir [...]. Je te remercie d'avoir tenu toutes tes promesses. Ton amour avait promis, ton courage a tenu.» Compliment pour compliment, elle lui adresse un de ces hymnes d'adoration dont il a l'habitude: «Je t'aime, mon Victor chéri, je ne me lasse pas de te le dire, pas plus que je ne me lasse de le sentir. Mon amour, c'est ma poésie à moi, je suis toujours en contemplation devant lui. Sous quelque aspect que je le regarde, je le trouve ravissant et merveilleux [...]. Si je désire être quelque chose par moi-même, c'est pour alléger ton fardeau de travail et de peine et pour que tu aies plus de temps à donner à notre amour.»

Ce qu'elle ne saurait comprendre, et ce qu'il omet de lui dire, c'est que le souci du gain est très secondaire dans son acharnement au travail et que ce n'est pas pour mieux subvenir aux besoins de sa famille et de sa maîtresse qu'il écrit tant, mais parce qu'il ne peut se retenir de le faire. Aligner des mots correspond chez lui à une nécessité physique: le contrarier dans cette activité se révélerait vite aussi grave que l'empêcher de respirer. Ce ne serait pas un repos, un répit pour sa main, pour sa tête, mais la mort par asphyxie.

Ces sempiternelles allusions de Juliette à son désir d'*alléger le fardeau* du poète en gagnant de l'argent sur scène ne sont encore, pour l'instant, que des propos en l'air. Mais, de jour en jour, l'idée creuse son chemin dans sa tête. Elle se répète avec amertume que, depuis bientôt deux ans qu'elle a été admise comme pensionnaire au Théâtre-Français, elle n'a jamais figuré sur l'affiche et ne s'est même jamais vu proposer un rôle. Manifestement, on s'est moqué d'elle. Et Toto n'a rien su faire contre la clique de ceux qui la détestent dans la «maison»! Il est grand temps qu'elle réagisse. Sa dignité, son amour le lui ordonnent. Soudain, des paroles elle passe à l'acte. Avec courage, avec abnégation, elle démissionne de la Comédie-Française par crainte de compromettre, en y restant contre le vœu de tous, l'avenir de Victor Hugo. Pour annoncer cet ultime sacrifice, elle lui écrit, dans un style volontairement officiel, le 12 janvier 1836: «On m'a appris que les retards apportés à la reprise si nécessaire de vos pièces [*Angelo* a été arrêté à la trente-sixième représentation et ni *Hernani* ni *Le roi s'amuse* n'ont bénéficié d'une reprise] tenaient à ce que le théâtre croit que l'intérêt que vous me portez vous empêchera de faire valoir tous vos droits [...]. Je viens de couper court à ces petites intrigues. J'ai écrit à M. Jouslin de La Salle qu'il ne convenait pas de me réengager cette année à son théâtre. La chose n'est donc plus en votre pouvoir maintenant. C'est moi-même qui me dégage et vous dégage. Vous voilà libre. Ne vous occupez donc plus de moi.»

Victor Hugo n'a guère le temps de méditer sur l'avantage de cette solution extrême. Tout en priant Toto de *ne plus s'occuper d'elle*, Juliette fait immédiatement volte-face et retourne à son idée de remonter sur scène et d'y gagner assez d'argent pour n'être plus à la charge de personne. En apprenant qu'Anténor Joly et Ferdinand de Villeneuve préparent la réouverture, en décembre, du théâtre de la Porte-Saint-Antoine et qu'ils ont déjà commencé à constituer une troupe, elle pose sa candidature et demande à Victor Hugo de l'appuyer de tout son poids. Sans doute fait-il la grimace à la perspective d'un retour de sa maîtresse sur les planches; peut-être même lui dit-il franchement qu'il désapprouve cette initiative. En tout cas, dès le 15 février 1836, elle l'avertit que rien n'est encore décidé et que son unique souci, en l'occurrence, est de lui faciliter la vie et d'éviter qu'il n'use ses yeux dans des travaux excessifs. «S'il est de l'intérêt de ton repos et de ta santé que j'entre à Saint-Antoine [le théâtre de la Porte-Saint-Antoine], j'y entrerai sans regret et sans chagrin. Je serai toujours heureuse et fière de contribuer, pour ma part, à l'œuvre que tu as entreprise de me relever de ma vie passée [...]. J'espère qu'il sera encore temps demain de revenir sur ma résolution, prise ce soir, en supposant que tu aies vu M. Joly.»

Malgré tous ces arguments en faveur d'une réapparition de Juliette sur la scène, Victor Hugo fait la sourde oreille. A coup sûr, il ne souffre nullement de l'échec professionnel de sa maîtresse et préfère travailler pour l'entretenir plutôt que de la voir se produire, soir après soir, sous les feux de la rampe. Toutefois, il lui prépare un juste dédommagement. Pour la remercier de son renoncement à toute ambition artistique, il lui offre un appartement plus vaste et plus décent que celui de la rue des Tournelles: désormais, elle habitera, sans changer de quartier, au numéro 14 de la rue Sainte-Anastase. Alors qu'elle s'apprête à emménager dans son nouveau logis, Juliette est visitée par un espoir qui lui tourne la tête. Depuis quelques jours, elle souffre d'une lourdeur dans le ventre. Elle a pensé d'abord à des maux d'estomac, mais, à présent, elle est certaine qu'il s'agit des premiers symptômes d'une grossesse. Un enfant de Toto, son rêve! «Tu ne sais pas le bonheur que cet autre petit *toi* répandrait dans ma vie, lui écrit-elle. Tu ne sais pas quelle joie, quelle félicité j'aurais, en ayant un petit *double* de toi qui m'appartiendrait en toute propriété!» Depuis qu'elle se croit enceinte de Victor Hugo, elle célèbre en lui le procréateur après avoir célébré le créateur: «Je t'aime comme la lionne aime son lion, je t'aime comme une femme dévouée, prête à donner sa vie à ton moindre signe, je t'aime avec l'âme et l'intelligence que Dieu donne à sa créature pour admirer et adorer les hommes d'exception comme toi. C'est pour cela, mon beau Victor, que, dans le même moment, je rugis, je pleure, je rampe ou je m'élève, je m'incline et je vénère [1].» Deux semaines plus tard, le 5 mars, elle réitère: «Bonjour, mon petit Toto, j'ai passé la nuit avec vous et mon autre petit Toto que je portais sur mes bras en le promenant dans toutes les rues de Paris.» Hélas! dès le lendemain, elle constate qu'elle s'est trompée dans son diagnostic. Son ventre est stérile. Claire restera fille unique. Encore une illusion qui s'effondre: pas d'enfant, pas de rôle au théâtre et un amant de plus en plus indéchiffrable et insaisissable! Par chance, il lui reste une petite compensation au milieu de tous ces déboires: la décoration et l'installation de son nouvel appartement. Victor Hugo détient «les clefs du paradis» et veille lui-même sur l'aménagement du «petit

---

1. Lettre du 17 février 1836.

palais», où elle est sûre qu'ils connaîtront un bonheur sans mélange.

Quant à lui, il a tout lieu d'être satisfait. N'a-t-il pas enfin obtenu ce qu'il voulait? Une maîtresse docile, inactive, confinée dans un endroit choisi par lui, à proximité du foyer conjugal; une maîtresse qui ne sort jamais, qui ne reçoit personne, qui recopie ses manuscrits à longueur de journée et qui ne coûte pas trop cher à entretenir; une maîtresse enfin toujours disposée à l'écouter quand il a hâte de lui lire son dernier poème et à l'accueillir dans son lit quand il a envie de faire l'amour. Le 23 mars, elle se confesse à son Toto dans un élan de sincérité: «Je t'aime, je suis jalouse, je m'en veux d'être pauvre et de n'avoir pas de talent, il me semble que tu cesseras de m'aimer à cause de cela.» Elle n'imagine pas que c'est, sans doute, parce qu'elle dépend de lui pécuniairement et qu'elle n'a aucun avenir sur la scène qu'il tient tant à elle. Plus brillante, elle l'aurait éclipsé. En tout cas, elle aurait été trop préoccupée de sa propre réussite pour le louer du matin au soir, à l'égal d'une divinité. Le 26 mars, «à huit heures du matin», à peine réveillée, elle lui crie encore: «Je suis jalouse, je suis inquiète de tout, même de vos succès. Je crains qu'au milieu de tant d'admirations vous n'oubliiez l'humble hommage de votre pauvre Juju.» Et, le soir même, «à six heures et quart», elle reprend la plume pour préciser: «Il est impossible de souhaiter plus de beauté à l'homme et plus de gloire au génie, et, si vous êtes heureux, je suis heureuse.»

Victor Hugo pourrait être agacé par le déroulement quotidien de ces litanies. Or, non seulement il ne s'en lasse pas, il en redemande. Le culte dont l'entoure Juliette le confirme dans l'idée que ses dons de séducteur comme ses dons de poète sont illimités. Si elle arrêtait le mouvement régulier de l'encensoir, peut-être se détournerait-il d'elle comme d'une femme qui n'a rien d'autre à lui offrir que son éphémère beauté.

X

LES JEUX DE L'AMBITION ET DE LA JALOUSIE

Pour un loyer annuel de huit cents francs, réglé par Victor Hugo, Juliette dispose à présent d'un appartement agréable, comprenant une chambre, un salon, une salle à manger, une cuisine et une soupente pour la domestique. De quoi satisfaire n'importe quelle femme de la bonne bourgeoisie. Son amant l'a aidée à décorer les lieux, achetant lui-même, chez les brocanteurs, tantôt une statuette gothique, tantôt une gravure du siècle dernier. Mais ce sont surtout les dessins du maître, étranges comme des visions oniriques, qui ornent les murs. Dans la chambre à coucher, rouge et or, où trône le lit de Juliette, celle-ci a installé, à l'intention de son dieu, un petit bureau d'acajou avec, sur la tablette, un encrier garni d'encre fraîche, des plumes d'oie soigneusement taillées, des rames de ce papier bleu ciel qu'il affectionne et une lampe dont l'abat-jour est légèrement incliné afin que la lumière ne fatigue pas ses yeux. Ainsi, il n'a que quatre pas à faire pour passer des bras de sa maîtresse à ceux de sa muse. Encore Juliette prétend-elle que les deux n'en font qu'une. Pour le retenir plus sûrement dans son nid, elle prend même un soin tout conjugal de ses vêtements, les brosse, les repasse avant de les lui rendre comme neufs. Quand il daigne partager un repas avec elle, c'est le cœur débordant de gratitude qu'elle court à la cuisine pour lui confectionner un de ses plats préférés. Mais c'est encore lorsqu'il est penché sur son manuscrit qu'elle savoure le mieux sa chance d'être à la fois sa gardienne et son égérie. Le bruit «paisible et doux» de la plume de Toto glissant sur le papier lui donne le frisson comme une caresse sur sa peau nue. Ah! s'il pouvait rester là pour toujours, tel un bouc attaché à son piquet! Mais, dès qu'il a noté les derniers mots qui lui trottaient dans la tête, il se rhabille et rentre «chez lui», place Royale.

Alors, brusquement, elle prend conscience de son esclavage et se révolte contre la claustration anachronique, quasi médiévale, qu'il lui impose. Comme lorsqu'elle habitait rue des Tournelles, il lui est défendu de sortir seule. Même si elle a des courses à faire pour son ménage ou sa toilette, Toto l'oblige à attendre qu'il soit là pour se hasarder dans la rue. Quand Pradier, qui a enfin accepté de payer la pension de sa fille, néglige de s'exécuter, c'est lui qui le relance et le somme de remplir ses obligations. Certes, Juliette a obtenu que Claire quitte enfin sa pension de Saumur et soit transférée dans un internat plus proche, à Saint-Mandé. Mais, lorsqu'elle veut aller voir son enfant, le jeudi, Hugo exige de l'accompagner. Il affirme s'être attaché à la gamine, lui apporte des friandises et l'interroge gravement sur ses études. Juliette en est ravie, tout en regrettant un peu de ne pouvoir jamais converser seule à seule avec la fillette. L'omniprésence de Victor dans sa vie la comble et l'écrase à la fois. Ne va-t-il pas maintenant jusqu'à lui interdire de décacheter, en son absence, les lettres qu'elle reçoit par la poste? Que craint-il? Qu'un amant d'autrefois ne cherche à la revoir? Qu'un ancien spectateur ne lui demande un rendez-vous? C'est tout juste s'il n'ouvre pas les armoires, en entrant chez elle, pour s'assurer quelle n'y cache pas un homme! «Depuis que vous m'avez quittée, lui écrira-t-elle un jour, on m'a apporté une lettre de Mme Kraft [son amie de longue date]; j'ai une démangeaison atroce de l'ouvrir pour savoir ce qu'elle dit [...]. Cependant, je crains de vous fâcher; vous conviendrez qu'il est absurde de me priver du plus grand plaisir, après celui de vous aimer, la curiosité, puisqu'il faut l'appeler par son nom, capable de faire faire les plus grandes sottises aux femmes en général.» Même les lettres de sa fille doivent être, selon la règle, ouvertes d'abord par Toto: «J'ai là une lettre que je crois être de Claire. Dans le cas où tu tarderais, je l'ouvrirai, ce qui serait assez juste, je crois.» Et, un peu plus tard: «J'ai là une lettre de mon père que je n'ai pas ouverte et que je n'ai pas lue. A quoi bon tant de précautions pour un homme qui en a si peu pour moi [1]?»

Au fond, malgré ses sursauts d'indignation, il ne lui déplaît pas de souffrir ; peut-être même goûte-t-elle une secrète jouissance dans ces rapports masochistes entre le mâle dominant et la femelle soumise. Elle se repaît de son malheur intime en alignant sur le papier son «contingent de pattes de mouches» : «Je vous aime tant, mon Victor adoré, que je suis méchante comme une louve. Il faut me plaindre et ne pas m'en vouloir. Il faut me museler avec des baisers, m'enchaîner avec des caresses pour venir plus facilement à bout de moi. Il faut m'aimer encore plus et alors vous verrez que la *louve* deviendra *mouton* et que la folle restera folle, ce qui n'est pas une grande maladie en amour [2].»

C'est encore la quémandeuse qui reprend la plume quelques jours plus tard. Elle n'a pas eu son content de volupté et exige le supplément auquel elle a droit : «Sans ton amour, *je manque de tout* et ma vie est la plus misérable et la plus coupable [...]. Si tu continues à être aussi *raisonnablement bon* et dévoué pour moi, je me soustrairai au moment où tu y penseras le moins, et pour toujours, au devoir que tu t'es imposé. Je veux de l'amour ou rien [3].» Puis sa colère l'emporte sur sa prudence : «J'ai eu la stupidité de me laisser mener comme un chien de basse-cour :

1. Lettres de 1836. Le père auquel il est fait allusion ici est son père adoptif.
2. Lettre du 7 avril 1836.
3. Lettre du 19 avril 1836.

de la soupe, une niche, une chaîne, voilà mon lot. Il y a cependant des chiens qu'on mène avec soi; mais, moi, je n'ai pas ce bonheur; ma chaîne est trop fortement rivée pour que vous ayez l'intention de la détacher.»

Cependant, à l'approche de l'été, elle espère, comme les années précédentes, une escapade avec «le génie de [son] cœur»: «Quel beau temps il fait, mon Toto, et que nous serions bien à notre aise au grand air, sur une grande route, dans un bon petit cabriolet, avec un mois de bonheur devant nous en perspective [...]. Je suis toute prête, ainsi profitons du bon moment et de la belle saison [1].» Victor Hugo se laisse aisément fléchir et, le 15 juin, il emmène Juliette en voyage. Mais il a eu la singulière idée d'adjoindre à leur couple un ami quelque peu encombrant, le peintre Célestin Nanteuil. Pour éviter les ragots, on le fait passer pour le frère de Juliette. En sa compagnie, les deux amants visitent Fougères, Saint-Malo, le Mont-Saint-Michel... Célestin Nanteuil prend des croquis, Hugo admire les paysages et les monuments, en songeant à les évoquer un jour ou l'autre dans son œuvre, et Juliette, tout en partageant l'exaltation du poète, déplore que ces instants merveilleux soient gâchés par la présence d'un gêneur. L'exploration se poursuit par Cherbourg, Bayeux, Honfleur, Yvetot, Fécamp, Saint-Valery-en-Caux, Gisors... A Lassay, le gardien du château en interdit l'entrée au trio,

---

1. Lettre du 20 mai 1836.

sous prétexte que ces bizarres visiteurs ne sont pas correctement vêtus. «Ah! dame, s'écrie le bonhomme, passez vot'chemin; les maît'ont défendu de recevoir les vagabonds!» A Barfleur, autre déception: on leur refuse l'autorisation de faire, de nuit, une promenade en mer.

Mais il y a plus grave: pendant l'absence de Juliette, une lettre officielle est arrivée rue Sainte-Anastase. Mlle Drouet est citée à comparaître comme témoin, le 22 juillet 1836, devant la 6e chambre correctionnelle. Toujours cette sordide affaire de lettre de change souscrite par Scipion Pinel au profit de la dame Ribot. Force est aux excursionnistes de regagner Paris en hâte. Au jour dit, Juliette réitère devant le tribunal ses déclarations sur la mauvaise foi de la plaignante. La plupart des créanciers mis en accusation sont condamnés pour escroquerie à la prison ferme. Toutefois, Mme Ribot est simplement renvoyée de sa plainte. Juliette eût préféré une sentence plus radicale. Cette ignoble mégère lui a gâché la fin de son voyage. Elle en veut aussi à Toto d'avoir associé Célestin Nanteuil à leurs pérégrinations amoureuses. «Quel délicieux voyage nous avons fait, conclut-elle. Sans cet odieux M. N. [Nanteuil], tout aurait été heureux et charmant autour de nous.» Et l'oraison jaculatoire reprend de plus belle: «Nous faisons chacun de notre côté notre petit travail. Toi, tu composes un chef-d'œuvre, et moi, je t'aime. Je crois, modestie à part, que mon œuvre ne sera pas inférieure à la vôtre, mon grand poète. Si vous avez du génie, moi, j'ai de l'amour; vous êtes et serez admiré de tous et toujours, moi, je mets ma seule ambition à être aimée de vous tant que je vivrai. Pour cela je vous donne mon corps, ma vie, ma pensée et mon âme.»

Elle espère que ces paroles d'adoration, cent fois répétées, inciteront Victor Hugo à multiplier ses visites rue Sainte-Anastase. Mais il est de plus en plus absorbé par ses travaux, par ses soucis, par sa famille. Juliette l'attend pendant des heures, cloîtrée, oisive et humiliée. Pour tromper son ennui, sa solitude, elle grignote entre les repas et se fâche parce que son miroir lui révèle qu'elle a engraissé. Elle se met aussi à fumer, espérant ainsi calmer ses nerfs. Mais c'est sa chasteté surtout qu'elle accepte mal et qui la tourmente. Parfois, elle éclate avec un emportement de fille des rues: «Mais baise-moi donc, mais baise-moi donc! J'ai faim et soif de tes caresses. J'ai le cœur brûlant et les lèvres ardentes.»

Poussée à bout par la monotonie de cette existence végétative, elle songe de nouveau, dans les derniers mois de 1836, à renouer avec le théâtre. Elle apprend même le rôle principal de *Marion Delorme*, en espérant une reprise de la pièce. Hélas! Victor Hugo ne l'encourage guère à persévérer. Il est tout entier à de nouveaux projets: au lieu de se tourner vers la scène, il se consacre à la poésie, termine *Les Voix intérieures*, commence *Les Rayons et les Ombres*. Cette activité intense ne suffit pas à expliquer la rareté de ses passages dans la chambre de sa maîtresse. Inconscient du chagrin qu'il lui cause, il part sans elle pour le hameau des Metz, berceau de leurs amours. Il en revient avec comme cadeau quelques strophes inspirées par ce pèlerinage solitaire. Sitôt arrivé, il lui lit son dernier poème, *Bièvres*, qui s'intitulera finalement *Tristesse d'Olympio*. Elle admire la musique des vers, mais s'étonne de la mélancolie dont ils témoignent chez un homme en apparence comblé:

> *[...]*
> « *Que peu de temps suffit pour changer toutes choses!*
> *Nature au front serein, comme vous oubliez!*
> *Et comme vous brisez dans vos métamorphoses*
> *Les fils mystérieux où nos cœurs sont liés!*
> *[...]*
> « *La forêt ici manque et là s'est agrandie...*
> *De tout ce qui fut nous presque rien n'est vivant:*
> *Et, comme un tas de cendre éteinte et refroidie,*
> *L'amas des souvenirs se disperse à tout vent* [1] *!* »

En relisant le poème à tête reposée, elle se demande comment Hugo a pu méconnaître à ce point la richesse et la pérennité de leur mémoire amoureuse. Ne devine-t-il pas le sceau de l'éternité dans chaque minute qu'ils ont passée ensemble? Elle ne l'en félicite pas moins pour son immense talent: «Mais rien ne peut suppléer à toi, lui dit-elle, pas même tes chefs-d'œuvre [...]. Rien ne remplace la lumière de tes yeux, le son de ta voix, le souffle de ton âme.» Quand l'objet de son culte est absent, elle

---

1. *Les Rayons et les Ombres*, «Tristesse d'Olympio.»

se console, tant bien que mal, avec les reliques qu'il lui a laissées. Elle garde sous son oreiller le *Livre de l'Anniversaire* où il a consigné, année après année, ses pensées philosophiques et sentimentales. Dans le «tabernacle aux souvenirs» brille la croix d'officier de la Légion d'honneur qu'il vient de recevoir et dont il lui a fait cadeau. Elle collectionne également des témoignages de leur passage dans les lieux où ils ont été heureux ensemble. La dernière de ces évasions hors de Paris a eu lieu au mois d'août 1837. Ils ont poussé jusqu'à Bruxelles, à Gand, à Bruges, à Anvers, puis sont revenus en France et ont remonté la Seine du Havre à Elbeuf.

En retrouvant Paris, le 14 septembre, Juliette retombe dans son oisiveté et sa captivité dorées. De temps en temps, comme si cette atmosphère émolliente l'étouffait, elle éclate; Toto lui répond vertement et elle rentre ses griffes: «Mon cher bien-aimé, nous nous sommes fait bien du mal cette nuit, lui écrit-elle le 20 décembre. Nous sommes bien bêtes ou bien méchants et peut-être pis que cela: nous sommes fous [...]. Je suis toute meurtrie et, de quelque côté que je touche mon cœur, il me fait un mal atroce.» La raison de cette sourde querelle? Comme toujours, la jalousie. En effet, au début de l'année 1838, la Comédie-Française doit reprendre *Hernani*, avec, dans le rôle de Doña Sol, l'intrigante, la coquette, l'envahissante Marie Dorval. Juliette supporte mal l'annonce de cette prochaine performance de sa rivale. «Je me figure que la résistance que tu apportes depuis que nous sommes revenus de voyage à te montrer avec moi en public, écrit Juju à Toto, tient à ce que tu veux faire croire à quelqu'un ou *quelqu'une* que notre liaison n'existe plus [...]. Si je me trompe, et je ne demande pas mieux, je te demande pardon à genoux et de toute la contrition de mon pauvre cœur qui t'aime trop.» Pour la convaincre qu'elle est toujours son élue, il suffirait, lui dit-elle, qu'il manifestât plus souvent le désir de la posséder. Mais sans doute réserve-t-il ses ardeurs à d'autres femmes (à Marie Dorval par exemple!), car il continue à se dérober, sous différents prétextes, à l'obligation d'honorer sa maîtresse. Vexée, elle lui met les points sur les i: «Rien n'est plus déplacé ni plus ridicule qu'une femme qui sollicite vainement les faveurs de son amant, lui dit-elle dans une lettre du 22 avril 1838. Aussi, mon bien-aimé, puisque je dois vivre avec toi comme une sœur avec son frère, tu trouveras bon que je m'abstienne de te rappeler en aucune manière le temps où nous étions mari et femme.» Et, quelques semaines plus tard: «J'ai l'honneur de vous rappeler une loi du très grand Solon qui ordonne à tout mâle de coucher *trois fois par mois* avec sa femelle.» Autre revendication de sa part: le retour sur la scène, dans un bon rôle. Cela devient une scie: «Il faut que je travaille, que je me suffise à moi-même pour goûter pleinement le bonheur de t'aimer et d'être aimée de toi. Pour cela, il me faut un théâtre sinon *bienveillant*, du moins *peu hostile*. J'ai besoin que tu m'aides, j'ai besoin de pouvoir regarder l'avenir qui jusqu'ici m'a toujours fait détourner la tête avec effroi.»

Et, au vrai, quand elle réfléchit au couple qu'elle forme avec Victor Hugo, elle doit convenir que, si elle disparaissait, rien ou presque ne serait changé pour lui, puisqu'il aurait toujours cette passion de l'écriture et cette admiration des foules, toutes deux nécessaires à son équilibre, alors que, s'il la quittait pour une raison ou pour une autre, elle se retrouverait en plein désert, en pleine nuit, sans argent, sans soutien, sans amour et ne sachant plus pour quoi vivre. A tout hasard, elle apprend le rôle de Marion dans *Marion Delorme*, celui de Tisbé dans *Angelo*... Au mois de mai 1838, une intervention personnelle du duc d'Orléans permet l'ouverture, par Anténor Joly, du théâtre de la Renaissance. Victor Hugo est un proche du directeur. Aussitôt, Juliette songe à entrer, grâce à lui, dans la troupe qui se constitue. Justement, le prolifique Toto vient d'écrire, en un mois, un drame en vers, *Ruy Blas*, dans lequel elle pourrait jouer un rôle de première grandeur. C'est l'aventure héroïque d'un laquais au cœur noble, amoureux de la reine d'Espagne, Marie de Neubourg. Juliette rêve d'interpréter la reine, mais, en même temps, elle redoute d'assumer une telle responsabilité vis-à-vis de l'auteur. «Je ne sais à quel saint me vouer pour l'affaire de Joly, écrit-elle à Hugo, le 6 mai 1838. Je crains de m'engager ou plutôt de t'engager dans une trop méchante affaire; peut-être vaudrait-il mieux que nous allassions chacun de notre côté, au théâtre seulement, pour un certain temps, que de risquer à nous nuire mutuellement? Il est vrai que je ne vois pas dans quel théâtre je puis aller sans ta protection.» Elle se résoud néanmoins à signer, avec Anténor Joly, un contrat valable pour un an. Lorsque Victor Hugo lui lit la pièce, elle explose de bonheur et d'orgueil. «C'est une richesse, une magnificence, un éblouissement dont on ne peut pas se faire une idée avant de l'avoir entendue. C'est miraculeux!» lui écrit-elle le 12 août. Déjà, elle appréhende les «intrigues», les «trahisons» qui ont été son lot jusqu'à ce jour dans les coulisses. Surtout, ne pas se monter la tête, ne pas se réjouir trop tôt! Par moments, elle a l'impression que l'excès d'espoir la rend folle et que le sol se dérobe sous ses pieds: «Depuis que tu m'as fait entrevoir la possibilité de jouer dans ta ravissante pièce, je suis comme une pauvre somnambule à qui on a fait boire beaucoup de vin de Champagne. J'y vois double.» Elle qui aime tant les voyages regrette que Victor lui propose de quitter Paris, tous les deux, avant que la distribution des rôles ne soit fixée. Elle subodore quelque vilaine manœuvre derrière leur dos. Elle ne se trompe pas.

Ils partent le 18 août et, aussitôt, la machine à broyer Juliette se met en mouvement. Tandis qu'elle parcourt la province en compagnie de son amant et se passionne avec lui pour les souvenirs historiques encore présents à La Ferté-sous-Jouarre, à Meaux, à La Ferté-Milon, à Château-Thierry, à Sainte-Menehould, à Reims, Adèle Hugo, saisie d'une brusque jalousie, décide d'intervenir pour faire valoir ses droits, face à un mari dont l'inconséquence est dangereuse non seulement pour sa réputation d'honnête homme, mais pour son œuvre d'écrivain. Le 19 août, au lendemain du départ du couple, elle envoie à Anténor Joly une lettre catégorique: «Vous serez sans doute étonné de me voir me mêler à une chose qui ne regarde, en définitive, que vous et mon mari. Pourtant, monsieur, il me semble que j'ai un peu le droit d'agir ainsi quand je vois le succès d'une pièce de Victor compromis, et compromis volontairement. Il l'est, en effet, je le crains du moins, car le rôle de la reine a été donné à une personne qui a été un des éléments du tapage qui a été fait à *Marie Tudor*. Je sais que les conditions sont actuellement meilleures, puisque, au lieu d'aller dans un théâtre malveillant, il va dans un théâtre dévoué, et chez vous. Mais, monsieur, ce que vous ne pouvez empêcher, c'est l'opinion, opinion qui est défavorable, à tort ou à raison, au talent de Mlle Juliette. Ce que vous ne pouvez empêcher, c'est que cette dame passe pour avoir des relations avec mon mari. Tout en étant personnellement convaincue que ce bruit est dénué entièrement de fondement, il n'en existe pas moins, vous le savez comme moi, et le résultat est le même. Je vous dis cela, monsieur, parce que j'ai quelque espoir que vous trouverez moyen de donner le rôle à une autre personne. Je ne vois ici, je n'ai pas besoin de vous le dire, que l'intérêt de l'ouvrage. C'est pourquoi j'insiste. Que mon mari, qui porte intérêt à cette dame, intérêt qui a probablement donné lieu à ce bruit, l'ait appuyée pour la faire entrer à votre théâtre, rien de mieux, mais que cela aille jusqu'à mettre en question le succès d'une des plus belles choses qui soient, voilà ce que je ne puis admettre.» Et, par précaution, l'épouse ulcérée ajoute: «Il faut, monsieur, que, d'une part, je trouve la chose assez grave pour prendre sur moi de m'en ouvrir avec vous. Il faut de plus que j'aie une parfaite confiance en vous pour m'autoriser à en avoir une si grande à votre égard. Elle va jusqu'au point de ne pas douter que tout cela restera entièrement entre nous deux. – Adèle Hugo.»

Cette lettre, Juliette en ignore, certes, le contenu, mais Victor a dû être prévenu, en cours de route, des réactions vindicatives de sa femme. Dès qu'il revient à Paris, le 28 août, il est mis au courant par Anténor Joly des nouveaux obstacles qui se présentent sur le chemin de *Ruy Blas*. Sans en rien dire à Juliette, il mesure, lors d'une conversation avec le directeur de la Renaissance, le risque d'un scandale provoqué par les amis d'Adèle. Devant le danger de compromettre ainsi le succès de sa pièce, il capitule. Tant pis pour la maîtresse: l'épouse a gagné; et *Ruy Blas* avec elle!

En vérité, Hugo n'est pas mécontent de cette solution. Afin de dorer la pilule à la malheureuse Juliette, il obtient d'Anténor Joly qu'il la dédommage par la promesse d'un autre rôle, pour plus tard, dans une autre pièce, moyennant des appointements de quatre cents francs par mois. Elle n'est pas convoquée à la lecture de *Ruy Blas* aux comédiens, chez Victor Hugo, place Royale. Ni Anténor Joly, ni Toto ne lui parlent plus d'interpréter la moindre «utilité» dans le drame. Tout se passe comme si elle n'avait jamais été pressentie pour faire partie de la distribution. Outragée, elle bondit: «Il me paraît que, bien décidément, c'est par un rôle de *duègne* que je ferai ma rentrée sur la scène de la Renaissance. C'est bien peu intéressant. Il faut avouer que le hasard, qui sert si bien certaines femmes, m'est bien contraire. Enfin, c'est assez bon pour moi. Je ris, je ris, mais je ris, mon Dieu, je ris! Aimez-moi, c'est tout ce que je demande, et faites-moi jouer des rôles de centenaire [1].»

Le lendemain, à la révolte succède le désespoir: «Je suis triste, mon pauvre bien-aimé. Je porte en moi le deuil d'un beau et admirable rôle qui est mort pour moi à tout jamais. Jamais Marie de Neubourg ne vivra *par moi* et *pour moi*. J'ai un chagrin plus grand que tu ne peux te l'imaginer [...]. Je suis démoralisée au point de ne pas oser jouer dans la pièce de n'importe qui un rôle de n'importe quoi. [...] Pourtant, mon bon ange, je reconnais que ce n'est pas ta faute et que tu as tout fait pour lutter contre mon guignon.»

Ainsi, après avoir redouté un esclandre, Victor Hugo se tire d'affaire avec les honneurs: son opportunisme, teinté de lâcheté, a été payant. A la veille de la première de *Ruy Blas*, s'il peut craindre les réactions toujours imprévisibles de la critique, il n'a pas à craindre celles de Juliette, plus que jamais amoureuse. Cette fois encore, elle est à sa botte. Les

---

1. Lettre du 3 septembre 1838.

répétitions, dont Toto lui a rapporté scrupuleusement les péripéties, n'ont fait qu'attiser le tourment de la malheureuse. Elle souffre d'être tout ensemble une comédienne évincée et une maîtresse au rebut. Cependant, pour la représentation inaugurale de *Ruy Blas*, elle s'est commandé une superbe robe de damas. En pénétrant dans la loge qui lui est réservée, elle affecte un air de détachement radieux. Et, dès le lever du rideau, elle se déchaîne. De réplique en réplique, elle applaudit si fort qu'elle en déchire ses gants. C'est Frédérick Lemaître qui interprète le rôle de Ruy Blas et Louise Atala-Beaudoin celui de la reine, dont Juliette a si souvent rêvé. Les cinq actes du drame se déroulent sans anicroche, devant un public captivé. On salue chaque beau vers par des bravos et on bat des mains à la sortie de chaque acteur. Cette soirée du 8 novembre 1838 est un chant de victoire pour Hugo, une marche funèbre pour Juliette.

Si certains chroniqueurs reprochent à l'auteur d'attaquer systématiquement la royauté dans ses pièces historiques, d'autres voient en lui un Shakespeare français. Ces opinions divergentes lui donnent la mesure de son importance. Il ne regrette pas d'avoir écarté Juliette de la distribution, puisque le succès est là. Toutefois, afin d'atténuer la désillusion de sa maîtresse, il persuade Anténor Joly de lui confier un rôle dans une pièce d'Alexandre Dumas et Gérard de Nerval, *L'Alchimiste*. Elle n'a pas le temps de s'en réjouir. Au dernier moment, la direction du théâtre change d'avis et elle se retrouve derechef sans autre emploi que celui de vestale du temple de Victor Hugo. Heureusement encore que, au contraire de ces prêtresses antiques, elle n'est pas vouée définitivement à la chasteté! Pour la récompenser d'entretenir le feu sacré autour de sa personne, Toto inaugure l'année 1839 en lui offrant, le 13 janvier, deux heures entières de serments et de baisers. Folle d'allégresse, elle lui écrit, le jour même: «Mon cher bien-aimé, encore un bonheur dans ma vie, encore une nouvelle étoile dans mon ciel, encore une joie dans mon âme [...]. J'aime mieux mourir heureuse dans tes bras que de vivre au coin de mon feu avec la jalousie et l'enfer dans le cœur. N'est-ce pas que j'ai bien raison, mon Toto adoré? Quelle bonne *furia* d'amour nous avons eue tout à l'heure et qu'il serait doux d'en crever sur la place! Pour moi, voilà mon opinion: *Tout ou rien.* C'est surtout en amour que cette devise est bonne et vraie. Je n'oublierai jamais le 13 janvier 1839, *trois heures après midi.* Je n'ai jamais si bien senti le bonheur d'aimer et d'être aimée [...]. Aussi, mon cher adoré, cela me confirme plus que jamais dans ma résolution de mourir *sur la brèche* plutôt que de lâcher pied.»

Incorrigible Juliette! Déjà l'espoir, cent fois déçu, renaît dans sa cervelle enfiévrée: puisqu'il la désire tant et qu'il écrit tant, il finira bien par lui faire cadeau d'un grand rôle, dans une grande pièce, destinée à un grand théâtre!

XI

JULIETTE AMOUREUSE ET HUGO ACADÉMICIEN

Certaines contradictions dans le caractère du génial et tyrannique Toto commencent à inquiéter Juliette. D'une part, il brave le qu'en-dira-t-on en choisissant le concubinage avec une comédienne; d'autre part, il se montre impatient d'obtenir de la société un certificat d'honorabilité qu'il devrait juger dérisoire. Tantôt il défie superbement l'opinion publique et tantôt il sollicite son approbation. C'est ainsi que, dès février 1836, il a voulu se présenter à l'Académie française. Qu'a-t-il à faire de ce titre désuet d'«immortel», lui qui l'est déjà par ses livres et par ses pièces? Juliette a tenté de le lui dire, à l'époque, et il s'est moqué d'elle en lui expliquant qu'elle n'entendait rien aux subtilités d'une carrière littéraire. C'est avec un amusement agacé qu'elle l'a suivi, de loin, dans ses démarches auprès des membres de l'«illustre compagnie». Elle lui a même écrit, le 18 février 1836, jour du premier scrutin qu'il a affronté: «Dans trois heures environ, vous ne serez pas académicien, mon cher petit Toto, et vous pourrez vous en vanter. Moi qui ne tiens pas aux avantages politiques lorsqu'ils sont habillés d'un habit académique [...], je me réjouis à l'avance de vous conserver sans aucun persil.» Il s'agissait alors de remplacer l'écrivain-politicien Lainé. En apprenant, à l'issue de la séance, que Toto n'a obtenu que deux voix et que l'obscur Dupaty a été élu, au cinquième tour, avec dix-huit suffrages, elle s'en félicite comme d'une victoire. Mais Victor Hugo ne baisse pas les bras pour si peu et se représente, le 29 décembre, au fauteuil laissé vacant par Raynouard. C'est l'historien Mignet qui l'emporte. Tant mieux! s'exclame Juliette. Elle a une telle horreur des obligations mondaines qu'elle préférerait s'exiler avec Toto dans un trou de province plutôt que de le savoir fêté par le Tout-Paris et courant de salon en salon sous le regard enamouré des duchesses. Hélas! malgré ce deuxième échec, Victor Hugo ne démord pas de son idée. Il lui faut le «quai de Conti» pour prouver à ses détracteurs qu'on peut être à la fois un révolutionnaire dans ses écrits et un conservateur dans sa conduite. Son rêve serait de porter un bonnet rouge sur la tête et un costume de pair de France sur les épaules.

Le 30 septembre 1839, en lisant dans les journaux que Michaud, directeur de *La Quotidienne* et historien des Croisades, vient de mourir, il décide incontinent de se pointer sur son fauteuil. Le

19 décembre, élection blanche: après sept tours de scrutin, le vote est ajourné à trois mois. Quelques semaines plus tard, c'est un autre «immortel» qui décède fort opportunément: Mgr de Quelen, archevêque de Paris, celui-là même qui, jadis, ayant entendu la confession de Juliette, lui a conseillé de quitter le couvent et de chercher son salut dans le monde. Aussitôt, Victor Hugo se renflamme, tel un tampon d'étoupe. Son obstination paraît si absurde à Juliette qu'après en avoir plaisanté elle s'en irrite: «Ne vous représentez jamais à l'Académie. Ce qui n'est pas drôle trois fois devient bête et ridicule quatre. Voilà mon opinion littéraire.» Autant gesticuler et crier devant un mur.

Pour amadouer Juliette et l'associer, en quelque sorte, à ses démarches, il a loué un cabriolet et exige qu'elle l'accompagne d'une adresse académique à l'autre. Bien entendu, elle reste pelotonnée au fond de la voiture, à l'abri des regards, tandis qu'il va faire la cour aux écrivains en renom dont il espère obtenir l'appui. Cette fois, Juliette se raisonne et accepte l'inévitable. Après tout, se dit-elle, rencognée sur sa banquette, il s'agit de réparer une injustice. Pour qui se prennent-ils, ces prétendus «immortels», en refusant d'accueillir parmi eux le plus grand poète du siècle? A côté d'un Chateaubriand ou d'un Lamartine qui siègent quai de Conti, combien de fausses gloires! Comment ces nains osent-ils barrer la route à un géant? Ont-ils peur qu'il ne leur porte ombrage? Pour tuer les minutes en attendant que l'infatigable candidat revienne de sa visite, elle repasse en mémoire la liste de ses œuvres : poésie, théâtre, roman, il a tout marqué de son génie. Et dire qu'en ce moment précis l'auteur des *Odes et Ballades*, des *Orientales*, de *Cromwell*, des *Feuilles d'automne*, des *Chants du crépuscule*, des *Voix intérieures*, d'*Hernani*, de *Ruy Blas*, de *Lucrèce Borgia*, du *Roi s'amuse*, de *Notre-Dame de Paris* et de tant d'autres ouvrages admirables s'humilie en quémandant la bienveillance de quelque vieux ponte gonflé de vent ! Enfin, le voici ! Il paraît heureux de son entrevue. En se rasseyant à côté de Juliette, il lui raconte les détails de sa conversation avec tel ou tel. Le cocher lève le fouet et on repart vers une autre confrontation avec un autre faux grand homme. Chemin faisant, les deux amants se divertissent à faire le compte des voix sûres, des voix hésitantes et des voix hostiles. D'après leurs calculs, il pourrait bien être élu. Sans trop le dire à Toto, elle le regrette. Il lui semble que, en s'intéressant à autre chose qu'à leur amour, il la trompe. Elle voudrait qu'il lui sacrifiât son goût des mondanités comme elle lui sacrifie son goût de la scène. Récemment encore, sollicitée par Anténor Joly de remplacer Mlle Beaudoin, souffrante, pour le rôle de la reine dans *Ruy Blas*, elle a reculé devant le risque de décevoir Victor par la médiocrité de son interprétation. « La position fâcheuse et exceptionnelle où je me trouve à ce théâtre [...] me fait craindre de commencer mes débuts par doubler Mlle Beaudoin dans un rôle où elle a été acceptée du public », lui a-t-elle écrit en toute franchise. Et, quelques semaines plus tard, ayant repoussé une nouvelle proposition du même Anténor Joly, elle a ironisé ainsi à l'intention de Toto: «Il ne me reste plus qu'à m'engager à l'Ambigu ou au Cirque Olympique, en supposant que les chevaux soient assez bêtes pour m'accepter dans leur troupe [1].»

Par chance, les beaux jours arrivent. Adèle et ses enfants sont invités chez les parents d'Auguste Vacquerie, grands admirateurs du poète, ce qui permet à Hugo de s'échapper avec Juliette pour deux mois de voyage et d'amour fou à travers la Suisse et dans le midi de la France. Le 26 octobre, de retour à Paris, Juliette se désole: «Me voilà revenue, sans transition, de la joie au chagrin, de l'amour au désespoir, du ciel d'Avignon à celui de Paris, de la vie à la mort.» Et, le lendemain: «Me revoici avec mon encre, mon papier, mes fautes d'orthographe, ma stupidité et mon amour [...]. J'ai encore sur les lèvres les bons baisers de tous les jours et de toutes les nuits et je sens encore dans ma main la pression de la tienne.» Elle a besoin, dit-elle, de sentir à tout moment la chaleur de son amant sur sa peau nue: «Je voudrais ne pas quitter la doublure de ton paletot.»

Ses débordements de passion amoureuse la détournent quelque peu de sa fille, mais elle s'impose de penser à cette enfant fragile aussi souvent et aussi affectueusement que possible. Elle la fait chercher à la pension de Saint-Mandé par sa

---

1. Lettre du 6 mai 1839.

nouvelle domestique, Suzanne, l'accueille, de temps à autre, rue Sainte-Anastase et s'attendrit chaque fois qu'elle voit Victor s'intéresser à la gamine. Pour prouver qu'elle est une mère soucieuse de ses devoirs, elle décide que Claire prendra des leçons de piano. C'est devant un clavier qu'une vraie jeune fille se prépare le mieux à son destin de femme. En la regardant grandir, elle s'alarme de l'avenir qui les attend toutes deux. De quoi vivront-elles si Toto les abandonne et si elle ne peut plus compter sur son talent de comédienne pour toucher un peu d'argent? «Je sens qu'il est plus facile de te donner ma vie que de renoncer à payer mes créanciers et à me rendre indépendante, c'est-à-dire à gagner ma vie moi-même. Si, par impossible, j'y renonçais, je suis sûre que mon désespoir amènerait une catastrophe irréparable et qui pèserait sur toute ta vie. Mon adoré, ne me détourne pas de la seule chose qui peut me tranquilliser et me faire croire à ton amour. Aide-moi et ne me quitte que si je t'en donne le sujet. C'est-à-dire passe ta vie à m'aimer en échange d'une admiration et d'une adoration sans bornes.»

Au milieu de cette perpétuelle oscillation entre le désir de s'accomplir comme actrice et celui de jouir des prérogatives d'une épouse sans en avoir le statut légal, la nuit du 17 au 18 novembre 1839 apporte une solution importante. Après une longue conversation à cœur ouvert, les deux amants décident de célébrer entre eux un «mariage moral», plus solide et plus respectable que ne le serait leur union bénie par l'Église. Un contrat solennel, mais sans le secours d'un prêtre, les lie désormais devant Dieu et devant les hommes. Juliette déclare renoncer au métier d'actrice et, en échange de ce sacrifice, Victor promet de payer les dettes de sa maîtresse, de ne jamais l'abandonner et de ne jamais abandonner Claire.

Ce gage de sécurité rassure Juliette, mais son adieu au théâtre lui laisse un goût de deuil. Fini l'espoir de briller un jour sur une scène prestigieuse, de se faire un nom, de ramasser assez d'argent pour payer ses petits caprices de femme! Elle dépend, en tout et pour tout, de son seigneur et maître. «Puisses-tu, mon adoré, ne jamais te repentir de ce que tu as fait cette nuit», lui écrit-elle, «le lundi matin, 18 novembre, à 10 heures trois quarts». [...] «Que ta générosité ne soit jamais pour toi un fardeau et un devoir, mais de la joie et de la sécurité, et je bénirai la nuit du 17 novembre 1839 [...]. Enfin, mon pauvre adoré, *au mari près*, ce qui est peu de chose, ma prière et mon lever de ce matin ont été ceux d'une *nouvelle mariée*. Oh! oui, je suis ta femme, n'est-ce pas mon adoré [...]? Et cependant mon premier titre, celui que je veux conserver entre tous les autres et par-dessus tous les autres, c'est celui de ta *maîtresse*, ta maîtresse passionnée, ardente, dévouée et ne comptant que sur ton regard pour vivre, sur ton sourire pour être heureuse. Je te bénis, mon petit homme généreux, d'avoir pensé à ma fille, ma pauvre fille qui devient aussi la tienne. Merci pour elle, merci pour moi, *pour nous*, car nous serons bien heureux, je l'espère, toi par le bienfait, moi par l'amour.» Victor Hugo est, lui aussi, satisfait de l'arrangement. «Nous avons beaucoup souffert, répond-il à Juliette, nous avons beaucoup travaillé, nous avons fait beaucoup d'efforts pour racheter aux yeux du bon Dieu ce qu'il y avait d'irrégulier dans notre bonheur par ce qu'il y avait de saint dans notre amour [...]. Continue ton ascension, ma bien-aimée, tu as le pied sur l'échelle des anges.»

Alors qu'il porte ainsi sa Juliette aux nues, d'autres s'acharnent à la traîner dans la boue. L'infâme Guérin vient de faire paraître un nouveau «roman à clefs»: *Juliette ou Une bonne fille*. Exploitant la recette, ce spécialiste des chroniques galantes récidive en évoquant une comédienne aux mœurs légères qui devient la maîtresse d'un auteur dramatique ambitieux, «sorte de Shakespeare de bas étage», et se débat entre ses amants et ses créanciers. Cette publication ignoble justifie davantage encore, aux yeux de Juliette, la décision qu'elle a prise de fuir les planches, de se soustraire à la curiosité des journalistes et d'être, pour ainsi dire, irréprochable dans l'illégalité.

Elle est récompensée de sa sagesse par l'intérêt que Victor marque envers la petite Claire. Mais, tout en jouant au père putatif et à l'amant marital, il ne perd pas de vue la Coupole. L'élection au fauteuil de Michaud n'ayant donné aucun résultat a été repoussée au 20 février 1840. Victor Hugo se met aussitôt sur les rangs, malgré les taquineries de Juliette. La veille du scrutin, elle écrit à son amant: «D'ici demain, les Dupaty, les Étienne, les Roger auront encore fait quelque nouvelle turpitude dans l'intention grotesque de te barrer le passage et, ce qu'il y aura de bien ridicule, c'est qu'ils y réussiront.» Elle ajoute: «Que le diable les emporte, les vieux blaireaux!» Et, le matin de la séance académique, elle informe Toto de son sentiment de femme à l'égard de sa candidature: «Quant à moi, je voudrais qu'il n'y ait ni Académie, ni théâtre, ni librairie, je voudrais qu'il n'y ait de par le monde que des grandes routes, des diligences, des auberges, une Juju et un Toto s'adorant!»

Comme l'ont prévu les spécialistes des «pointages», c'est le physiologiste Pierre Flourens qui est élu. Mais Victor Hugo ne désarme pas. Un mois auparavant, il a été choisi par ses pairs pour être président de la Société des gens de lettres. Un pas de plus vers le podium. C'est bien, mais insuffisant! Tant que les portes de l'Académie lui seront interdites, il se jugera spolié. Heureusement pour lui, la mort inopinée de Népomucène Lemercier, le 7 juin 1840, lui permet de revenir à la charge auprès de ces messieurs du quai de Conti. Ce sera la cinquième fois qu'il tentera sa chance. En dépit des réserves ironiques de Juliette, il fait acte de candidature à ce siège à peine libéré. Elle s'étonne de le voir plus acharné à conquérir les voix d'écrivains qu'il méprise qu'à combler une maîtresse dont il se dit amoureux. A mesure que le temps passe, elle souffre davantage de la pénurie de leurs rapports sexuels. En sortant d'une de ces étreintes inespérées, elle le remercie pour le bonheur qu'il lui a donné, mais remarque: «C'est dommage seulement que ce soit si rare et si court. Les nuits d'amour devraient avoir quarante-huit heures au lieu de douze. Ce serait bien plus gentil, et l'on pourrait avoir le temps de se reconnaître et de savourer son bonheur, au lieu que comme ça, c'est trop fugitif, on n'a le temps de rien; cela ne fait que paraître et disparaître comme un éclair.»

Cette année-là, elle contemple son visage sur un daguerréotype et croit comprendre pourquoi son Toto l'aime moins: elle a vieilli, elle a grossi, ses paupières se fripent, quelques fils blancs apparaissent dans sa chevelure; en outre, elle a souvent des maux d'estomac et de tête: de quoi faire fuir n'importe quel amateur de chair fraîche! A trente-six ans, elle affirme à son amant qu'elle est «un monstre de laideur». Et elle le soupçonne de chercher ailleurs les satisfactions qu'il ne trouve plus auprès d'elle. Puis, soudain, la passion l'emporte sur la décence. Saisissant sa plume, elle écrit à Hugo: «Je serais bien heureuse si vous veniez dîner avec moi et coucher avec Juju. Malheureusement, je n'ai pas beaucoup d'espoir de ce côté!... Je baise tout ce qu'enveloppe votre pantalon collant. J'y colle mes lèvres [1].» Ou, plus crûment encore: «Baise-moi, vieux cochon de salop, baise-moi, brigand!» Est-ce pour exciter ce postulant aux honneurs académiques qu'elle l'apostrophe avec des mots de poissarde?

---

1. Cité par Jean Savant, repris par Alain Decaux dans son *Victor Hugo*.

Tout lui paraît bon pour provoquer l'ardeur d'un amant qui la néglige, alors qu'elle attend, pantelante, assoiffée, qu'il la prenne dans ses bras.

A force de supplications et d'aguicheries, elle finit par lui arracher la promesse d'un grand voyage d'amoureux. Ils profitent du départ d'Adèle et de sa famille pour le château de la Terrasse, à Saint-Prix, et se mettent en route de leur côté, incognito. Direction: l'Allemagne. C'est en poète et en patriote que Victor Hugo découvre les bords du Rhin, s'intéresse aux vestiges de la civilisation médiévale et prend connaissance des revendications germaniques, lesquelles, bien que voilées, l'inquiètent déjà. Juliette, constamment présente à ses côtés, voit tout par ses yeux et écoute ses commentaires comme elle écoutait autrefois, chez les Madelonnettes, la lecture des textes sacrés. Une grande satisfaction d'amour-propre l'attend dès le retour du couple en France. Victor Hugo lui permet de figurer à ses côtés, le 15 décembre, sur une estrade, lors des cérémonies du transfert aux Invalides des cendres de Napoléon. Une foule immense et recueillie se presse pour admirer le cortège qui s'avance à pas lents. Négligence ou stupidité, lorsque le char funèbre apparaît, les spectateurs, comme médusés, ne l'acclament pas. Indigné, Victor Hugo ôte son chapeau. Personne ne l'imite. Il hurle: «Chapeau bas!» Alors seulement, quelques hommes se découvrent. «Les bourgeois des estrades ne sont déjà plus le peuple», notera-t-il avec dépit. Juliette, qui se désintéresse de la politique, n'en partage pas moins le respect de son amant pour la mémoire de l'empereur, dont la France entière chante les exploits en oubliant le sang versé et les territoires perdus. D'ailleurs, par une crédulité congénitale, elle est disposée à aimer tout ce qu'il aime, à détester tout ce qu'il déteste. De temps à autre, cependant, elle fait le point sur sa situation et s'insurge. Durant ce même mois de décembre, elle se plaint de nouveau à lui d'être restée longtemps séquestrée. «Voilà plusieurs jours qu'il fait très beau temps et vous ne me faites pas sortir [...]. Je suis votre prisonnière de guerre et de paix, car, d'un bout de l'année à l'autre, c'est ainsi. Encore si j'avais un préau, une plate-forme, un champ, un jardin, un endroit quelconque pour prendre l'air et exercer mes jambes, je ne dirais rien. Mais n'avoir pour tout exercice que le coin de son feu et d'autre soleil qu'une lampe Casul [1], ce n'est pas assez pour prendre avec patience vos absences prolongées.» Afin d'apaiser son humeur de femme insatisfaite, Victor lui annonce, à la veille du Nouvel An, qu'il ne l'a jamais autant aimée: «Maintenant, dors, je vais veiller; repose-toi, je vais travailler; fais un bon rêve, je vais faire une bonne œuvre.»

Le «bon rêve», c'est lui qui est en train de le faire, car la date de l'élection à l'Académie française approche et les stratèges de la maison sont, pour la première fois, assez optimistes. Le scrutin doit avoir

---

1. Sans doute Juliette veut-elle parler de la lampe à huile Carcel, en usage à l'époque.

lieu le 7 janvier 1841. Toto est dans ses petits souliers. Son principal rival est l'auteur dramatique Arsène Ancelot. Ancelot a pour lui tous les anciens, tous les classiques; Victor Hugo peut compter sur tous les modernes, tous les romantiques. La lutte s'annonce serrée. Soudain, à l'issue de la séance, la nouvelle éclate, tel un pétard de fête: Hugo est élu de justesse avec dix-sept voix contre quinze à Ancelot. Fière et dépitée à la fois, Juliette écrit, «ce jeudi soir, 6 heures», à Toto: «Je suis bien contente pour tout le monde, mon cher Académicien, que vous soyez enfin nommé. Vous voilà donc un homme *assis*, en attendant que vous soyez un homme *rassis*, ce qui n'arrivera pas demain, je vous en réponds, au train dont vous remontez *le fleuve de la vie*. Vous êtes beaucoup plus jeune que lorsque je vous ai connu, de l'aveu de tout le monde. Enfin, grâce à vos dix-sept voix amies, et malgré les quinze groins de vos adversaires, vous voilà académicien. Quel bonheur!» Est-elle tout à faire sincère dans cette exclamation? Sa plus grande joie est de savoir qu'il a enfin obtenu ce qu'il désirait; sa plus grande crainte, qu'il ne se laisse happer par les futiles plaisirs de la notoriété et n'aille chercher ailleurs d'autres satisfactions que celles dont il s'est contenté jusque-là avec elle.

A présent, le nouvel élu est entièrement absorbé par la rédaction du discours de réception qu'il doit prononcer, le 3 juin 1841, sous la coupole. Ce discours, il veut lui donner une signification à la fois littéraire et politique. Sa plume court sur le papier, ses idées s'enchaînent, il pourrait écrire un volume sur le sujet. Pour faire bonne mesure, il évoque avec lyrisme la haute figure de l'empereur, décerne quelques fleurs à son prédécesseur dans l'illustre compagnie, l'honnête Népomucène Lemercier, puis, s'élevant à des considérations sociales, il proclame la nécessité d'aimer le peuple tout en respectant le pouvoir, de s'inspirer de la tradition chrétienne dans les rapports du gouvernement avec les humbles, de répandre l'instruction dans les classes les plus défavorisées, bref, de «civiliser les hommes par le calme rayonnant de la pensée sur leurs têtes». Dans sa péroraison, il adresse même un hommage à Malesherbes, «grand esprit, grand ministre et grand citoyen», qui défendit le roi, au péril de sa vie, devant la Convention et fut exécuté sous la Terreur. Tout le texte de Victor Hugo respire la générosité, la compassion envers les petites gens et le dévouement à la patrie. Une telle profession de foi constitue l'aveu de ses ambitions politiques. Ces messieurs croyaient avoir élu un poète, et c'est un partisan des nouvelles idées libérales qui s'apprête à siéger parmi eux. Il a conscience de la surprise que sa harangue risque de provoquer chez certains de ses confrères et s'y prépare bravement. En attendant le grand jour, il s'occupe de la confection de son habit et du choix de ses manchettes et de son jabot de gala. Juliette également est obsédée par le souci de paraître à son avantage devant le public huppé et médisant qui se presse d'ordinaire à ce genre de cérémonie. Victor Hugo accompagne sa maîtresse aux essayages chez la couturière. Elle a commandé, avec son assentiment, «une robe de tarlatane blanche, à nuages et à grands plis», rehaussée d'une écharpe rose et agrémentée d'une capote en paille d'Italie, avec coques et brides de rubans roses. Elle voudrait tellement être belle comme au temps de sa prime jeunesse pour faire honneur à son Toto!

Le 3 juin 1841, en arrivant très tôt au palais Mazarin, elle est plus angoissée que lors d'une première au théâtre. La salle est comble: le duc et la duchesse d'Orléans, la duchesse de Nemours, la princesse Clémentine, la princesse Hélène, Mlle Mars, Mme Thiers, tout le gratin de Paris! Et, perdues dans l'assistance, les deux femmes du poète: la légitime et l'illégitime, Adèle et Juliette. Délicieux scandale! Des murmures sournois courent derrière leur dos. On les compare, on les juge, on épie leurs réactions. Les enfants de Victor Hugo entourent leur mère. Juliette, elle, n'a pour la réconforter que deux pâles amies: Mme Demousseaux et Mme Pierceau. Mais déjà la fête commence. Le roulement des tambours retentit, assourdissant, martial, funèbre. La garde présente les armes. Le public se lève. Les académiciens entrent en rangs, encadrant leur nouveau confrère. Sanglé dans son habit aux broderies vertes, Victor Hugo a fière allure. Il est très pâle, tient la tête haute et promène sur l'hémicycle un regard d'aigle. La séance s'ouvre dans un silence de cathédrale. Quand Toto prend la parole, Juliette croit s'évanouir d'émotion. Heureusement, dès le préambule de son discours, il lui adresse un regard de connivence. C'est donc qu'il pense à elle. A elle seule peut-être! Les premiers applaudissements la rassurent tout à fait. Même les ennemis de Victor Hugo l'admirent. Il a gagné la partie. La réponse de M. de Salvandy, historien et homme politique, est fielleuse. Il reproche discrètement à Hugo d'avoir abordé l'Académie en spécialiste des affaires publiques et des problèmes de société, alors qu'il a été élu pour ses talents de poète. Bagatelles que tout cela! Nul n'y prête attention. Ce que les auditeurs retiennent de cet affrontement courtois, c'est l'écrasante supériorité de Victor Hugo, dont l'éloquence a renversé tous les obstacles. Juliette exulte. Rentrée rue Sainte-Anastase, elle écrit, le soir même, «à 3 heures et demie»: «Par où commencerai-je, mon amour, par tes pieds divins ou par ton front céleste? Que te dirai-je en premier, mon adoré, l'admiration et l'adoration qui me remplissent le cœur et qui me débordent autant que ton génie sublime dépasse toutes les médiocres intelligences qui t'écoutaient sans te comprendre et te regardaient sans tomber à genoux [...]. Quand je suis revenue à moi et que j'ai vu ton doux sourire me répondre et me rassurer, il m'a semblé que je sortais d'un rêve [...]. Merci, mon adoré, merci d'avoir pensé à la pauvre femme qui t'aime dans un moment si sérieux, je pourrais dire suprême, si les gens qui étaient là n'avaient été pour la plupart de hideux crétins et d'immondes gredins.» Le lendemain, elle insiste: «Il m'est resté, depuis le moment de ton entrée dans la salle de l'Académie, un étonnement délicieux, qui tient le milieu entre l'ivresse et l'extase; c'est comme une vision du ciel dans laquelle j'aurais vu Dieu dans toute sa majesté, dans toute sa beauté, dans toute sa splendeur et dans toute sa gloire. Je vivrais mille ans que cette impression ne s'effacerait pas de mon âme. Mon Victor, mon Victor, je t'aime. Je voudrais baiser tes pieds, je voudrais te porter dans mes bras, te dire et faire mille folies et répandre sur tout le trop-plein de mon cœur.» En guise de remerciement, Hugo joint le manuscrit de son discours à celui de la réponse de Salvandy et les remet tous deux à Juliette avec cette dédicace: *Les trente premières pages à tes pieds, les trente dernières [celles de Salvandy] où tu voudras.*

Peu après, à cet échange de tendresses succèdent les inévitables malentendus et les habituelles vexations. Juliette estime que les fastes académiques ont tourné la tête à son Victor et lui reproche de se disperser dans les salons, d'être trop infatué et trop coquet, bref, de s'éloigner d'elle: «Qui est-ce qui aurait jamais cru que vous prendriez goût à ce genre de supériorité indigne d'un homme comme vous?» Elle note avec agacement que, depuis son élection, il accorde un soin exagéré à son aspect physique. Pour qui se pomponne-t-il et se mire-t-il dans les glaces avant de s'envoler, la laissant seule dans sa chambre? «Pendant que vous trônez à l'Académie, moi je pleure et je souffre [...]. Nous ne sommes pas en Orient et vous ne m'avez pas *achetée*, grâce au ciel. Je suis libre de me soustraire à des procédés qui ne sont ni justes, ni honnêtes, ni affectueux [...].

Gardez cette lettre comme *un avertissement et une sommation sans frais* de ce que je suis capable de faire si vous avez la cruauté de persister dans ce genre de procédés. En attendant, je fais tous mes efforts pour ne me livrer à aucune démarche fatale pour tous les deux, mais soyez sûr que je ne pourrai pas être longtemps maîtresse de moi.»

Encore des menaces en l'air, pense Hugo. Il tient la mère et la fille sous sa coupe. Pour mieux les enchaîner, il lâche de temps à autre une formule consolante: «Si j'ai quelque génie, il me vient de toi.» Juliette serait toute disposée à le croire, mais il lui est impossible d'admettre que son amant n'a plus que des mots pour lui prouver son désir. «Je suis comme une pauvre affamée, condamnée à vivre au milieu de gibier, de pâtés et de fruits en peinture, et, quel que soit le mérite du tableau, il est difficile de se borner à la seule nourriture des yeux, lui écrit-elle. Moi, je n'ai du bonheur que la peinture, du plaisir qu'en carton. Depuis trois ans, je suis à ce régime et je suis au bout de mes forces et de mon courage.» «Tout vient à point à qui sait attendre», dit le proverbe. Soit, reconnaît Juliette, mais pas lorsqu'il s'agit des rapports entre un homme et une femme. Avec son tempérament impétueux, elle refuse de donner raison à Hugo quand il prétend que l'amour aussi peut s'épanouir dans l'habitude et la patience.

XII

LE DRAME DE VILLEQUIER

A mesure que le temps passe, Juliette s'intéresse davantage aux enfants. A Claire, bien sûr, qui va sur ses seize ans et dont la santé fragile et les études irrégulières la préoccupent; mais aussi aux quatre enfants de Victor Hugo, qu'elle ne connaît pas et qu'il lui dépeint, au cours de leurs conversations, avec une tendresse et une confiance qui la flattent: grâce à lui, Léopoldine, Charles, François-Victor et Adèle, dont les âges s'échelonnent entre dix-neuf et treize ans, n'ont bientôt plus de secrets pour la maîtresse de leur père. Elle est au courant de leur caractère, de leurs manies, de leurs aspirations et serait disposée à croire que chacun d'entre eux porte en soi une parcelle du génie de Toto. En 1843, il paraît très soucieux de l'avenir de sa préférée, Léopoldine, surnommée Didine, qui s'est éprise du frère d'Auguste Vacquerie, Charles: un ami d'enfance, charmant garçon du reste; il doit bientôt succéder à son père, armateur au Havre. Autant dire que le petit ménage ne manquera de rien. Mais Didine est bien jeune: dix-neuf ans à peine! Est-elle mûre pour affronter les périls de la vie, elle qui n'est jamais sortie du cocon familial? Victor Hugo en doute. De jour en jour, il se montre plus sombre et plus irritable. Une secrète jalousie le hante. En vrai mâle, il acceptera difficilement qu'une de *ses* femmes lui échappe. Juliette se fait chatte pour apaiser les tourments du «père trahi». «Ne crains rien pour ta Didine, mon adoré, lui écrit-elle, elle sera la plus heureuse des femmes, c'est moi qui te le prédis, et tu sais bien que mes prédictions sont toujours justes, surtout quand il s'agit de toi et de ceux que tu aimes.»

Grognant et soupirant, Toto se résigne: le 15 février 1843, il conduit sa fille à l'autel, en l'église Saint-Paul-Saint-Louis. Après la cérémonie, à laquelle, par correction, Juliette n'assiste pas, il lui confie que, ce jour-là, sa tristesse a été «celle du rosier au moment où la main d'un passant lui cueille sa rose». Compatissante, Juliette prend sur elle de lui remonter le moral. Elle y a du mérite, car elle doit, en même temps, lutter contre Mme Ribot, l'usurière, dont l'acharnement à lui réclamer le paiement des derniers quatre mille francs de la lettre de change tourne à l'idée fixe. Comme toujours, les affaires d'argent comptent moins pour la jeune femme que les affaires de cœur. Elle met tant d'ardeur à secourir son amant, qui continue de se lamenter sans raison, qu'à la longue sa patience et même ses forces l'abandonnent. Elle n'en peut plus de le hisser hors du trou. Il pense trop à lui et pas assez à elle. «Dieu me pardonne ce que je vais dire, si c'est un blasphème, lui écrit-elle, mais, si j'avais su, il y a dix ans, ce que je sais aujourd'hui, j'aurais préféré me tuer que d'accepter la vie ainsi faite. Je suis toute prête à renoncer à cette vie ; la condition la plus misérable est préférable à celle que je mène [...]. J'aime mieux mourir de faim libre que de vivre à l'état de servante qu'on engraisse à ne rien faire en récompense de ses anciens services [...]. J'aime mieux te quitter et, dans ton cœur, tu l'aimes mieux aussi [...]. Allons, un peu de franchise et tu seras délivré de moi [1].»

Hugo réagit en dur à cuire devant la répétition des disputes amoureuses. Les orages saisonniers ne l'affectent pas. Il sait que, toujours, après les menaces de rupture, viennent les caresses, les regrets et la réconciliation. Pour l'instant, une inquiétude plus forte le tient au ventre. La Comédie-Française répète une nouvelle pièce de lui, *Les Burgraves*, et il craint que l'extravagance de ce drame médiéval en trois actes ne heurte les esprits délicats. La première a lieu le 7 mars 1843. Il redoutait un échec, c'est une catastrophe. Longtemps admiratif des inventions verbales et scéniques de Victor Hugo, le public accepte mal le torrent de grandiloquence des *Burgraves*. A-t-il passé la mesure à force de vouloir étonner les «gogos»? La moindre réplique déchaîne

---

[1]. Lettre du 16 février 1843.

des quolibets. On siffle, on hurle, on conspue l'imbroglio biscornu où s'agitent des acteurs pleins de bonne volonté, mais impuissants à dominer le tumulte. Quand l'ancêtre de la tribu, Job, apostrophe Magnus, qui n'est que sexagénaire, en lui disant, du haut de sa barbe blanche: «Jeune homme, taisez-vous!» la salle croule de rire. Tout ce que l'auteur croyait sublime, à cause de la magie des mots, paraît grotesque aux spectateurs par son enflure. On l'accuse d'avoir perdu le sens du ridicule. Indignée par l'aveuglement de la foule, Juliette écrit à Toto qu'elle voudrait faire taire ces manifestants imbéciles «à coups de pied dans le ventre». Les jours suivants, le public boude la pièce. Les comédiens jouent devant une salle à moitié vide. La critique est assassine. Çà et là, un théâtre lance une parodie des *Burgraves*. Au Palais-Royal, on monte une farce: *Les Hures-Graves*; aux Variétés: *Les Buses-Graves*. Comme une brillante comète vient de traverser le ciel de Paris, *Le Charivari* publie un quatrain satirique dont les ennemis d'Hugo se régalent:

> *Hugo, lorgnant les voûtes bleues,*
> *Au Seigneur demande tout bas*
> *Pourquoi les astres ont des queues*
> *Quand les Burgraves n'en ont pas.*

Après la trente-troisième représentation, *Les Burgraves* quittent l'affiche. Victor Hugo est blessé à mort. Dans un sursaut d'orgueil, il décide de renoncer au théâtre, puisque sa pensée y est si mal comprise. Juliette ne songe pas à le détourner de cette résolution. N'a-t-elle pas consenti, avant lui, le même sacrifice en désertant les planches? Mais elle compatit au chagrin de son amant et oublie, pour mieux le consoler, ses propres griefs de femme emprisonnée et frustrée. Aidé par elle, il refait peu à peu surface.

Entre-temps, Léopoldine et Charles Vacquerie sont partis pour le Havre et Mme Hugo, accompagnée de son autre fille, la petite Adèle, s'est installée non loin d'eux, à Graville. Éprouvant le besoin d'être rassuré, Victor se précipite à son tour au Havre pour «prendre la température» du jeune ménage. Il revient tranquillisé: ce qu'il a vu ne peut que réjouir un père. Didine paraît sincèrement heureuse auprès de son mari, «bon, tendre, aimable et spirituel». Épanoui, Victor Hugo écrit à son gendre pour le remercier d'avoir tant d'égards envers son épouse: «Songez que c'est là le paradis. Vivez-y tous les deux jusqu'à la mort.»

Le 18 juillet, laissant le jeune couple à la félicité des lendemains de noces, il propose à Juliette d'entreprendre avec lui un voyage en Espagne. Il compte sur le soleil du Sud pour dissiper les ténèbres où il se débat depuis l'échec des *Burgraves*. Juliette ressuscite à l'idée de cette nouvelle randonnée avec son amant retrouvé. En quatre mots, il lui a redonné ses vingt-cinq ans! Cependant, elle a quelque scrupule à abandonner sa fille, qui va rester à Paris, solitaire et un peu souffrante. Qu'il est donc difficile d'être à la fois une maîtresse accomplie et une mère attentive! Pour brouiller les pistes, les amants se déplacent sous le nom d'emprunt de M. et Mme Georget. La diligence les transporte à Bordeaux, à Mont-de-Marsan, à Bayonne, à Biarritz, à Irun, à Saint-Sébastien. L'Espagne allume l'imagination d'Hugo. D'une étape à l'autre, il s'extasie devant la beauté sauvage des sites et la misère pittoresque des villages. Ici, tout, même un paquet de haillons, a de la noblesse. Quant aux femmes, il les trouve si belles, avec leurs cheveux d'ébène et la flamme noire de leurs yeux, que Juliette s'en irrite et le lui fait savoir. Tout à coup, elle est pressée de regagner la France. Victor, lui aussi, songe déjà au retour. Sans doute ne peut-il se passer plus longtemps de sa chère Didine. Juliette accepte cette rivalité puisqu'il s'agit de l'amour d'un père pour sa fille. Elle-même, du reste, est impatiente de retrouver Claire.

Le 9 septembre, Victor et Juliette arrivent à Rochefort. Comme la diligence qui doit les conduire à La Rochelle ne part que dans quatre heures, ils entrent au café de l'Europe pour se reposer et se désaltérer. La salle est à demi vide. Une fraîcheur humide tombe des murs. Hugo commande une bouteille de bière et deux verres, qu'un garçon apporte. Il tend la main vers des journaux qui traînent sur une table et s'empare, machinalement, du *Siècle*, tandis que Juliette se plonge dans *Le Charivari*. Soudain, il écarquille des yeux épouvantés, se penche vers elle et dit d'une voix sourde: «Voilà qui est horrible!» Surprise, elle se saisit du *Siècle*, lequel reproduit mot pour mot un article du *Journal du Havre*, et lit: «Un affreux événement qui va porter le deuil dans une famille chère à la France littéraire...» Sautant d'une ligne à l'autre, elle apprend qu'une semaine auparavant, le 2 septembre, Léopoldine et son mari sont partis dans un canot pour une promenade sur la Seine. Mais, non loin de Villequier, la frêle embarcation a chaviré sous le poids de ses occupants et les deux jeunes mariés sont morts noyés, ainsi que l'oncle de Charles, Pierre Vacquerie, et son fils de dix ans, Artus, qui les accompagnaient. «Mme Hugo a appris ce matin au Havre, qu'elle habite depuis quelque temps avec ses autres enfants, le terrible coup qui la frappe dans ses affections de mère, note le journaliste. Elle est repartie immédiatement pour Paris. M. Victor Hugo est en voyage. On le croit à La Rochelle.» Par chance, la gazette ne précise pas avec qui! M. et Mme Georget ont bon dos!

Juliette ose à peine affronter le regard de ce père poignardé en pleine poitrine. «Je venais de le voir souriant et heureux, racontera-t-elle, et, en moins d'une seconde, sans transition, je le retrouvais foudroyé. Ses pauvres lèvres étaient blanches, ses beaux yeux regardaient sans voir. Son visage, ses cheveux étaient mouillés de sueur. Sa pauvre main était serrée contre son cœur comme pour l'empêcher de sortir de sa poitrine.» Brusquement, il se lève et marche vers la porte. Juliette veut le suivre. De la tête, il lui fait signe de le laisser seul. Il marche, hébété, titubant, à travers la ville d'abord, puis dans la campagne; il s'arrête devant une ronde d'enfants joyeux; et soudain, à bout de forces, aveuglé par un flot de larmes, il s'abat sur l'herbe. Juliette, qui l'a rejoint, l'aide à se relever et tous deux retournent au café de l'Europe. La diligence pour La Rochelle n'est pas encore annoncée. A demi conscient, Victor Hugo se rassied à la table maudite et demande au garçon du papier, de l'encre, une plume. C'est à sa femme qu'il pense au milieu de ce deuil, le plus atroce qu'un homme soit capable de supporter. Il lui écrit, sous le regard douloureux de Juliette: «Pauvre femme, ne pleure pas. Résignons-nous. C'était un ange. Rendons-le à Dieu [...]. Il me tarde de pleurer avec toi et avec nos trois pauvres enfants bien-aimés [...]. A tout à l'heure, mon Adèle chérie. Que ces affreux coups du moins resserrent et rapprochent nos cœurs qui s'aiment.» Même si elle n'a pas lu la lettre, Juliette en devine la teneur. Assise à côté de Victor, elle souffre de le voir si malheureux et s'inquiète de sentir qu'il s'éloigne d'elle, frappé par un désespoir contre lequel elle ne peut rien. Son chagrin de père, son remords de mari ne risquent-ils pas de le ramener définitivement à Adèle? Juliette ne va-t-elle pas le perdre parce qu'il a perdu sa fille? Désarmée devant la fatalité, elle se rappelle à présent certains présages qui ont marqué leur route, ces temps-ci. Près du lac de Gaube, Hugo s'est arrêté devant un tombeau en marbre blanc: celui de deux jeunes mariés qui s'étaient noyés, deux ans auparavant, dans ce lac; et il a recopié gravement l'épitaphe du monument: «Mariés depuis un mois seulement, un accident affreux les enleva à leurs parents et à leurs amis inconsolables.» Pourquoi Toto a-t-il éprouvé le besoin de noter cette formule de regret dans son calepin? En y repensant, elle se dit que d'étranges signes apparaissent parfois dans la vie des individus, que la superstition n'est pas toujours condamnable et que les coups de théâtre, dont Victor Hugo ponctue volontiers ses drames, ne sont guère plus invraisemblables que ceux dont le Ciel accable les êtres d'exception. Oui, oui, plus un homme est grand, plus grandes sont les punitions que le sort lui réserve. Blessé dans sa chair et dans son esprit, Toto a besoin d'elle aujourd'hui plus qu'hier pour se remettre sur pied! En montant avec lui dans la diligence, elle a conscience qu'une nouvelle mission vient de lui être départie par Dieu. «Le ciel est tout couvert de nuages noirs, écrira-t-elle en se souvenant de ce départ funèbre. De temps en temps, des éclairs déchirent les nuages. La chaleur est encore plus étouffante que dans la journée. Je tiens la main de mon pauvre bien-aimé et je la lui serre, n'ayant plus la force de lui dire un seul mot. Le ciel devient de plus en plus lugubre. Il me semble que je suis en proie à un horrible cauchemar et je suis tentée de jeter d'affreux cris pour me réveiller.» A La Rochelle, ils trouvent à se loger à l'hôtel de France. Ce qui aurait pu être une nuit d'amour devient pour eux une veillée mortuaire.

De relais en relais, ils mettent trois jours pour regagner la capitale. Victor Hugo n'a plus qu'un souci en tête: revoir les siens, mêler ses larmes aux leurs. Juliette le comprend et l'approuve dans sa hâte. En arrivant à Paris, le 12 septembre, ils apprennent que l'enterrement a eu lieu le 6, dans le cimetière de Villequier. Léopoldine et Charles Vacquerie ont été inhumés, selon le vœu de leurs proches, sous une même pierre tombale. Adèle est retournée place Royale. Le premier mouvement d'Hugo est de courir la serrer dans ses bras. Juliette ne peut que l'y encourager. Mais déjà elle se demande si, après les retrouvailles avec sa famille, il reviendra jamais rue Sainte-Anastase... Cette épreuve n'a-t-elle pas été, pour lui, révélatrice de son péché? Ne se figure-t-il pas maintenant que c'est pour le punir d'avoir délaissé son épouse et ses enfants que Dieu lui a infligé ce châtiment terrible? Ne paie-t-il pas, dans le deuil d'une fille adorée, le plaisir qu'il a pris avec une maîtresse? Ces idées, qui tourmentent Juliette jour et nuit, lui permettent de mesurer la précarité et la fausseté de sa situation de femme entretenue. Face à une vraie famille, elle est, quoi qu'elle dise, l'intruse, la voleuse, celle qui a le mauvais esprit et le mauvais œil. Pour ramener son amant à elle, Juliette lui écrit lettre sur lettre en l'assurant de sa passion et de sa commisération attendrie. Dès le 13 septembre, au lendemain de leur retour, elle le relance: «Où es-tu, mon pauvre adoré? Dans quel état est ta famille, dans quel état es-tu toi-même, mon Dieu, et qu'est-ce qui arrivera de notre désespoir à tous si Dieu ne nous prend pas en pitié? Depuis que tu m'as quittée, j'ai l'esprit et le cœur fixés sur ton arrivée dans ta maison.» Et encore, le 14: «Si tu m'aimes, mon cher adoré, ma vie, mon âme, mon Dieu, mon tout, il faut prendre sur toi de sortir, de marcher, de venir me voir. Je t'aimerai tant, tant que tu y trouveras peut-être quelque consolation et quelque douceur.» Le lendemain, 15 septembre, elle lui dit qu'elle voudrait l'envelopper de son amour «pour que la douleur ne puisse pas passer à travers». Le 16, elle lui affirme qu'elle a pour lui «la sollicitude d'une mère, le respect d'une fille, l'admiration et l'adoration de la femme, l'enthousiasme et l'extase d'un ange».

Enfin, il reparaît devant elle. Mais est-ce lui ou son fantôme? Il a tellement changé qu'elle ose à peine lui adresser la parole. De toute façon, malgré les adjurations de Juliette, les visites de Toto rue Sainte-Anastase sont de plus en plus brèves et espacées. Elle devine que, comme elle le craignait, il rejette sur elle la responsabilié de son malheur. Sans oser le lui déclarer en face, il la considère comme la tentatrice diabolique qui l'a poussé à provoquer la colère du Très-Haut.

Cependant, peu à peu, le désarroi du père s'assagit et les habitudes de l'écrivain reprennent le dessus. Même tenaillé par le désespoir, Victor Hugo éprouve le besoin, quasi physique, de commenter, la plume à la main, les sentiments qui l'agitent. Il rédige un journal de son voyage dans les Pyrénées et, pour le compléter, exige que Juliette en fasse autant de son côté. Elle en est flattée comme du premier signe d'un retour en grâce: de maîtresse de Toto, la voici devenue sa secrétaire; mieux, sa collaboratrice. Divine promotion! «Depuis tantôt, lui écrit-elle le 8 octobre, je travaille, mon cher adoré, ou plutôt je gribouille du papier pour *t'obéir*, car je doute que cela puisse te servir. Enfin, j'y mets toute la bonne volonté que j'ai et, si je ne fais pas mieux, je fais *de mon mieux*, je ne peux pas faire davantage [...]. Je recueille nos souvenirs un peu comme les enfants qui herborisent et qui ramènent aussi bien, et mieux encore, le chiendent que les plantes utiles et précieuses [...]. J'aimerais bien te voir, mon Toto [...]! Rien ne peut remplacer un baiser de toi.» Quand elle a fini de rédiger le récit de son voyage avec Toto dans les Pyrénées, elle ressent davantage le poids de son oisiveté, de son inutilité. Son ennui grandit dans la solitude jusqu'à devenir un malaise proche de l'hypocondrie. Le 19 mai 1844, Victor oublie de lui souhaiter sa fête. Elle interprète cette inadvertance comme une insulte et lui adresse un reproche à la fois tendre et vindicatif. Pris en défaut, il réplique avec une rage à peine déguisée: «Que veux-tu que je t'écrive? Que veux-tu que je te dise? Je suis plein de toi. Depuis plus de onze ans, n'as-tu pas mon souffle, mon sang, ma vie? [...] Tu as été longtemps ma joie, maintenant tu es ma consolation.» Or, elle ne peut se contenter d'être, selon l'étrange formule de Toto, la «consolation» de l'homme qu'elle aime. Elle refuse de troquer son ancien rôle de maîtresse experte en caresses contre celui d'infirmière au grand cœur. Elle veut son Toto tout entier, chair et esprit confondus. Même les rares apparitions de sa fille ne la détournent pas de son obsession amoureuse. D'ailleurs, comme sa mère, la petite Claire attend maintenant avec impatience chaque visite d'Hugo. «Ma Clairette […] se plaint de ne pas te voir assez et je fais plus que me joindre à elle pour cela, écrit Juliette. Il faudra que tu tâches de nous donner une soirée au moins sur les trois qu'elle passera à la maison. Je t'assure, mon adoré, que je ne suis pas très drôle quand je suis seule avec cette pauvre enfant. Je suis tellement absorbée dans mon amour que je ne trouve pas deux mots à lui dire dans toute la journée, quelque effort que je fasse pour cela [1].»

En grandissant, Claire lui apporte un surcroît de tracas. Elle est assez jolie, avec ses longs cheveux mordorés, son teint pâle et ses profonds yeux noirs. Dotée de cette tournure agréable et de bonnes manières, elle n'aurait pas de mal à trouver un mari. Mais elle n'y songe pas. Attirée par l'enseignement, elle voudrait devenir institutrice. La direction du pensionnat Marre, où elle termine ses études, est toute disposée à la garder comme sous-maîtresse pour lui permettre de préparer l'examen de l'Hôtel de Ville. Une fois qu'elle aura son diplôme, elle décrochera sans peine un emploi stable et bien rémunéré. La sagesse de son enfant devrait rassurer Juliette, mais elle déplore son excès de sensibilité et sa religiosité proche du mysticisme. Claire souffre, en secret, de la condition irrégulière de sa mère et encore plus de sa propre naissance hors mariage.

---

1. Lettre du 24 juillet 1844.

Bien que son père, le sculpteur James Pradier, continue de payer en maugréant sa scolarité, il refuse de la traiter comme sa fille, lui interdit le plus souvent l'entrée de son atelier et répond de mauvaise grâce à ses effusions de tendresse. Cette adolescente de dix-sept ans, qui a grandi loin de lui, ne représente à ses yeux qu'une gêneuse. Aussi Claire est-elle bouleversée en recevant, un jour, une lettre de sa demi-sœur, Charlotte Pradier, qui lui écrit en libellant l'adresse au nom de *Claire Pradier.* Or ce nom, Claire ose à peine le revendiquer, bien qu'il soit légalement le sien. Si Charlotte l'a fait, c'est sans doute que leur père l'y a incitée. Aussitôt Claire envoie à sa «mère chérie» un bulletin de victoire: «Il consent donc [James Pradier] à donner à celle dont il occupe si entièrement le cœur un nom que je serai si heureuse et si fière de porter!» Sur quoi, encouragée par ce témoignage de bonne volonté d'un père longtemps récalcitrant, elle se permet de l'en remercier par une lettre. Mais Pradier ne tient nullement à resserrer ses liens avec une fille dont il n'a que faire. Il réplique sèchement: «Ma bonne grande Claire [...], ne signe plus Pradier, car on sait tout et cela peut donner matière à chicane de la part de bien des gens [...]. Encore, puisque c'est des conseils, quand tu écris, aie donc une autre formule que *Père adoré* ou *bien-aimé,* j'y suis peu habitué et ne suis pas un dieu. Ces épithètes ne doivent se consacrer qu'à eux. Dis-moi toute autre chose qui me semblera plus naturelle [...]. Écris aussi plus lisible pour moi, car je ne reçois tes lettres que le soir, et surtout écris quand tu auras quelque chose à me dire de nécessaire. Ne deviens pas écrivassière pour rien, je veux dire pour le seul plaisir de prendre la plume.» Claire endure cette semonce avec l'impression d'avoir été rejetée à la rue. Dans son désarroi, elle se raccroche à sa «maman chérie» et à Victor Hugo. Elle lit avec vénération les œuvres de l'amant de sa mère, en apprend des bribes par cœur, aide Juliette à ravauder les vêtements de leur grand homme à toutes deux et coud les initiales V.H. sur ses chaussettes. Mais sa prostration augmente de jour en jour. Elle s'étiole et ne rêve que de s'endormir doucement pour l'éternité.

Entre une fille qui refuse de vivre et un amant qui ne franchit qu'exceptionnellement le seuil de sa chambre, Juliette se consume dans l'inaction et la rage. C'est avec une humilité grinçante qu'elle implore de son geôlier l'autorisation de sortir, de temps en temps, pour rendre visite à Claire dans son pensionnat: «Est-ce que tu ne pourrais pas me laisser aller en omnibus? demande-t-elle à Toto. Je te dirais l'heure à laquelle je sors de chez moi et qui serait convenue avec toi, ainsi que l'heure à laquelle je reviendrais.» Mais Toto est intraitable. Même cette permission élémentaire est refusée à la captive. Une autre fois, elle adopte le ton de l'ironie pour ne pas le prendre à rebrousse-poil: «Je t'ai à peine entrevu aujourd'hui, mon Toto, quoique tu sois venu deux fois, mais tes apparitions sont si courtes que mes yeux ont à peine le temps de te voir et mes lèvres de toucher les tiennes. Cela tient à ton travail opiniâtre et à tes innombrables occupations; je le sais bien, mais je n'en suis pas moins triste pour cela. J'aurais voulu être *membresse* de l'Académie aujourd'hui pour discuter le mot *absent*. Je lui aurais dit son fait, à ce chien de mot-là, pour lui apprendre à avoir toutes les plus hideuses significations quand il se rapporte à vous [...]. Horreur de mot, va, si je te tenais, toi et ceux qui t'ont fait, tu verrais le quart d'heure que je leur ferais passer! Je t'apprendrais à être absent pour le restant de tes jours, vieille canaille! Tandis que ces vieilles *perruques* te font des agaceries pour les services que tu rends à leurs *épouses*! Ouais, c'est qu'elles savent la manière de s'en servir, de l'absence, pendant que moi je me morfonds à siffler la linotte.» Ces plaisanteries dissimulent mal la jalousie de Juliette, qui s'accentue à mesure que les «attentions» de son Toto diminuent. Elle prend ombrage de la bienveillance de la duchesse d'Orléans, qui, à peine guérie de son deuil (le duc a été tué dans un accident de voiture, en 1842, ses chevaux s'étant emballés à la barrière de Neuilly), invite souvent Victor Hugo à ses réceptions et, dit-on, intervient auprès de son beau-père, Louis-Philippe, pour que le poète soit nommé pair de France. Juliette en veut également à la belle tragédienne Rachel, qui reçoit trop souvent Toto dans sa loge. Et que va-t-il faire si assidûment chez la célèbre créole Fortunée Hamelin, «merveilleuse» très en vue sous le Directoire, favorite temporaire de Napoléon sous l'Empire et demi-mondaine sur le retour aujourd'hui? «Je crois, hélas! que vous réservez pour moi la seule correction des épreuves, la correspon-

Victor Hugo en 1831.
Miniature offerte à Juliette Drouet.
Musée Victor Hugo. Photo Roger-Viollet.

« Victor Hugo écoutant Dieu »,
photo Charles Hugo.
Photo Bulloz.

Juliette Drouet
dans le rôle de la princesse Negroni.
Musée Victor Hugo. Photo Bulloz.

Juliette Drouet en 1832
par Alphonse Léon Noël.
BNF. Photo Lauros-Giraudon.

Madame Victor Hugo
par Louis Boulanger.
Photo Bulloz.

Marie Dorval
dans *Marion Delorme*
de Victor Hugo.
Par Deveria. BNF.
Photo Roger-Viollet.

Couronnement
du buste de Victor Hugo
par Sarah Bernhardt
pour le cinquantenaire
d'*Hernani*.
Par Adrien Marie.
Musée Victor Hugo.
Photo Roger-Viollet.

Léonie Biard.
Photo Harlingue-Viollet.

James Pradier.
Photo Roger-Viollet.

Place de la Concorde. Statue de Strasbourg (Juliette Drouet) par Pradier. Photo Roger-Viollet.

Juliette Drouet
en 1846 par Vilain.
Musée Victor Hugo. Photo Bulloz.

Madame Victor Hugo
en 1847 par Vilain.
Musée Victor Hugo. Photo Bulloz.

Victor Hugo et Juliette Drouet (à droite)
dans le jardin de Guernesey.
Musée Victor Hugo. Photo Bulloz.

Blanche Lanvin.
Collection particulière.
Cl. C.R. Archives Éditions Arthaud.

Juliette Drouet en 1883
par Bastien Lepage.
Photo Roger-Viollet.

Victor Hugo
et ses petits-enfants.
Musée Victor Hugo.
Photo Bulloz.

dance, lui écrit-elle. [...] Les autres jouissent du reste. Aussi ai-je rêvé cette nuit que je flanquerais une pile soignée à votre Créole. J'espère bien ne pas m'arrêter là et continuer, de jour, cette exécution nocturne.»

Les récriminations de Juliette deviennent si nombreuses et si pressantes que Victor Hugo songe, une fois de plus, à lui changer les idées en la «dépaysant». Mais pas question d'un long voyage. Le dernier s'est trop mal terminé! Un petit passage de trois jours à Nemours et à Montargis suffira. Ils y vont en catastrophe. A peine Juliette a-t-elle repris sa respiration qu'il lui faut regagner sa tanière de la rue Sainte-Anastase. Or, elle a besoin, dit-elle, d'un espace bien à elle pour se dégourdir les jambes et s'emplir les poumons d'air pur. «Il y a des moments où je crois que tu ne m'aimes pas, que c'est pour accomplir une atroce vengeance que tu m'imposes ce régime cellulaire dans toute sa rigueur», lui écrit-elle. Et elle lui rappelle qu'elle n'a pas mis le pied dans la rue depuis des mois, tandis qu'il consacre ses loisirs à des inconnus et surtout à des inconnues. D'ailleurs, elle estime qu'il a beaucoup changé: il se parfume trop, il soigne trop sa toilette. Pour qui? Pour quoi? En tout cas, pas pour elle! Il ne vient la voir qu'en coup de vent. Elle a l'impression que, plus elle vieillit et devient acariâtre, plus il rajeunit et rayonne de santé. A mesure qu'elle s'enfonce dans l'ombre, il grimpe vers la lumière. Leurs vies jouent à contretemps après avoir été miraculeusement assorties.

Au début de 1845, Victor se laisse enfin attendrir par les doléances de Juliette et loue pour elle, dans la même rue Sainte-Anastase, un appartement situé quelques mètres plus loin, au numéro 12. Ce nouveau logis est composé, comme l'ancien, d'une chambre, d'un salon, d'une salle à manger, d'une cuisine, d'une soupente pour Suzanne, mais il a l'avantage d'être situé au rez-de-chaussée et d'ouvrir sur un jardin «privatif». Ainsi, l'éternelle cloîtrée ne pourra-t-elle plus se plaindre de dépérir, du matin au soir, dans l'atmosphère confinée d'une «cellule». Juliette bat des mains à la perspective de ce rapprochement avec la nature. Elle emménage dans la joie et achète des traités de jardinage, car elle a l'intention de cultiver des rosiers du Bengale, des lupins et même des fraisiers remontants. Cependant, très vite, elle s'aperçoit que, dans ce nouveau décor comme dans le précédent, il lui manque l'essentiel: la présence du bien-aimé. Vivrait-elle dans un palais et aurait-elle sous les yeux le parc de Versailles qu'elle ne serait pas plus heureuse. Comme il tarde à la rejoindre, elle gémit de plus belle: «Qui est-ce qui nous rendra les jours et les nuits d'amour que tu as laissé perdre pour courir la chasse des idées, cette chasse noire, qui doit durer *un jour* et qui dure *cent ans*? Est-ce que nous ne regretterons pas, même dans le paradis, ces moments suprêmes que la gloire a volés à l'amour?» L'a-t-il entendue? Lui donne-t-il raison? Non seulement il vient dîner, le 1er mars 1845, pour la première fois, au 12 de la rue Sainte-Anastase, mais peu après, dans un mouvement de mansuétude, il autorise enfin Juliette à sortir seule.

Or, l'octroi soudain de cette indépendance, au lieu de la ravir, l'inquiète. N'y a-t-il pas là une preuve du dédain qu'il porte à la conduite de sa maîtresse? N'est-il pas sur le point de se désintéresser d'elle en prétendant agir pour son bien? La tolérance n'est-elle pas trop souvent le masque de l'indifférence? Tant pis! Elle décide de profiter immédiatement d'une liberté qu'elle a si souvent revendiquée en vain. Hélas! en marchant à petits pas sur le trottoir, sans Victor à son côté, elle est brusquement saisie de panique. Le vide qui l'entoure l'effraie, les passants qui la croisent lui font regretter sa solitude. Elle n'est plus chez elle dans cette ville trop grande, parmi ces inconnus trop nombreux. Son univers, c'est Toto. Loin de lui, elle ne sait ni penser, ni mettre un pied devant l'autre. En vérité, sa prison, elle la transporte avec elle, de jour en jour, d'adresse en adresse. Dit-on d'un escargot qu'il est «prisonnier» de sa coquille? «Il est impossible d'être plus triste que je ne le suis quand je marche seule dans les rues, écrit-elle à Hugo le 10 avril 1845. Depuis douze ans, cela ne m'était jamais arrivé. Aussi je me demande ce que cela veut dire. Est-ce de la confiance? Est-ce de l'indifférence? Peut-être les deux choses à la fois. Dans tous les cas, mon cœur n'est pas satisfait.»

La réaction de Victor Hugo à cette lettre est celle d'un homme carré, dont les subtilités du cœur féminin commencent à lasser l'indulgence. Juju exagère!

Juju n'est jamais contente! Juju ne sait pas ce qu'elle veut! Il estime avoir témoigné d'une grande patience en demeurant à ses côtés, malgré de multiples tentations et quelques incartades. Et cependant, en dépit de tout ce qu'il lui reproche et de tout ce qui l'attire ailleurs, il ne peut concevoir la vie sans elle. Cet attachement est-il dû au souvenir des plaisirs d'autrefois? Ou au secret accord de leurs âmes? Ou simplement à l'habitude qui les lie ainsi l'un à l'autre? Selon les jours, la pensée de cette réciprocité dans la sujétion paraît à Victor Hugo émouvante ou irritante. Il songe que, sans le savoir, il dépend autant de cette femme qu'elle dépend de lui. Finalement, lequel des deux est l'esclave de l'autre? Il se le demande avec exaspération. Elle se le demande aussi, parfois, mais avec fierté, avec espoir. Elle a découvert sa vocation: «l'adoration perpétuelle», selon cette étrange formule que lui serinaient les bonnes sœurs! A quinze ans, elle refusait de consacrer son existence à Dieu. Aujourd'hui, elle est heureuse de la consacrer à un homme. Mais cet homme n'est-il pas le messager de Dieu?

XIII

UNE DANGEREUSE RIVALE

Institution créée en 1814, plusieurs fois remaniée, supprimée, rétablie, la pairie est, depuis 1831, composée d'un nombre variable de pairs nommés à vie par le roi et dont la réunion constitue une Chambre haute aux larges attributions. Depuis longtemps, Victor Hugo souhaiterait faire partie de cette assemblée prestigieuse. La duchesse d'Orléans l'y pousse amicalement et Juliette reçoit, sans y prêter beaucoup d'attention, des échos intermittents de cette campagne. Or, voici que, le 13 avril 1845, les désirs de Toto sont exaucés: il est nommé pair de France. Juliette en est enchantée pour lui, mais craint que cette nouvelle dignité, après celle d'académicien, n'achève de propulser son grand homme dans un univers de fastes et de responsabilités où elle n'a pas sa place. Elle s'étonne aussi de la passion croissante de Victor pour la politique. Il lui semble qu'un écrivain de son envergure devrait se vouer entièrement à sa tâche, qui est de raconter des histoires, d'inventer des personnages, d'émouvoir le lecteur par la musique de ses vers. Mais, contre toute raison, il ne peut se contenter de charmer ses contemporains. Il veut, à présent, être pour eux un guide, un éclaireur, peser par son enseignement sur les destinées de la patrie. Après avoir avalé la Coupole, il songe à avaler le palais du Luxembourg et, pourquoi pas? quelque important portefeuille ministériel. Son appétit d'action est à la mesure de son génie. Comment le lui reprocher? Elle le félicite donc de l'exceptionnelle consécration qu'il vient de recevoir et se prépare à d'autres restrictions sentimentales pour elle-même. La presse républicaine s'indigne de ce ralliement d'un libéral à la royauté. «M. Victor Hugo est nommé pair de France: *Le roi s'amuse*», écrit Charles Maurice; et, dans *Le National*, Armand Marrast persifle: «Saluez M. le vicomte Hugo, pair de France! La démocratie qu'il a insultée peut désormais en rire: la voilà bien vengée!» Le 28 avril, Victor Hugo prête serment à la Chambre des pairs.

Juliette est allée annoncer la bonne nouvelle à sa fille, toujours interne à la pension Marre de Saint-Mandé. Elle a trouvé l'adolescente avec un visage altéré, des pommettes anormalement rouges et des yeux brillants de fièvre. Claire tousse à petits coups et souffre de la poitrine. Ne sont-ce pas là les premiers symptômes de la phtisie? En outre, la jeune fille demeure profondément affectée par l'attitude de son père, qui lui a plus ou moins interdit de porter le nom de Pradier. Elle pense sérieusement à rédiger son testament. Juliette est désespérée autant par la consomption de sa fille que par sa propre impuissance à reconquérir Toto. «Pourquoi le bon Dieu, qui, de tout temps, avait eu en vue de faire de vous un académicien et un pair de France, et de moi votre amoureuse, pourquoi vous a-t-il prodigué ce luxe de cheveux noirs et de jeunesse inutile à des emplois surannés, tandis qu'il m'a comblée de cheveux gris?» écrit-elle à Victor. Et, de fait, n'est-il pas absurde que lui, qui n'a nul besoin de la beauté pour réussir dans sa carrière d'écrivain, en soit si largement pourvu, alors qu'elle, qui ne peut compter que sur sa grâce et sa fraîcheur pour réussir sa carrière de femme, soit condamnée, dès trente-neuf ans, aux déchéances de l'âge?

Pourtant, elle se refuse à croire que son génial compagnon la trompe réellement et durablement. Si elle le suppose capable de quelques coquetteries, de quelques divertissements passagers, elle ne discerne à l'horizon aucun danger notable pour leur amour. Elle ignore jusqu'à l'existence d'une certaine Léonie Biard (vingt-cinq ans). Cette belle et courageuse personne est, dit-on, la première femme à s'être rendue au Spitzberg. Elle passe pour avoir le corsage accueillant. Victor, qui a fait sa connaissance deux ans auparavant, n'a pas jugé utile d'en parler à Juliette. Ne sortant jamais dans le monde et ne lisant que les journaux choisis et apportés par son amant, celle-ci ne sait pas qu'il vient d'être surpris, avec ladite Léonie Biard, en flagrant délit d'adultère dans une chambre meublée du passage Saint-Roch. Le constat a été dressé par un commissaire de police, sur dénonciation du mari, le peintre François Biard, et Hugo n'a pu échapper à l'arrestation qu'en arguant de son titre de pair de France, «ce qui rend sa personne inviolable». Moins chanceuse, Léonie, elle, a été, comme le veut la loi, enfermée dans la prison Saint-Lazare. Dès le lendemain, quelques gazettes se sont emparées de l'événement et l'ont commenté avec ironie. Mais Juliette n'est toujours au courant de rien et Victor, quand il la voit, ne laisse paraître aucun remords, aucune inquiétude. Lorsque la sœur de Juliette, Renée Koch, lui demande par lettre ce que signifient «les articles et entrefilets parus au *National* et à *La Patrie*», elle la prie, selon le conseil de l'imperturbable Toto, de ne pas ajouter foi à ces stupides ragots parisiens. Pour elle, l'auteur de tant de livres admirables est, par essence même, à l'abri des turpitudes dont l'accuse une presse imbécile et mal informée. Afin de calmer les rumeurs qui continuent à courir dans la capitale, Victor Hugo fait savoir à la ronde qu'il est parti en mission officielle pour l'Espagne. Au vrai, tandis que Léonie Biard, épouse adultère, croupit à Saint-Lazare, son complice a couru se réfugier chez Juliette. Elle est ravie du regain d'intérêt qu'il lui porte et ne soupçonne toujours pas la raison de ce retour de flamme. Toutefois, elle le trouve étrangement soucieux, avec des accès de tristesse et de soudaines envies de se précipiter en ville vers de vagues rendez-vous. Heureusement, il mange avec appétit et apprécie les produits du jardin, ce dont Juju se félicite, bien qu'elle eût préféré le retenir par des caresses plutôt que par des fraises et des salades. Puis, peu à peu, elle revient à son idée de la désaffection qui menace leur couple et elle s'accuse d'en être responsable: «Tu me vois maintenant telle que je suis, lui écrit-elle, une femme sans éducation, sans esprit, dont l'amour t'importune et que ton exquise délicatesse te fait garder en l'excluant le plus que tu peux de ton intimité. Je m'aperçois depuis longtemps de ce changement qui se fait à ton insu, mais qui se fait bien réellement et bien malheureusement [1].»

En septembre, il part seul pour de brefs voyages en province. Sans doute se rend-il à Villequier, sur la tombe de Didine, mais Juliette n'ose lui demander aucune précision à ce sujet par crainte de raviver sa plaie. Entre deux disparitions, il s'est mis à écrire un vaste roman social, qu'il a intitulé provisoirement *Jean Tréjean* et pour lequel il aurait besoin de se documenter sur la vie des pensionnaires d'un couvent. Fière de pouvoir lui venir en aide dans une affaire aussi importante, Juliette rassemble ses souvenirs et rédige pour lui le récit de son séjour chez les sœurs de Sainte-Madeleine.

Cette nouvelle marque de dévouement à son œuvre finit par émouvoir Victor Hugo et il accorde à Juliette le pèlerinage sentimental dont elle rêve. Le 26 septembre 1845, ils se rendent au hameau des

---

1. Lettre du 24 juillet 1845.

Metz, vont saluer le vieux châtaignier, réceptacle honoraire de leurs billets doux, contemplent la nature qui n'a pas vieilli et jurent que leur amour ne vieillira pas davantage. «J'aurais voulu mettre mes pieds dans tous les sentiers que nous avons parcourus ensemble depuis onze ans, écrira-t-elle, baiser toutes les pierres des chemins, saluer toutes les feuilles des arbres, cueillir toutes les fleurs des bois, tant il me semblait que c'étaient les mêmes qui nous avaient vus passer ensemble. Je te regardais, mon Victor adoré, et je te trouvais aussi jeune, aussi beau, encore plus beau même qu'il y a onze ans.» Elle aurait voulu acheter la chère maison des Metz, «au prix de la moitié de ce qui me reste à vivre [1]». Dans un accès, peu habituel, de générosité, Victor envisage même, un court moment, de lui offrir ce plaisir. Elle refuse. A quoi bon rêver? Claire l'attend à Paris. Et Toto est pressé de retrouver l'Académie et la Chambre des pairs.

On rentre dare-dare. Tout en se montrant assidu aux séances du quai de Conti et à celles du palais du Luxembourg, Victor Hugo s'est remis à son roman, *Jean Tréjean*. Juliette en assure toujours la copie avec une application d'écolière. Mais un roman plus poignant encore se déroule dans sa propre vie. Claire, qui vient la voir désormais tous les quinze jours, rue Sainte-Anastase, est de plus en plus maigre, fatiguée et dolente. L'idée de la mort l'obsède. Elle a enfin rédigé son testament. «Je

---

1. Lettre du 27 septembre 1845.

donne mon âme à Dieu qui l'a créée et que j'ai aimé par-dessus toute chose en ce monde. Puisse-t-il oublier les fautes dont je me suis rendue coupable et me recevoir près de lui dans la céleste félicité.» Quelques semaines plus tard, la jeune fille écrit directement à Victor Hugo: «Adieu, monsieur Toto, ayez toujours bien soin de ma chère maman, qui est si bonne et si charmante, et soyez sûr que votre Claire vous en sera bien reconnaissante.» Ces dispositions funèbres ne l'empêchent pas de poursuivre ses études. Juliette espère qu'en réussissant à l'examen de l'Hôtel de Ville, Claire retrouvera le goût de vivre. Mais, après avoir franchi correctement la première épreuve, la jeune fille échoue, le 2 mars 1846, à la seconde. Cette déception achève de l'abattre. Elle affirme qu'elle n'attend plus rien de l'avenir. La maladie fait des progrès si rapides que Juliette perd, à son tour, toute illusion. Aux crises de toux succèdent des spasmes nerveux et des évanouissements. Impuissant à soulager les souffrances de Claire, le docteur Triger, appelé par Victor Hugo, ne sait que préconiser des cataplasmes et des sangsues. A la demande de Juliette, James Pradier consent à louer, pour sa fille mourante, un petit logement à Auteuil, où elle sera plus au calme que dans la pension de Saint-Mandé. Secouée par d'horribles frissons, Claire crache le sang à pleines cuvettes et s'affaiblit d'heure en heure. On essaie des saignées qui finissent de l'épuiser, on lui donne des côtelettes à sucer, du vin de Bordeaux à boire. Rivée au chevet de son enfant, Juliette compte les heures qui la séparent d'une issue inéluctable. «Elle paraît ne pas tenir plus à la vie que la vie ne paraît tenir à elle, écrit-elle à Hugo le 2 juin 1846. Le bon Dieu dédaigne ma prière et la repousse, je le sens bien [...]. Que faut-il donc de plus pour trouver grâce devant Lui? Il m'a ôté ma mère en venant au monde, il veut m'ôter ma fille avant de l'avoir quittée, est-ce là sa justice? [...]. J'ai le désespoir dans l'âme, mais je t'aime; le bon Dieu peut me broyer le cœur à plaisir, s'il veut, mais le dernier cri qui en sortira sera un cri d'amour pour toi, mon bien-aimé.»

De temps à autre, Victor Hugo, s'évadant de ses multiples occupations, rend visite à la malade. Quand il en est empêché, il lui écrit des lettres d'affection et de réconfort. Juliette l'en remercie: «J'ai lu à ma pauvre fille ce que tu lui dis de doux, d'aimable, de tendre et de charmant. Elle a été transportée de reconnaissance et en a oublié dans ce moment tout son mal.» Le 6 juin, Claire demande à voir le curé de Saint-Mandé, qui est son confesseur habituel. Il se rend auprès d'elle, à Auteuil, l'écoute, l'exhorte à une fin édifiante et, trois jours plus tard, lui administre les derniers sacrements. Cette bénédiction apaise Claire et elle passe une bonne nuit. Le lendemain, elle prie sa mère de lui lire quelques-unes des lettres que «monsieur Toto» lui a adressées pendant sa maladie. En les écoutant, elle a le même visage extasié que lors de la visite du prêtre: «Sa pauvre petite figure rayonnait pendant ce temps-là de joie et de bonheur, écrit Juliette à Victor. On aurait dit qu'elle se transfigurait.» Juliette n'en est pas surprise: un poète tel que Toto a un pouvoir surnaturel sur les âmes et peut-être même sur les corps! Peu après, Claire prononce des mots sans suite et se plaint de déchirements dans la poitrine. Elle meurt le 21 juin 1846.

Si Victor Hugo a perdu sa fille, Léopoldine, en 1843, Juliette a perdu la sienne, Claire, trois ans plus tard. Ils sont quittes dans la douleur. L'enterrement a lieu dans le cimetière d'Auteuil. Mais voici qu'on découvre le testament: «Je prie qu'on m'habille comme le jour de ma première communion, qu'on ne me porte pas à bras et qu'on m'enterre dans le cimetière de Saint-Mandé.» Malgré sa répugnance à faire exhumer le corps, Juliette décide d'obéir aux ultimes volontés de sa fille. «Tout mon être se révolte à cette horrible pensée, écrit-elle à Victor. [...] Pour moi, cela me fait l'effet d'une profanation et je ne peux en soutenir l'idée sans trouble et sans horreur.» Le 11 juillet 1846, Victor Hugo et James Pradier conduisent le cercueil, recouvert de fleurs blanches, du cimetière d'Auteuil à celui de Saint-Mandé. Derrière le char funèbre marchent les enfants du sculpteur, des élèves de la pension Marre, des amis... Juliette a refusé d'assister aux secondes obsèques de sa fille. Elle finit par croire, comme Victor Hugo autrefois, qu'elle subit un châtiment aussi terrible que mérité. Si elle s'était mieux occupée de son enfant, peut-être lui aurait-elle rendu la santé? Elle a sacrifié ses devoirs de mère à ses devoirs de maîtresse. Elle a préféré Toto à Claire. Est-elle un monstre de ne pas le regretter? Pour adoucir son chagrin, Hugo compose, au retour du cimetière, un poème qu'il lui dédie et qui prendra place dans son prochain recueil, *Les Contemplations*:

> *Tout vient et passe, on est en deuil, on est en fête;*
> *On arrive, on recule, on lutte avec effort...*
> *Puis, le vaste et profond silence de la mort.*

Mais ce n'est pas un chant de deuil, si beau soit-il, qui pourrait consoler Juliette. Elle se plaît à imaginer que des forces cosmiques ont réuni dans la mort la fille de Victor et la sienne, qu'en les punissant tous deux dans la chair de leurs enfants respectifs Dieu a voulu, cruellement et solennellement, sceller leur union.

A la fin du mois de septembre, Juliette et Victor partent pour la Normandie. Il va retrouver sa famille à Villequier pendant qu'elle l'attend dans une chambre de l'hôtel du Commerce, à Caudebec. Assise derrière sa fenêtre, elle n'a «d'yeux, dit-elle, que pour l'horizon de Villequier». Au même moment, à Villequier, Victor Hugo écrit: «Tu te tournes vers moi avec ton triste et ravissant sourire, tu m'appelles, tu me demandes, tu fixes ta pensée sur cet adorable *mardi*, sur nos bois, sur notre *belle vue*, sur nos longues heures de rêverie et de causerie si vite envolées.» Mais cette déclaration d'amour n'est pas destinée à Juliette. Elle s'adresse à Léonie Biard, qui, son mari ayant retiré sa plainte, a pu, entre-temps, être libérée de prison. Après une courte pénitence de la coupable dans un monastère d'Augustines, rue Neuve-de-Berri, le tribunal de la Seine a même décidé qu'il y aurait séparation de corps entre les époux Biard. La lettre à Léonie une fois expédiée, Victor Hugo va s'incliner, avec sa femme, sur la tombe de leur fille. Puis il se dépêche de rejoindre Juliette à Caudebec. Peu après, chacun de son côté regagne Paris.

Moins d'un mois plus tard, le 24 octobre, Victor Hugo, que son deuil tourmente et inspire tout ensemble, compose son poème déchirant: *A Villequier*. Ainsi, le même malheur qui rendrait muet de stupeur un homme normal stimule l'imagination créatrice du poète. L'écriture n'est pas seulement pour lui un exutoire: elle est une incantation nécessaire, elle jaillit comme un cri venu des entrailles. En lisant ces vers d'horreur et de résignation chrétienne, les trois femmes de Victor Hugo, Adèle, Juliette, Léonie – par ordre d'ancienneté –, ont les larmes aux yeux. Le piquant de l'affaire, c'est que, si Juliette demeure la bête noire d'Adèle, la nouvelle maîtresse de son mari, Léonie, est considérée par elle comme une personne de qualité et tout à fait fréquentable. Subtile vengeance féminine, Adèle n'est pas mécontente de s'appuyer sur la jeune et belle rivale de la vieillissante, mais toujours présente Juliette, pour damer le pion à celle qui, durant treize ans, lui a volé son époux. Mme Hugo prend Mme Biard en sympathie, l'invite chez elle, place Royale, en dépit du scandale du passage Saint-

Roch, en fait sa confidente, sa conseillère. Et Victor ne voit nul inconvénient à ce rapprochement entre les deux femmes.

Quant à Juliette, qui ne sait toujours rien de la double et même triple vie de son amant, elle continue à recopier le roman de l'infortuné Jean Tréjean, dont Hugo lui livre les chapitres, trop lentement à son gré: «Quand donc me mettras-tu à même de *Jean Tréjean*? Rien n'est plus irritant que cet immense temps d'arrêt que tu mets entre ma curiosité et la copie de ce sublime misérable», lui écrit-elle le 29 juillet. Elle réitère sa demande le 10 août: «Maintenant que tu as repris ton *Jean Tréjean*, est-ce que tu ne m'en donneras pas quelques petits chapitres à copier tout de suite?» En décembre, elle crie encore à Victor son admiration pour la fascinante épopée du malheur qu'il compose sans ménager sa peine. Cependant, elle craint qu'il n'insiste trop sur la noirceur du sujet au détriment de la vraisemblance: «Je sens bien que c'est dans l'intérêt de tous ces pauvres *parias* que tu accumules tant de douleurs et tant de misère sur un pauvre être que le bon Dieu avait fait primitivement bon et inoffensif. Mais cela aura l'inconvénient de serrer le cœur et de navrer l'âme de ceux qui le liront, si j'en juge d'après ce que j'éprouve.»

Comment Hugo trouve-t-il le temps de concevoir et d'écrire ces pages magistrales avec tout ce qu'il a à faire depuis qu'il est pair de France, académicien et coqueluche des salons? Il court, tel un dératé, d'une réception à l'autre, d'une assemblée à l'autre, d'une duchesse à l'autre... C'est tout à fait exceptionnellement qu'il pointe le nez chez sa Juju, rue Sainte-Anastase. Il arrive en trombe, lui dit trois mots aimables, l'embrasse fraternellement, lui confie un paquet de pages à copier et repart vers d'importants et mystérieux rendez-vous. Elle l'accuse, par habitude, de la tromper avec n'importe qui, mais elle n'en a pas de preuve tangible. Parfois, elle jure de le tuer si elle découvre son infidélité. Pourtant, ni elle ni lui ne croient un mot de cette menace. La contagion de l'écriture est si forte dans l'ombre de Victor Hugo que, tout en le comblant de billets d'amour et de reproche, Juliette accepte d'exécuter pour lui des recherches et de prendre des notes dont il se servira plus tard, dans *Choses vues*. En même temps, elle continue, pour lui obéir, la rédaction de ses souvenirs de pensionnaire. Elle n'ose croire encore qu'il lui fera l'honneur de les utiliser dans plusieurs chapitres de *Jean Tréjean*. Ce roman est d'ailleurs en passe de devenir *Les Misères*, avant de s'intituler définitivement *Les Misérables*. Le 8 septembre 1847, faisant allusion à ses travaux de «mémorialiste intime», Juju écrit à Toto, par taquinerie: «Combien m'achèterez-vous mon manuscrit? Est-ce que vous croyez que je vous le donnerai pour rien? Merci alors, ce serait trop bon marché. Je veux bien que vous fassiez beaucoup de bénéfices sur moi, mais je veux cependant tirer quelque chose de mon talent. Si vous ne me donnez rien, je garde mon chef-d'œuvre. Je suis lasse de dévouement à l'œil!»

C'est le 10 septembre, «à midi trois quarts», qu'elle trace la dernière ligne du récit autobiographique qu'elle intitulera simplement: *Manuscrit autographe d'une ancienne pensionnaire de Sainte-Madeleine.* Immédiatement, elle avertit Victor de sa performance d'écrivain amateur. Enfin, elle est la consœur de son amant! Elle s'adresse à lui avec sa gouaille habituelle: «Oui, Monsieur, oui, j'ai fini mon manuscrit, oui, et j'ai la générosité de vous donner le fruit de mon travail sans hésiter et sans marchander. Faites-vous de la célébrité avec, faites-vous-en de la gloire et de la fortune. Je ne m'y oppose pas. Je vous le donne.» Comme elle lui a déjà tout «donné» d'elle-même, ces quelques gribouillages ne méritent, selon elle, aucun remerciement supplémentaire. Elle n'imagine pas que Victor Hugo a demandé le même service à Léonie Biard, que celle-ci lui a confié ses propres souvenirs d'enfance au couvent et qu'il va les utiliser, sans vergogne, dans le même roman. Elle serait plus inquiète encore si elle savait que la blonde Léonie a une jolie plume, qu'elle se pique de littérature, que sa conversation divertit Hugo aussi sûrement que ses caresses et qu'il lui a déjà dédié, en secret, quelques poèmes. Cependant, pour marquer sa reconnaissance à Juliette, qui vient de lui remettre le manuscrit de ses Mémoires, il décide de l'associer à la conception de son œuvre. Une Mlle Gauvain incarnera, dans le roman, mère Mathilde du Saint-Sacrement et une Mlle Drouet mère des Anges. Ainsi les vrais noms de famille de Juliette, tantôt Gauvain, tantôt Drouet, apparaîtront dans le livre qu'elle recopie.

Malgré l'insistance de Juliette, qui le tarabuste pour connaître la suite des aventures de ses héros, Victor Hugo interrompt son travail parce que Charles, son fils, est sur le point de sombrer dans une mélancolie pernicieuse. Il a un chagrin d'amour, dû à la rupture de sa liaison avec une habile allumeuse, Alice Ozy. Ce que Juliette ignore, c'est que l'infortuné garçon, alors qu'il courtisait Alice, s'est trouvé en concurrence avec son propre père et qu'il en a été profondément affecté. Un Hugo pair de France et académicien opposé à un Hugo en herbe, la lutte n'est pas égale! En homme pratique, Victor décide d'envoyer Charles se refaire une santé et un moral à Villequier. Adèle, qui est bien entendu du voyage, se chargera de veiller sur leur rejeton désenchanté. Lui-même emmène sa maîtresse dans cette attrayante région pour la divertir. Il loge avec les siens à Villequier et Juliette, comme l'année précédente, s'installe à l'hôtel du Commerce, à Caudebec. Ainsi, Victor Hugo a tout son petit monde sous la main. Pendant une semaine, il s'impose un va-et-vient diplomatique entre l'épouse et la maîtresse, entre le cimetière où gît Didine et le lit où l'attend Juliette. Mais cette dernière espère en vain qu'il profitera de leurs rencontres clandestines pour la «satisfaire» comme autrefois. Trop fatigué ou trop distrait, il n'est plus qu'un charmant voyageur de commerce, pressé de repartir après avoir débité son boniment. Dès le début du mois d'octobre, il s'apprête à regagner Paris où il va renouer avec la littérature, avec la politique et, probablement, avec une autre femme. Juliette courbe le dos. Comme toujours, elle suit le mouvement. Le 7 octobre 1847, elle rentre rue Sainte-Anastase, avec pour tout potage le souvenir d'une escapade décevante et bâclée.

XIV

RÉVOLUTION DANS LES RUES ET REMOUS DANS LES CŒURS

Dix-huit ans bientôt d'un règne ininterrompu, c'est plus que n'en peut supporter la France, héritière de la Révolution. Habituée depuis plus d'un demi-siècle – et malgré une période de relative stabilité sous l'Empire – à exprimer son mécontentement par l'émeute, elle tolère difficilement l'absolutisme de Louis-Philippe. Proclamé roi des Français, il n'est plus que le roi de *certains* Français: les nantis, les assis, les repus, les privilégiés, les combinards; le reste de la nation, qu'il s'agisse de crève-la-faim ou de libéraux fanatiques, lui est hostile. Plusieurs insurrections sporadiques, deux attentats manqués contre Sa Majesté ont préparé les esprits à un soulèvement général. Victor Hugo suit les événements avec passion, avec angoisse. Bien que comblé d'honneurs par le régime, il se sent plus proche, par le cœur, des opposants. Les républicains organisent des «banquets» qui sont, pour les orateurs, autant d'occasions de critiquer le gouvernement. Les étudiants manifestent, par petits groupes, dans les rues; les ouvriers s'agitent. Guizot, ministre inamovible depuis sept ans, repousse l'idée d'une réforme électorale exigée par les gens «de gauche». Le 22 février 1848, il interdit les banquets à Paris. Aussitôt, l'indignation populaire culmine. Des barricades s'érigent aux carrefours. Les gardes nationaux gagnent les points de ralliement aux cris de «Vive la réforme!» Prévoyant l'ampleur du mouvement, Louis-Philippe cède et renvoie Guizot. Trop tard! La foule des faubourgs est déchaînée: elle entre en guerre contre le roi, contre les riches, contre les profiteurs, contre tous ceux qui sont heureux alors que la majorité des Français croupit dans le malheur. La veille de la première échauffourée, Victor Hugo a prudemment interrompu la rédaction de *Jean Tréjean*. Impossible de se battre, la plume à la main, quand les hommes autour de vous offrent leur poitrine aux balles. Juliette le devine si excité par l'observation, heure sur heure, des événements qu'elle le met en garde contre une participation effective aux troubles de la ville. Elle-même, dit-elle, bien que très proche des petites gens par ses origines et ses idées, en a «la chair de poule». Elle craint que Toto n'aille «fourrer son cher petit nez dans tous ces hourvaris». Il faut, à son avis, «laisser aux mangeurs de veau la responsabilité de leur gloutonnerie [...]. Je n'ai pas besoin que tu te fasses écrabouiller par tous ces goinfres qui n'en valent pas la peine». Mais Victor Hugo ne peut demeurer passif alors que le sort de la France se joue, peut-être, à sa porte. Il court tantôt à la Chambre des pairs, afin de connaître les derniers échos du palais, tantôt aux Champs-Élysées, au faubourg Saint-Antoine, à la place de la Bastille pour écouter la voix du peuple. Là, des enragés dressent des barricades et exigent le départ du roi. En ce qui le concerne, Hugo serait plutôt partisan d'une abdication pacifique de Louis-Philippe en faveur de son petit-fils, le comte de Paris, et à la proclamation de la mère de l'enfant, la duchesse d'Orléans, comme régente. Cet accommodement lui paraît d'autant plus souhaitable que, l'amitié de la duchesse lui étant acquise, il pourrait, le cas échéant, devenir son conseiller privé ou, mieux, son Premier ministre. A mille lieues de pareils calculs, Juliette se contente d'appréhender les convulsions de la plèbe. Néanmoins, comme Toto l'a chargée de noter à son intention tout ce qu'elle verra, tout ce qu'elle entendra au cours de ces journées mémorables, elle plonge vaillamment dans la mêlée. Accompagnée de Suzanne, elle va, bravant la pluie et les mauvais coups, d'un bout à l'autre de la capitale en folie. Rue du Pont-Louis-Philippe, une sentinelle lui crie: «Citoyenne, on te dit de passer à droite, est-ce que tu es sourde? Fous le camp sur le quai!» Place du Louvre, en pleine nuit, elle surprend la conversation de deux hommes: «Avant cent ans, on ne trouvera personne en Europe qui veuille être roi!» grogne l'un des quidams en la bousculant. Rue Saint-Honoré, des individus aux mines haineuses l'apostrophent: «Les femmes en chapeau, on devrait toutes les pendre!» Mais voici qu'apparaît un groupe de saint-cyriens: ils rejoignent les rangs des rebelles. Du haut des barricades, on les acclame: «Vivent les saint-cyriens! Vive la république!»

Rentrée chez elle, Juliette vibre encore de frousse et de passion. Elle voudrait le triomphe de la révolution, mais redoute les conséquences d'un tel bouleversement pour Toto et pour elle-même. Quand quelque inconnu frappe à sa porte pour demander des vivres au nom des amis de la liberté, elle s'empresse de lui en donner, «y compris du vin». Mais agit-elle ainsi par conviction républicaine ou par crainte qu'on ne lui fasse un mauvais parti si elle refuse? Ses voisines, terrorisées, racontent que «les pauvres» prétendent ouvertement vouloir «tout partager avec les riches» et que la «marchande de nouveautés» du coin reçoit de nombreux clients qui lui achètent des «ceintures en peau piquée» avec des pochettes spécialement conçues pour le transport de l'or et des assignats. Juliette se promet d'en acquérir une pour son amant, qui ne manquerait pas d'apprécier ce cadeau. Le malheureux est tellement absorbé par ses convictions politiques qu'il en a perdu la notion du danger! Il faut, pense-t-elle, qu'elle ait de la jugeote pour deux.

Les événements se précipitent. Le roi ayant abdiqué sous la pression de la rue, la solution de la régence, chère à Hugo, ayant été écartée, la république ayant été proclamée et un gouvernement provisoire s'étant installé en hâte sur les débris de la monarchie, les hommes au pouvoir décident, dès le 24 février 1848, l'élection au suffrage universel d'une Assemblée constituante. Victor Hugo hésite sur la conduite à tenir. Doit-il briguer le vote de ses concitoyens ou se retirer de la lutte idéologique? Le 2 mars, il écrit: «J'aime mieux 93 que 48. J'aime mieux voir les titans patauger dans le chaos que les jocrisses dans le gâchis.» Pourtant, le 29 du même mois, il publie une lettre aux électeurs: «Je suis prêt, si mes concitoyens songent à moi et m'imposent ce grand devoir public, à rentrer dans la vie politique.» Au fil des jours, son désir d'être candidat se précise et Juliette en est consternée. Elle flaire dans cette ambition une grave menace pour l'équilibre de leur couple. S'il était élu, il aurait tant de charges, tant d'obligations qu'elle le verrait encore moins. Alors, elle ne manquerait pas, dit-elle en riant, de déclencher «une nouvelle révolution de Juliette». Redevenant sérieuse, elle lui explique ainsi ses réticences: «Plus je pense à tout ce qui se passe à Paris en ce moment, mon bien-aimé, et moins je désire le succès de ton élection. Il faut laisser s'épuiser toute cette furie populaire, qui ne sait ce qu'elle veut et qui n'est plus en état de distinguer le vrai d'avec le faux. [...] Je crois que mon cœur est d'accord avec les intérêts mêmes de la France.»

Les élections ont lieu le 23 avril 1848. Lamartine est élu dans dix départements: rien qu'à Paris, il obtient un million six cent mille voix. Victor Hugo est battu: il ne recueille à Paris, son fief, que cinquante-neuf mille quatre cent quarante-six voix. Une misère! A l'annonce des résultats, Juliette pavoise: «Quel bonheur! lui écrit-elle le 27 avril. Le bon sens public, cette fois, comme toujours, aura fait justice des prétentions impuissantes du chef de l'école romantique, de l'ex-membre de cette ex-chambre corrompue et fétide que les bons patriotes de février ont démolie de fond en comble. Je suis heureuse, je suis ravie de vous savoir dans cette position humiliante.» Et aussi: «Bonjour, mon bien-aimé; l'*Élu* de mon cœur, bonjour. Je vous proclame le premier citoyen de la République et je vous mets à la tête de mon gouvernement définitif.» Et encore: «Baisez-moi, vous, et tâchez d'assister régulièrement aux séances de *ma chambre*. Vous êtes mon représentant à mon unanimité et je vous prie de fonctionner régulièrement et de faire honneur à la confiance dont je vous ai investi.»

Elle s'est réjouie trop tôt de l'échec de son amant devant les urnes. Le gouvernement provisoire a décidé de faire procéder à des élections complémentaires à l'Assemblée constituante. Et Victor Hugo rentre en lice, en précisant, dans son programme électoral, qu'il est *contre* la république du drapeau rouge et du socialisme, par trop proche du communisme et de la Terreur, et *pour* la république du drapeau tricolore et des libertés, seule capable de réaliser «la sainte communion de tous les Français, dès à présent, et de tous les peuples, un jour, dans le principe démocratique». Le 29 mai, lors d'une réunion politique, il conclut son discours par une formule lapidaire: «Je suis l'homme qui, hier, défendait le peuple au milieu des riches et qui, demain, défendrait, s'il le fallait, les riches au milieu des pauvres.»

Le 4 juin 1848, il est élu, en bonne position, avec près de quatre-vingt-sept mille voix. Juliette en est désolée. Ce qu'elle redoutait se produit, point par point. A nouveau, Paris bouillonne. Il est question, à l'Assemblée, de fermer les Ateliers nationaux. Destinés, en principe, à procurer du travail aux ouvriers en chômage, ils sont vite devenus le lieu de ralliement de tous les spécialistes de l'inaction rétribuée. Victor Hugo intervient en séance pour stigmatiser cette institution détournée de son but et qui encourage la paresse au lieu de la combattre. «A ceux qui n'avaient connu jusqu'alors que la force généreuse du bras qui travaille, vous avez appris la honteuse puissance de la main tendue [...]. La monarchie avait ses oisifs, la république aura ses fainéants.» La majorité des députés partage son opinion et vote, le 21 juin, la dissolution des Ateliers nationaux.

Dès le lendemain, Paris réplique par l'insurrection. La première barricade apparaît à la porte Saint-Denis. La garde nationale, qui tente mollement de la désarmer, est accueillie par une fusillade meurtrière. Les assaillants ripostent. Des morts, des blessés jonchent le pavé par dizaines. La révolte s'étend. De proche en proche, toute la ville s'embrase. Devant le péril grandissant, le général Cavaignac obtient de l'Assemblée les pleins pouvoirs et lance le gros de ses troupes contre les mutins. La répression est d'une violence sauvage. Victor Hugo s'efforce en vain de réconcilier les enragés de la cause populaire et les froids serviteurs du parti de l'ordre. Sa maison de la place Royale est envahie par des combattants de la rue; mais ils ne cassent rien, se conduisent décemment et il peut repartir vers l'Assemblée sans avoir été molesté. D'ailleurs, les insurgés sont déjà à bout de souffle. Le 26 juin, toute résistance est définitivement matée. La chasse aux fauteurs de troubles s'organise. On arrête à tour de bras, on exécute sur place, on déporte sans jugement.

Terrorisée et indignée à la fois par cette punition aveugle, Juliette reçoit chez elle les femmes, les enfants, les parents des victimes de la représaille. Comment tous ces inconnus ont-ils appris qu'elle était la maîtresse du député Hugo et qu'elle pouvait, grâce à lui, obtenir un allègement de peine ou une aide financière pour leurs proches? Dès la fin de la subversion, Victor Hugo la rassure par un bref billet, daté précisément du 26 juin 1848: «J'ai usé de mon mandat, depuis trois jours, pour concilier les cœurs et arrêter l'effusion de sang. J'ai un peu réussi. Je suis exténué de fatigue. J'ai passé trois jours et trois nuits debout dans la mêlée, sans un lit pour dormir, m'asseyant par instants sur un pavé, presque sans boire et sans manger [...]. Enfin cette affreuse guerre de frères à frères est finie! Je suis, quant à moi, sain et sauf, mais que de désastres! Jamais je n'oublierai tout ce que j'ai vu de terrible depuis quarante heures!»

Ces épisodes sanglants ont profondément marqué Victor Hugo, qui, tout en condamnant les suppôts de l'anarchie et les doctrinaires du pillage, demeure convaincu de la bonté foncière du peuple. Désormais, il votera le plus souvent à gauche et Juliette n'aura plus à cœur de plaisanter la «république des bavards». Cependant, malgré le calme relatif de la rue, bien des gens s'attendent à un regain de désordres. Adèle Hugo notamment estime que le quartier du Marais est prédestiné, par sa situation, à subir les premiers coups de toutes les révoltes. Ses enfants et elle-même ont été effrayés naguère par l'intrusion de quelques énergumènes braillards dans l'appartement de la place Royale. Pour éviter le retour de pareils incidents, Adèle persuade son mari de déménager et de s'installer dans un endroit plus paisible, sur les hauteurs de Montmartre par exemple. Il y serait d'ailleurs logé à proximité de Mme Fortunée Hamelin, «la belle Créole», et, par surcroît, de Mme Léonie Biard. Il accepte et, après un bref passage rue d'Isly, toute la famille emménage dans un autre immeuble, au numéro 37 de la rue La Tour-d'Auvergne. Le bail à peine signé, Victor Hugo se passionne pour la décoration du nouveau foyer conjugal. Il y accumule les bibelots chinois, les tapisseries anciennes, les émaux gothiques et fait remplacer partout où il le peut les vitres par des vitraux. Cet acharnement à enjoliver le nid de la tribu Hugo agace un peu Juliette, qui se plaint de vivre, à présent, si loin du bien-aimé. Pour la rapprocher de lui, Victor, bon prince, loue à son intention un appartement cité Rodier, à deux pas du sien. Elle consent à transporter ses pénates à l'autre bout de Paris, mais se désole d'abandonner son coin de jardin, ses rosiers, ses fraisiers, ses arbres, pour un logis obscur d'où elle n'entendra même pas, à l'aube, le gazouillis des oiseaux. Ses fenêtres donnent sur une courette où défilent, selon l'heure, des ménagères querelleuses ou des mioches piailleurs. Autrefois, elle pouvait se divertir en jardinant dans l'attente d'une visite de Toto ou de Claire; aujourd'hui, ses seules distractions sont d'écouter dans la rue le cri monotone d'un chiffonnier, ou de guetter les sifflets des locomotives des chemins de fer du Nord, ou de lire dans le journal les échos d'une intervention de Toto à l'Assemblée. Parfois, il lui permet d'assister, dans la tribune du public, à une séance. Mais c'est chez elle, entre quatre murs, qu'elle veut le voir, à portée de ses mains, de sa bouche. Elle lui décrit joliment, dans ses billets habituels, «cette tristesse tendre qui ne ressemble en rien aux autres tristesses. C'est une tristesse faite avec les baisers qu'on ne peut pas donner, avec les caresses qu'on ne peut recevoir, avec les sourires dont on se souvient».

Peu après, elle apprend avec une indulgente résignation le succès d'Hugo aux élections législatives du 13 mai 1849. Néanmoins, le 9 juillet, elle est fière d'être conviée par lui à entendre son discours à la tribune sur la misère. «Je me dépêche, mon amour, lui écrit-elle, car je veux être à midi sonnant à la porte de l'Assemblée afin d'être bien placée; je voudrais déjà être au grand moment, je sens déjà l'émotion qui me gagne et qui ne fera que croître jusqu'au moment où tu descendras de la tribune [...]. Je me prosterne devant tout ce qu'il y a de plus sublime au monde: ta chère petite personne et ton grand génie. Je ne te demande pas de penser à moi avant ton discours, mon adoré, mais après, je te supplie de me donner un regard pour que mon bonheur soit complet.» Une autre fois, assistant aux réactions hostiles de certains députés lors d'une harangue de Victor Hugo sur la déportation, elle explose d'une colère sacrée: «Quand je pense à l'admirable discours, si religieux, si noble, si dévoué et si conciliant, que tu as prononcé hier, au risque de ta santé, quand je pense aux stupides fureurs qu'il a provoquées [...], je n'ai pas assez de haine, de mépris, de dégoût pour la vie politique. Je trouve révoltant qu'un homme comme toi puisse être en butte à toutes les turpitudes des partis [...]. Plus je vais, plus je vois ce que c'est que la vie politique, plus je regrette le temps où tu n'étais que le *poète* Victor Hugo, mon sublime bien-aimé, mon amant rayonnant et divin [1].»

En célébrant ainsi les qualités exceptionnelles de son «maître», elle implante davantage encore, dans sa tête, l'idée que d'autres femmes sont impatientes de le lui ravir. Certes, par bravade, elle continue de l'assurer qu'elle n'est nullement inquiète de ses succès mondains et autres: «Ayez des affaires, des

---

1. Lettre du 6 avril 1850.

réunions électorales, des dîners politiques, des concerts philanthropiques, des bals vertueux, des veuves à trois filles nubiles [...], vous ne mettrez pas une goutte de jalousie dans mon cœur.» Mais des soupçons l'assaillent au moment où elle s'y attend le moins. Elle admire Victor Hugo pour son courage à dénoncer et à secourir toutes les misères du monde et elle regrette qu'il accorde une telle attention aux souffrances des autres, alors qu'il demeure insensible à celles de sa maîtresse. Ne mérite-t-elle pas une parcelle de cette bienveillance qu'il distribue à la ronde? Au fait, peut-être ces nombreuses occupations et préoccupations charitables ne sont-elles que des «alibis»? «Pendant ce temps-là, que faites-vous sur votre oreiller, homme rouge? Est-ce de la prose, ou des vers révolutionnaires, ou des infidélités anachroniques?» lui écrit-elle le 25 septembre 1850. Le 28 décembre, elle se rétracte et lui annonce, pour marquer d'un signe heureux la fin de l'année: «Je crois à votre vertu et à votre fidélité.»

Pendant quelques mois, elle vit à la lumière de cette réconfortante certitude. Puis, soudain, le 28 juin 1851, elle reçoit un paquet de lettres noué d'un ruban rose et scellé d'un cachet aux armes du poète: *Ego Hugo*. Elle brise le sceau, arrache les faveurs et se fige dans l'angoisse. Sur toutes ces pages, l'écriture de Toto! Elle lit au hasard. D'une phrase à l'autre, ce sont des déclarations dont la ferveur frise l'indécence. «Tu es un ange, et je baise tes pieds, je baise tes larmes», écrit Toto à cette inconnue. Et ailleurs: «Je pourrai, mon ange, passer une nuit entière avec toi [...]. Cette nuit-là, ma bien-aimée, sera la consécration de notre mariage. Il nous manquait notre nuit de noces. Dieu va nous la donner.» Ou bien: «Je regarde autour de moi toutes ces adorables traces de ton passage, le lit défait, la chambre en désordre, le tabouret où ton pied s'est appuyé, l'oreiller où ta ravissante tête a laissé son empreinte, tout cela me transporte et me ravit... Quelle extase mêlée à cette volupté!» Ou encore: «Que je voudrais être là et baiser ta bouche adorée, et te prendre dans mes deux bras, ta tête charmante sur ma poitrine, sans te tourmenter trop, sans être exigeant, en respectant ton sommeil, de manière seulement à faire, ma Léonie, un repos mêlé d'amour.» Enfin, le pire: «Vois-tu, dans les moments où je pénètre dans toi, où nous sommes moralement et physiquement tellement mêlés l'un à l'autre que nous ne faisons plus et que nous ne sommes plus en réalité qu'un seul corps, qu'une seule âme, dans ces moments-là, je voudrais mourir [1].» Suffoquée, horrifiée, Juliette apprend ainsi que, depuis 1844, Toto est l'amant de Léonie Biard, qu'il la voit régulièrement, qu'il fait l'amour avec elle jusqu'à plus soif, qu'il lui dédie des poèmes et que ces lettres passionnées ne sont qu'un échantillonnage de toutes celles qu'elle a reçues de lui. C'est une bombe qui vient d'éclater au visage de Juliette. Elle doit se rendre à l'évidence. Durant sept ans, elle a été trom-

---

1. Lettres de Victor Hugo à Léonie Biard, citées par Gérard Pouchain et Robert Sabourin, *op. cit.*

pée, bafouée par l'homme qu'hier encore elle plaçait au-dessus du troupeau du commun des mortels. Durant sept ans, elle n'a eu de lui que de faux serments, de faux regards, de fausses caresses. Durant sept ans, leur vie n'a été que mensonge. Comme pour accentuer leur effet, les lettres sont numérotées. Un billet de Léonie Biard les accompagne. Elle y indique carrément que sa liaison avec le poète a l'agrément de toute la famille Hugo, que Mme Hugo elle-même n'y voit aucun inconvénient, qu'elle est reçue place Royale et que, dans ces conditions, Juliette devrait cesser d'importuner son ancien amant excédé, lequel, du reste, ne sait comment se débarrasser d'elle.

Sous le coup de cette brutale révélation, Juliette se précipite dehors, sans chapeau, sans manteau, les yeux noyés de larmes, les jambes flageolantes. Elle marche au hasard dans des ruelles inconnues, se heurte à des passants qui la dévisagent comme une folle, descend vers les berges de la Seine, songe à se suicider. Pourquoi a-t-elle sacrifié sa carrière théâtrale à un amour de façade? Comment a-t-elle pu croire que Victor Hugo était différent des autres hommes, que sa parole était d'or et qu'il ne la trahirait jamais? Qui est-elle, avec son petit cerveau et ses charmes défraîchis, pour prétendre contenter un génie? Elle a visé trop haut et le ciel l'a punie. La voici seule, cocufiée, ridiculisée, roulée dans la farine comme aucune femme ne l'a été avant elle. A la longue, cependant, le grand air lui remet les idées en place. Elle regagne son appartement de la cité

Rodier et décide d'avoir avec Toto une explication définitive. Après lui avoir dit ce qu'elle a sur le cœur, elle partira pour Brest et y finira ses jours dans l'ombre et l'oubli, en priant Dieu de la rappeler à lui au plus vite.

Le lendemain, quand Victor se présente chez elle, Juliette lui montre, sans un mot, les lettres de Léonie Biard. Mis au pied du mur, il se trouble et tente de lui expliquer qu'il s'agit d'un égarement passager. Il dit aussi qu'il a fait la connaissance de Léonie par l'intermédiaire de Fortunée Hamelin, qu'il a été sensible à ses malheurs de femme mal mariée, qu'il a voulu la consoler, qu'elle a été très compréhensive avec lui après la mort de Léopoldine... Plus il essaie de se justifier, plus Juliette se renferme. En apprenant que, grâce à Adèle Hugo, étrangement accommodante, Léonie a regagné un certain rang dans la société, qu'elle écrit à présent sous son nom de jeune fille, Léonie d'Aunet, et que Victor lui a confié la chronique mondaine dans le journal *L'Événement* qu'il vient de fonder avec son fils Charles, elle mesure la gravité de l'avanie qui la frappe. Parlant de Léonie Biard, alias Léonie d'Aunet, il précise, avec une radieuse inconscience, qu'elle ne manque pas de talent, que ses articles dans la gazette sont signés Thérèse de Blaru et qu'ils sont fort appréciés des lecteurs. Si elle a pris sur elle d'envoyer ces lettres à Juliette, c'est qu'elle a été moralement ébranlée par la mort récente de sa meilleure amie, Mme Fortunée Hamelin. Un mouvement de désespoir en quelque sorte.

D'ailleurs, peut-on reprocher à une femme amoureuse d'user de toutes les armes en sa possession pour éliminer une rivale? Le geste de Léonie témoigne, au dire d'Hugo, de la crainte qu'elle a d'être, un jour ou l'autre, supplantée. Que Juju se rassure, affirme-t-il, la main sur le cœur, il n'y a là qu'un banal entraînement de la chair: l'âme de Toto reste entièrement acquise à sa vraie maîtresse. Même s'il la désire moins, c'est elle seule qu'il aime. En le raccompagnant à la porte, ce soir-là, Juliette a recouvré son calme. S'il ne l'a pas convaincue de son innocence, il l'a préparée à accepter l'inévitable.

Au petit jour, elle prend la plume pour lui annoncer qu'elle est résolue à s'effacer, car elle ne peut accepter de sa part un amour qui ne serait qu'un sacrifice de plus: «Au nom de tout ce que tu as de plus sacré, au nom de ma suprême douleur, mon bien-aimé, ne fais pas de fausse générosité avec moi, ne déchire pas ton propre cœur en voulant épargner le mien [...]. Ayez pitié de moi, mon Dieu, épargnez-moi cette dernière goutte d'amertume de voir souffrir par ma faute l'homme que j'aime plus que la vie [...]. Laissez-le être heureux avec une autre plutôt que malheureux avec moi, ô mon Dieu! Je vous le demande à mains jointes, laissez-lui son libre arbitre; donnez-lui la vraie générosité; inspirez-lui le vrai devoir et je vous bénirai, et je me résignerai sans me plaindre à mon sort.» Et aussi: «Tu es encore libre, mon bien-aimé. Je n'ai pas voulu me hâter de prendre au mot le bonheur que tu m'offrais aux dépens du tien peut-être [...]. Je regarde sans vertige et sans pusillanimité les différentes probabilités qui me sourient ou qui me menacent dans ce moment-ci. » Bref, avec une générosité héroïque, elle somme Victor Hugo de choisir entre ses deux maîtresses et se déclare par avance d'accord avec sa décision.

Or, Victor n'a nulle envie, actuellement, de se priver d'une des deux femmes dont il dispose. Pour gagner du temps, il se prétend atteint d'un subit mal de gorge, puis se dit affaibli par de fréquentes insomnies, enfin parle d'une grave inquiétude qui l'obsède depuis l'arrestation de ses fils, Charles et François-Victor, lesquels viennent d'être condamnés à six et neuf mois de prison pour leur prise de position dans *L'Événement* contre la peine de mort. Cependant, harcelé par l'étrange manie qu'ont les femmes de vouloir être sans cesse renseignées sur le degré d'amour qu'on leur porte, il propose pour leur trio un temps d'épreuve de quatre mois. Durant cette période d'essai, il aurait, dit-il, tout loisir de passer de l'une à l'autre pour comparer leurs mérites respectifs, sans que ni l'une ni l'autre en fût froissée. Après quoi, il désignerait, en connaissance de cause, la gagnante et celle-ci deviendrait son unique maîtresse, il en fait dès aujourd'hui le serment. Léonie accepte, de mauvaise grâce, ce concours de charme et Juliette reprend confiance. Elle songe que, si son Toto s'est lassé d'elle à la longue, il se détachera également, un jour ou l'autre, de Léonie et qu'à ce moment crucial la force de l'habitude et la magie des souvenirs le ramèneront à celle qui a toujours su le comprendre et lui pardonner. Son espoir de vaincre est tel qu'elle ose écrire à Victor: «Jusqu'à présent je n'ai pas compris celui [le mystère] qui te fait renoncer à une femme [Léonie] que tu trouves *belle*, *jeune*, spirituelle, supérieure, dont l'amour, la fidélité et le dévouement ne font aucun doute pour toi, pour une pauvre femme si ironiquement démunie de plus de la moitié de ces avantages.» Soudain, elle a l'impression d'être retournée dans l'univers du théâtre et de se trouver en compétition avec une autre actrice, de quatorze ans sa cadette, pour l'attribution du premier rôle féminin dans une pièce de Victor Hugo. Bizarrement, l'idée de ce «match» de séduction, loin de la démoraliser, la stimule. Malgré l'angoisse qui la titille encore, elle va jusqu'à encourager Victor à se rendre au chevet de Léonie qui, ébranlée par l'épreuve sentimentale, est tombée malade. Tant de grandeur d'âme émeut Hugo, qui commence à croire que sa préférence devrait aller à Juju! Elle insiste: «Si c'est moi que tu préfères, si c'est bien moi que tu aimes, mon Victor, je n'aurai pas assez de ce qui me reste à vivre pour en témoigner ma reconnaissance au bon Dieu, pas assez de joie, de baisers et de bénédictions pour t'en remercier.» (10 juillet 1851.) «Mon Victor, mon Victor, je t'aime, tu verras comme je serai raisonnable et comme je me prêterai à toutes les exigences de ton travail et à tous les ménagements que nécessite ta position d'homme politique. Je suis toute prête, mon Victor, dispose de moi comme tu l'entendras:

heureuse ou malheureuse, je te bénirai.» (2 août 1851.) Même en relisant les affreuses lettres de Toto à Léonie, elle ne parvient plus à le condamner: «J'ai versé plus de larmes sur ces tendresses profanées, sur cet amour souillé que tu n'as donné de baisers et prodigué d'adoration à cette femme pendant les sept années de trahison qui se sont écoulées [...]. Je t'aime sans pouvoir ni vivre ni guérir. J'ai honte de mon incurabilité et j'ai la plus reconnaissante pitié pour les efforts surhumains que tu fais pour me redonner le courage à la vie, à la foi, à l'espérance, à l'amour.» (12 septembre 1851.)

Une excursion avec Toto dans la forêt de Fontainebleau, au mois d'octobre, réveille en Juliette de si tendres souvenirs qu'elle écrit, au lendemain de leur randonnée: «Mon cœur est jonché de toutes les feuilles mortes de mes illusions passées, mais je sens, au-dedans, monter une sève nouvelle et qui n'attend que ton souffle vivifiant pour devenir fleurs et fruits d'amour.» (23 octobre 1851.) Réconfortés par cet intermède poétique, ils font un pèlerinage, peu après, pour s'incliner sur les tombes de leurs filles, Léopoldine et Claire, en espérant que les deux chères disparues les aideront à préciser leurs sentiments réciproques. A son retour, le 1er novembre 1851, dans l'appartement de la cité Rodier, Juliette déclare à Victor qu'elle n'a «jamais aimé plus passionnément et plus saintement» qu'en ce jour. «Je suis revenue du pieux pèlerinage de ce matin consolée et sanctifiée par les doux entretiens de nos deux anges. Jamais je n'oublierai leurs graves et célestes conseils. Jamais je ne manquerai à la sainte promesse que je leur ai faite de vivre et de mourir pour ton bonheur [...]. Si tu savais combien tu peux compter sur moi, quoi que tu me demandes, tu serais bien fier et bien heureux d'inspirer un amour et une abnégation comme ceux que je mets à tes pieds. »

Évocation d'un passé lumineux, promesse d'une soumission totale, appel à la protection des deux petites mortes qui sont au ciel, rien ne manque à Juliette pour remporter la partie. Ayant mis toutes les chances de son côté, elle n'a plus qu'à attendre le bon vouloir du maître!

XV

HÉROÏQUE JULIETTE

Il y a trois ans, le 10 décembre 1848, les Français ont cru se prémunir contre l'anarchie en portant à la présidence de la République le prince Louis-Napoléon, rentré d'exil quelques mois auparavant. Dès l'abord, il a bénéficié auprès d'eux à la fois du prestige d'un nom légendaire et de ses bonnes dispositions à l'égard des plus déshérités. Les rapports de Victor Hugo avec le nouveau chef de l'État ont été aussi mouvementés que ses rapports avec Juliette. Il a eu l'occasion de le rencontrer pendant l'incarcération du prétendant au fort de Ham, il a lu avec sympathie son opuscule *L'Extinction du paupérisme*, il a applaudi à l'abrogation de la loi sur la prescription qui a permis au prince de revenir en France, il a soutenu la candidature du remuant transfuge aux élections, mais, très vite, il a été déçu par les manifestations de son autoritarisme primaire. Bien qu'ayant été invité à plusieurs dîners intimes à l'Élysée, il s'est toujours prononcé, dans *L'Événement*, contre les dangers de la dictature. Déjà les principales libertés démocratiques lui paraissent menacées, l'une après l'autre, par un gouvernement à poigne. Dès le 6 février 1851, il a osé lancer, en pleine Assemblée, cette sévère condamnation des abus de pouvoir: «Nous n'avons pas voté pour Napoléon en tant que Napoléon; nous avons voté pour l'homme qui, mûri par la prison politique, avait écrit en faveur des classes pauvres des livres admirables... Nous avons espéré en lui... Nous nous sommes trompés dans nos espérances.»

Au mois de juillet, il enfonce le clou. La pire des solutions, expose-t-il du haut de la tribune, ce serait de modifier la Constitution au profit du prince-président, de le maintenir indéfiniment à la tête du pays, d'en faire un souverain absolu, un nouvel empereur, un singe dérisoire de son oncle. «Ce que je veux, moi, clame-t-il, je vais vous le dire. Toute ma politique, la voici en deux mots: il faut supprimer, dans l'ordre social, un certain degré de misère et, dans l'ordre politique, une certaine nature de l'ambition. Plus de paupérisme et plus de monarchisme. La France ne sera tranquille que lorsque [...] nous aurons vu disparaître du milieu de nous tous ceux qui tendent la main, depuis les mendiants jusqu'aux prétendants!» Puis, dominant les protestations indignées des députés bonapartistes, il hurle: «Quoi, après Auguste, Augustule! Quoi, parce que nous avons eu Napoléon le Grand, il faut que nous ayons Napoléon le Petit!» Cette insulte au président de la République ne peut rester impunie. Des excuses officielles s'imposent. Mais Victor Hugo est trop fier par tempérament et trop convaincu de son bon droit pour se rétracter. C'est donc une promesse d'affrontement entre le parti des républicains, qui soutient l'orateur, et les tenants de la manière forte, qui voudraient sa peau. Tous les gens bien informés redoutent un coup d'État. Cependant, Juliette écrit encore le 15 novembre : «Je prête l'oreille à tous les bruits, mon cher bien-aimé, pour guetter le *coup d'État* [...]. J'espère, je pourrais dire que je suis sûre, si le pressentiment avait force de loi, qu'il n'y aura pas de coup d'État, du moins celui dont on nous menace depuis longtemps.» Comme pour apaiser les esprits, Louis-Napoléon donne, le 1er décembre 1851, un grand bal à l'Élysée. Le Tout-Paris valse à la lumière des lustres.

Pendant cette fête ostentatoire, on colle des affiches dans les rues pour annoncer la dissolution de l'Assemblée. Au matin du 2 décembre, la police est partout, la troupe investit la Chambre législative, on arrête à leur domicile des opposants de première grandeur. L'appartement de la rue La Tour-d'Auvergne n'est plus sûr. Averti par un collègue député, Victor Hugo n'a que le temps d'embrasser sa femme, de réunir quelques papiers et de déguerpir. Toute la journée, il court de droite et de gauche, retrouve des amis républicains dans leurs refuges, les exhorte à la résistance, descend sur la place publique pour haranguer la foule qui l'écoute sans comprendre au juste ce qu'il redoute et ce qu'il préconise. Juliette est partie à sa recherche. Impossible de mettre la main sur lui. Dès qu'on signale sa présence en un lieu, il est déjà ailleurs. Elle finit par le rejoindre au milieu de la cohue, mais il n'est guère disposé à s'occuper d'elle. C'est à la France qu'il se doit, non à Juliette. Pour l'instant, il s'agit de réveiller la conscience du peuple devant le crime de lèse-république qui se prépare et d'organiser la riposte. Juliette feint d'approuver Toto par amour, mais, par amour aussi, elle craint le pire. Quand elle rentre chez elle, cité Rodier, à une heure du matin, un domestique de Mme Hugo lui apprend qu'un commissaire de police s'est présenté rue La Tour-d'Auvergne pour arrêter Monsieur. Heureusement, Victor Hugo a accepté l'offre de M. de La Roëllerie, rue Caumartin, qui va l'héberger pour la nuit.

Le lendemain 3 décembre, à l'aube, Victor Hugo se précipite chez Juliette. Il vient la rassurer et lui annoncer qu'il compte se rendre au faubourg Saint-Antoine pour soulever ses concitoyens contre le «traître» qui cherche à les berner et à les asservir. Elle exige de l'accompagner. Ne doit-elle pas être à ses côtés dans le danger comme dans la gloire? Place de la République, leur fiacre s'arrête devant un rassemblement de soldats, chargés de rétablir l'ordre. Incapable de se contenir, Hugo passe la tête et le bras par la portière, agite son écharpe de député et exhorte la troupe à désobéir: «Soldats, regardez cette écharpe, c'est le symbole de la loi, c'est l'Assemblée nationale visible! Où est cette écharpe est le droit. Eh bien, voici ce que le droit vous ordonne. On vous trompe, rentrez dans le devoir! [...] Louis Bonaparte vous entraîne à un crime!... Louis Bonaparte assassine la république!... Défendez-la!» En vain Juliette essaie-t-elle de calmer l'indignation de son compagnon. Elle lui met la main sur la bouche pour l'obliger à se taire, elle le tire à l'intérieur du coupé, elle lui chuchote qu'un mot de plus suffirait à les faire arrêter et fusiller tous les deux. Il continue à gesticuler et à vociférer, au mépris de leur sécurité. Cependant, malgré la violence de son discours, les soldats, éberlués, ne bronchent pas. Le fiacre poursuit sa route sans autre incident.

Comme il se fait tard, Juliette se préoccupe de trouver un abri pour y cacher Victor jusqu'au lendemain. En attendant, il se rend rue Neuve-des-Petits-Champs, dans un local où quelques républicains tiennent conseil. On y rédige proclamation sur proclamation pour inviter le peuple à déjouer le guet-apens du prince-président. Victor Hugo signe les manifestes les plus virulents. Juliette le supplie de mettre de l'eau dans son vin et de songer d'abord à échapper aux recherches. Il s'y refuse; néanmoins, il accepte de passer la nuit chez un ami, Henry Descamps, au 19 de la rue Richelieu. S'étant assurée qu'il ne manquera de rien dans cet asile provisoire, Juliette le quitte, exténuée, mais avec la conscience du devoir accompli.

Elle court d'abord chez elle, cité Rodier, et se dépêche de ranger dans une malle les manuscrits de Victor. Cette malle, une fois le couvercle rabattu et la clef tournée dans la serrure, elle la transporte, en fiacre, chez ses amis Sarrazin de Montferrier, que leurs opinions bonapartistes mettent au-dessus de tout soupçon pour la police. Ayant déposé le précieux chargement entre leurs mains, elle rend visite à une autre amie, la mère Lanvin, en espérant obtenir auprès d'elle des informations plus récentes sur les troubles qui agitent Paris. Mais, décidément, elle ne peut compter que sur sa propre vision de la rue pour être renseignée. D'ailleurs, Toto l'a priée de noter en détail ses moindres impressions pour les utiliser dans un prochain livre. En satisfaisant sa curiosité, elle lui rendra service, et ce sera l'occasion pour elle de participer – oh! bien modestement! – à la création d'un nouveau chef-d'œuvre. Sans hésiter, elle ressort et se dirige vers la porte Saint-Martin, où, dit-on, il y a du grabuge. Dès ses premiers pas dans le quartier, elle se heurte à un large mouvement de foule. Les insurgés paraissent résolus à lutter jusqu'au bout. On porte des morts sur des civières, on conspue le prince-président, on brandit des torches, on hurle *La Marseillaise*. Bousculée, Juliette vacille et se raccroche à la blouse d'un inconnu pour ne pas tomber. Elle lui demande si le peuple va se laisser massacrer sans réagir et, comme il répond que ses amis sont sans armes et sans chefs, elle lui affirme que ces chefs existent, qu'ils sont à leurs postes, que rien n'est perdu. Il hoche la tête et soupire: «Les représentants sont arrêtés, en fuite ou cachés!» Juliette le regarde s'éloigner, l'épaule basse. Il est l'image même de la défaite des idées de Toto.

De retour à la maison, elle se couche mais ne peut dormir, hantée par la menace qui pèse sur son bien-aimé. Le 4 décembre, au petit jour, elle redescend sur le trottoir, vérifie si elle n'est pas suivie et va rejoindre Victor au 19 de la rue Richelieu. Elle le trouve endormi, le réveille, lui prépare ses vêtements. Il a rendez-vous au numéro 15 de la même rue, avec des représentants de la gauche. En un tournemain, il est prêt. A peine a-t-elle le temps de lui recommander la prudence. Quand il est parti, mystérieux, résolu, admirable de courage ou d'inconscience, elle commence à l'attendre au coin du feu, un livre à la main, «lisant sans comprendre», dira-t-elle, «l'esprit tendu vers les événements du dehors». Elle est toujours plongée dans sa lecture lorsqu'un conjuré se présente pour l'avertir que le duc de Morny, ministre de l'Intérieur, a télégraphié au préfet de police Maupas la consigne suivante: «Si vous prenez Hugo, faites-en ce que vous voudrez.» Cela revient à une condamnation à mort ou au bagne. Folle d'inquiétude, Juliette n'a plus qu'un but: prévenir Toto, le sortir du guêpier, organiser sa fuite. Trottant en zigzag à travers la ville, elle échappe aux fusillades, aborde des barricades garnies d'insurgés qui tirent sur tout ce qui bouge, interroge des passants aux visages exaltés: Victor Hugo est introuvable. Enfin, une bonne nouvelle: un patriote lui certifie que le député-poète attend la nuit pour retourner rue Richelieu où il ne risquera rien.

A demi soulagée, elle rentre chez elle, en évitant les endroits où la bagarre fait rage. «Les trottoirs, écrira-t-elle, sont couverts d'une espèce de pluie de sang.» Un dragon ivre l'insulte et la vise avec son pistolet. Elle prend ses jambes à son cou. Cité Rodier, il y a encore des barricades, mais personne n'est plus là, semble-t-il, pour les défendre. Sans doute est-ce là le signe de «l'odieuse victoire de Bonaparte». Puisque Victor Hugo n'a pu sauver la France, se dit-elle, il faut du moins que Juliette Drouet sauve Victor Hugo. On lui a confirmé que la tête de Toto a été mise à prix: vingt-cinq mille francs à qui permettra de le capturer! Dans ces conditions, il se trouvera bien quelque faux frère pour le dénoncer et indiquer le lieu de sa retraite. Pendant qu'elle avale son petit déjeuner en prêtant l'oreille aux rumeurs de la ville, la mère Lanvin vient la voir et offre spontanément de lui prêter le passeport de son mari, Jacques-Firmin, «ouvrier typographe», dont le signalement, tel qu'il figure sur le document, est assez vague pour s'appliquer aussi à Victor Hugo. Muni de ces papiers d'emprunt, le faux Jacques-Firmin Lanvin n'aura qu'à déclarer vouloir se rendre à Bruxelles, chez M. Luthereau. Et le tour sera joué!

Juliette explose de joie. Mais elle doit se hâter si elle veut gagner de vitesse les mouchards du gouvernement. Le 6 décembre, elle se renseigne sur les horaires des trains. Le 8, s'étant absentée quelques heures, elle apprend, à son retour cité Rodier, qu'un commissaire de police, escorté d'agents, est venu pour l'interroger. Il est reparti bredouille. Ce ne peut être qu'une rémission. Aussitôt après, les policiers se rendent chez les Lanvin pour tâcher de savoir le motif du prochain départ de Jacques-Firmin à destination de Bruxelles. Il leur répond qu'il compte trouver un travail mieux payé qu'à Paris. Le 10 décembre, en rentrant des bureaux du journal bonapartiste dont il est le gérant, Sarrazin de Montferrier avoue son inquiétude. Lors d'une réunion dans la salle de rédaction, un de ses collaborateurs l'a interpellé à haute voix, devant une dizaine de personnes : «On dit, monsieur de Montferrier, que vous cachez chez vous Victor Hugo, depuis trois jours!» Sarrazin de Montferrier a éclaté de rire et nié cette «information ridicule». Mais, redoutant d'exposer ses amis à des représailles, Victor Hugo décide qu'il lui est impossible de demeurer plus longtemps sous leur toit. Il faut fuir. Et sans tarder! Juliette accélère le mouvement. D'autant que, si Hugo reste sur place, un double péril les guettera : un péril politique, qui serait l'arrestation de Victor, et un péril sentimental, qui serait la reprise en main de Toto par l'inévitable Léonie. Mais, cette seconde raison, Juliette se garde bien de la divulguer.

Le 11 décembre 1851, à vingt heures, Jacques-Firmin Lanvin, «compositeur d'imprimerie à livres», prend le train, à la gare du Nord, pour Bruxelles. Peut-être, au moment de le bénir pour le voyage de la dernière chance, Juliette a-t-elle songé à l'étrange coïncidence qui fait de cet obscur ouvrier typographe le prête-nom d'un écrivain dont les œuvres rayonnent sur toute la littérature française? Le faux sieur Lanvin est vêtu, ce soir-là, d'une pèlerine sombre et coiffé d'une casquette à visière vernie. Afin de préserver l'incognito du passager, personne ne l'accompagne jusqu'à son wagon. Mais, dans le petit appartement de la cité Rodier, Juliette guette déjà un signe de Toto pour le rejoindre, fût-ce au bout du monde.

XVI

LA BELGIQUE HOSPITALIÈRE

Durant toute la journée du 12 décembre 1851, Juliette se ronge d'angoisse. Toto a-t-il pu franchir la frontière? N'a-t-il pas été arrêté en cours de route comme porteur d'un passeport qui ne lui appartient pas? Le 13 enfin, en se rendant chez les Sarrazin de Montferrier, elle trouve un billet de la main du bien-aimé: «Doux ange, tu peux partir [...]. Si je ne pouvais pénétrer jusqu'au débarcadère au moment de ton arrivée, viens me trouver à l'hôtel de la Porte Verte. Tu demanderas monsieur Lanvin. Il y a des omnibus qui y mènent.» Sain et sauf! Et c'est à elle qu'il pense, c'est elle qu'il réclame! La France a peut-être tout perdu dans ce coup d'État, mais elle, Juju, a gagné l'essentiel. Ivre de bonheur, elle enfourne quelques vêtements dans des valises, fait rapporter de chez les Sarrazin de Montferrier la malle aux manuscrits et prend le train de Bruxelles, le jour même, à quatorze heures trente.

Un voyage sans histoire. A sa descente du wagon, elle est accueillie par ses vieux amis les Luthereau. Elle logera chez eux, au 11 *bis*, passage Saint-Hubert, dans la galerie des Princes. Sa servante, Suzanne Blanchard, la rejoindra dès que possible. Ces retrouvailles avec la Belgique permettent à Juliette de mesurer le bouleversement qui s'est opéré en elle depuis ses débuts sur la scène, à Bruxelles. Le pays n'a pas changé, les rues, les monuments, les gens sont toujours les mêmes, mais qu'a-t-elle de commun avec cette jeune femme qui, jadis, cherchait sa voie parmi les amourettes sans lendemain et les intrigues de coulisses? Devenue la maîtresse de l'illustre Victor Hugo, elle considère avec un mélange de commisération et d'envie la petite théâtreuse d'autrefois. A cette époque, elle était pleine d'ambition pour elle-même; à présent, elle l'est d'abord pour lui. En le revoyant, elle constate qu'il est plus combatif que jamais. L'indignation lui réussit. Il ne songe qu'à se venger et à venger la France en dénonçant les machinations de l'ignoble imposteur. A peine nommé président de la République, le scélérat s'est empressé de trahir cette même république dont il aurait dû être le garant. Il mérite une magistrale raclée. Dès le 14 décembre, l'écrivain s'est attelé à la rédaction d'un pamphlet, qui deviendra l'*Histoire d'un crime*.

Bien entendu, Juliette l'approuve dans sa révolte. Elle comprend que, après avoir tenté de soulever ses compatriotes, il transporte la lutte des actes à la parole, de la rue au papier, de Paris à Bruxelles. En même temps, elle le soupçonne de correspondre avec sa femme, ce qui est normal, mais aussi avec Léonie Biard (Mme d'Aunet), ce qui le serait moins. Cédant à un ressaut de jalousie, elle lui écrit le 28 décembre 1851: «J'ai beau vouloir me tromper et me faire illusion, il y a, au fond de mon âme, quelque chose de mort qui ne revivra jamais.» Et, le mois suivant, elle le supplie d'être franc avec elle: «S'il faut que tu écrives à cette dame, malgré la répugnance instinctive qui me fait craindre que ce remède soit pire que le mal, dis-le-moi, mon bien-aimé, je t'en conjure. Laisse-moi la triste satisfaction de ma courageuse résignation [1].» Pour calmer ses pensées atrabilaires, Victor Hugo trace sur une page du précieux *Livre de l'Anniversaire* ces quelques lignes d'estime et de gratitude: «Je t'écris ceci du fond de l'exil [...]. Les jours périlleux sont venus et je t'y ai trouvée telle que tu es, grande par l'amour, grande par le dévouement. Rien ne t'a effrayée, rien ne t'a arrêtée [...]. Grâce à toi, chère bien-aimée, je n'ai jamais eu un moment d'anxiété ni de défaillance. Je sentais la mort tout près, mais je te sentais plus près encore [...]. J'entendais la clef de ma porte tressaillir sous ta main, tu entrais, je me sentais gardé et sauvé.» Admirable satisfecit! Cela tient de la citation à l'ordre de l'Armée et du certificat de travail délivré par un patron à une employée dont il a apprécié les services! Juliette en est très fière. Elle vient de recevoir sa médaille des seules

---

1. Lettre du 27 janvier 1852.

mains dignes de la lui donner. Le même jour, «à quatre heures et demie du matin», elle écrit de son côté: «Mon Victor, au nom de tous nos doux souvenirs, au nom de cette nuit [celle du 16 au 17 février 1833] qui rayonne sur toute ma vie, je te pardonne et je te bénis. Je suis si émue dans ce moment-ci en pensant à cette première nuit où je me suis donnée à toi tout entière que ma main tremble au point de ne pouvoir pas tenir ma plume.»

Malheureusement, cette radieuse communion dans le souvenir est très vite gâchée par Adèle, qui, restée à Paris, n'admet pas que son mari s'affiche à Bruxelles avec une vieille maîtresse. Elle harcèle Victor de lettres insidieuses, lui demandant de ne pas oublier son rôle de chef des intellectuels libéraux en exil et de renvoyer en France une compagne certes fort dévouée, mais dont la présence le déshonore aux yeux du public. Furieux d'être ainsi rappelé à l'ordre, il prie sèchement sa femme de ne plus se mêler de ses affaires de cœur. Et, pour éviter qu'elle ne repique au jeu, il précise, à son intention, tout ce qu'il doit à Juliette: «C'est, écrit-il à Adèle, un dévouement absolu, complet, de vingt ans qui ne s'est jamais démenti. De plus, abnégation profonde et résignation à tout. Sans cette personne [Juliette], je te le dis comme je le dirais à Dieu, je serais mort ou déporté à l'heure qu'il est.» Il n'en est pas moins ébranlé par les arguments qu'Adèle a invoqués pour le prémunir contre un désaveu de son entourage. Banni de France pour ses opinions politiques, il reconnaît que son prestige s'est encore accru à l'étranger. La persécution dont il est l'objet lui a fait une couronne. Avant sa prise de position contre Louis-Napoléon, il n'était qu'un grand écrivain parmi d'autres. Aujourd'hui, il est le symbole de la Liberté opposée à la Tyrannie. En conséquence, il se doit d'être aussi inattaquable dans sa vie privée que dans sa vie publique. A Bruxelles encore plus qu'à Paris, il ne sied pas à un Victor Hugo de vivre en concubinage. Tant pis pour Juliette! Il apprécie sincèrement l'hospitalité des sujets de Léopold Ier. Bien qu'à son avis il n'y ait pas encore de peuple en Belgique, «mais une bourgeoisie outrageusement dominante», il savoure la bonhomie belge, qui lui rappelle la «gauloiserie rabelaisienne». Il y voit «quelque chose de jovial, d'obscène et de patriarcal [1]». Il aime Bruxelles, son architecture, ses traditions, le courage de cette petite nation qui l'a accepté et réchauffé, lui et tant d'autres Français fuyant le despotisme. Par correction envers son pays d'accueil, s'il entend continuer à proclamer ses opinions, il préfère que ses amours restent secrètes.

Alors que Juliette habite à distance convenable, chez les Luthereau, il s'installe au numéro 16 de la Grand-Place, dans la maison dite du «Moulin à Vent». Puis il déménage au numéro 27, juste en face de l'Hôtel de Ville. L'appartement est vaste. Victor Hugo y accueille une foule d'admirateurs, de quémandeurs, de curieux, sans compter les nombreux proscrits qui l'ont choisi comme porte-

---

1. Texte du 8 janvier 1852.

parole de leur cause. Mais il refuse toujours, pour éviter les cancans, que Juliette mette les pieds chez lui. Son fils Charles, sorti de prison, lui rend visite le 3 février et le trouve épanoui et engraissé. Léonie Biard (Mme d'Aunet) songe aussi à faire le voyage. C'est Adèle qui, prudemment, lui déconseille de tenter une démarche qui risquerait de se retourner contre elles deux. Mais Juliette n'en est pas moins sur le qui-vive. Alors que son Toto fréquente les salons bruxellois, rencontre d'autres exilés et écrit avec une fougue intarissable, elle vit confinée entre quatre murs, avec sa fidèle Suzanne, et passe son temps à recopier les brouillons du maître. Elle rédige également, à l'intention de Victor qui le lui a demandé, le récit des journées tragiques de décembre 1851 telles qu'elle les a vécues. Cette besogne lui paraît tantôt exaltante et tantôt fastidieuse. Tout compte fait, elle préfère copier du Hugo que d'improviser du Juliette. En outre, il suffit que le souvenir des lettres de Toto à sa Léonie lui traverse l'esprit pour qu'elle retombe dans un désespoir incurable. Elle s'en veut d'avoir, plus ou moins, accepté la solution du partage sentimental. «Mon cœur répugne avec horreur et dégoût, lui écrit-elle, à cette espèce de compromis humiliant pour la dignité, odieux pour l'âme, qui consiste à faire deux parts de soi-même, l'une pour les voluptés physiques, l'autre pour l'affection. Ces subtiles distinctions me font bondir d'indignation pour le dédain hypocrite qu'elles cachent. Ayez donc le courage, une fois pour toutes, de votre infidélité physique et morale!

Qu'est-ce que c'est qu'un amour qui a besoin d'un tiers pour se satisfaire? Quoi, vous avez besoin de plusieurs corps pour un seul amour, quand le mien voudrait avoir deux âmes pour mieux vous aimer [...]? Il est temps d'être tout à fait sincère l'un envers l'autre [...]. Garde ta générosité, ton dévouement, ta pitié, ta reconnaissance, si tu crois m'en devoir, ce que je ne nie [pas], et laisse-moi mourir en paix, loin de toi, c'est la seule grâce que je te demande.»

Cette plainte, comme les autres, se heurte chez Hugo au mur inébranlable de l'«égoïsme masculin». Il regrette les souffrances exagérées de Juliette, mais ne bronche pas et maintient la règle. Que Juju se contente donc de vivre loin de lui, dans les deux pièces du passage Saint-Hubert, qu'elle évite de se montrer dans le quartier, qu'elle charge Suzanne de toutes les courses nécessaires, que, pour s'occuper, elle recopie les manuscrits de son amant – qui ne l'est plus guère! – et qu'elle ravaude son linge! Si elle se plie à cette consigne de sagesse, elle sera, dit-il, la plus heureuse des émigrées. Parfois, cependant, elle est reprise par la tornade des révoltes. Elle en a assez, lui écrit-elle, «d'être plus [sa] secrétaire, [sa] ménagère et intendante que [sa] maîtresse». Déjà deux mois qu'il ne lui a fait «aucune caresse»! C'est plus qu'une femme normalement constituée n'en peut supporter de la part de l'homme qu'elle aime. En attendant qu'il veuille bien franchir le seuil de sa chambre, elle raccommode des chemises et regarde les nuages passer lentement dans le ciel: «Je les envie sans avoir le courage d'essayer de faire comme eux, en me laissant diriger au hasard par le vent et par le caprice. Moi, je suis trop paresseuse de corps et d'esprit pour bouger, je reste dans mon coin, mon corps replié sur lui-même et mon âme accroupie dans le fond de mon être.»

Alors qu'elle s'abandonne à des appréhensions illusoires, une véritable raison de redouter l'avenir l'empoigne soudain. Adèle Hugo arrive sans crier gare à Bruxelles pour régler avec son mari les modalités de la vente des meubles de l'appartement de la rue La Tour-d'Auvergne. Des affaires d'argent rapprochent les deux époux. Se contenteront-ils d'agiter, dans l'intimité, des considérations financières? Il n'est pas question que Juliette rencontre la «sainte femme», comme elle la désigne à présent. Tandis que Toto reçoit son épouse au vu et au su de tout le monde, la reléguée involontaire, terrée dans son trou, compte les jours de l'interminable supplice. Enfin, Adèle se décide à reprendre le train pour Paris. Juliette en éprouve un sentiment de délivrance. Et cependant, la vie ne change pas pour elle après le départ de «la légitime». Toujours la claustration, l'inaction, la chasteté et de vains accès de colère. Une péripétie pourtant trouble l'enchaînement de ces heures monotones: la mort de James Pradier, dont la petite Claire a jadis désespérément recherché la tendresse. Juliette refuse de prendre le deuil de cet homme qui n'a su être ni son amant jusqu'au bout, ni le père de sa fille.

Les premières chaleurs de l'été surviennent alors

que Victor a loué pour Juliette un logement indépendant, dans une galerie ouverte, au numéro 10 du passage des Princes. Sous le vitrage de la galerie, chauffé à blanc par le soleil, la chambre de Juliette est une étuve. Incommodée par la touffeur qui règne dans la pièce, elle s'astreint néanmoins à recopier, ligne à ligne, *Napoléon le Petit*. Une vraie machine infernale que ce petit livre, estime-t-elle avec délectation. Pour la remercier de son travail, Toto lui offre sa bouteille d'encre, sur laquelle il a fixé une étiquette avec ce certificat d'authenticité:

> *De cette bouteille sortit*
> *Napoléon le Petit.*

Cette relique, Juliette la range avec dévotion dans son humble musée personnel. *Napoléon le Petit*, rédigé en un mois, est mis aussitôt sous presse. Victor Hugo prévoit que la publication de l'ouvrage lui vaudra l'inimitié du gouvernement belge, soucieux de ne pas déplaire au gouvernement français. Le 9 juillet, le bourgmestre de Bruxelles, Charles de Broueckère, lui rend visite et lui annonce qu'en raison de ses attaques contre le prince-président il serait souhaitable qu'il quittât le pays. On lui laisse entendre qu'on pourrait, le cas échéant, recourir à la procédure d'expulsion. Hugo s'attendait à cette réaction des autorités belges. Aussi préfère-t-il prendre les devants. Son épouse ayant vendu les meubles de leur appartement parisien, il la presse de partir immédiatement, avec la jeune Adèle, pour

Jersey, la plus grande des îles anglo-normandes. Il les y rejoindra, très bientôt, avec son fils Charles. Quant à Juliette, il lui prescrit de les suivre incognito. En apprenant ces dispositions draconiennes, prises sans la consulter, Juliette est d'abord ulcérée: «Il est tout simple que je me sacrifie aux préjugés et que je respecte la présence de tes fils dans cet incognito douloureux, lui écrit-elle le 18 juillet 1852, mais il y a quelque chose de cruellement injuste et d'affreusement dérisoire pour moi à penser que ce sacrifice, ce respect qu'on impose à mon dévouement, à ma fidélité, à mon amour, on n'y songeait pas et on en faisait bon marché quand il s'agissait d'une autre femme [Léonie Biard], dont la vertu consistait à n'en avoir aucune. Pour celle-là, le foyer de la famille était hospitalier; pour celle-là, la courtoisie protectrice et déférencieuse des fils était un devoir; pour celle-là, la femme légitime lui faisait un manteau de sa considération et l'acceptait comme une amie, comme une sœur et plus encore. Pour celle-là, l'indulgence, la sympathie, l'affection. Pour moi, l'application rigoureuse et sans pitié de toutes les peines contenues dans le code des préjugés, de l'hypocrisie et de l'immoralité. Honneur aux vices éhontés des femmes du monde, infamie sur les pauvres créatures coupables des crimes d'honnêteté, de dévouement et d'amour [...]. Je partirai pour Jersey quand et comme tu voudras.»

Le 29 juillet, les proscrits de Belgique offrent un banquet à celui qu'ils considèrent comme leur champion. Le 31, Victor Hugo et son fils Charles quittent Bruxelles pour Anvers. Là, un deuxième banquet réunit les amis belges et français autour de l'illustre voyageur. Parmi eux, Alexandre Dumas, Émile Deschanel, Blanqui, Étienne Arago... Pour respecter les convenances, Juliette n'assiste pas à cette soirée d'hommage. Mais Victor l'a certainement mise au courant du discours qu'il adresserait à ses hôtes : «J'ai été exilé de France pour avoir combattu le guet-apens de décembre et m'être colleté avec la trahison. Je suis exilé de Belgique pour avoir fait *Napoléon le Petit*. Eh bien, je suis banni deux fois, voilà tout! M. Bonaparte m'a traqué à Paris; il me traque à Bruxelles; le crime se défend, c'est tout simple!» Le 1er août, accompagnés par leurs amis jusque sur le quai, Victor Hugo et son fils s'embarquent pour Londres. Juliette se tient à l'écart. Elle a la consigne de ne pas se faire remarquer.

Le 4 août, les transfuges sont à Southampton; le 5, le père et le fils mettent pied à terre à Saint-Hélier, capitale de Jersey. Ils sont accueillis par les deux Adèle, mère et fille, par Auguste Vacquerie et par de nombreux exilés. Une femme lasse, à la taille épaisse, au visage boursouflé et ridé, suit le groupe à distance : Juliette. Sa servante, Suzanne, s'occupe des bagages.

La première impression de Juliette est une peur panique devant la brutalité du dépaysement. Mais vite elle se ressaisit. Toto revient vers elle. Toto a tout prévu, tout organisé. Toto lui a retenu une chambre à l'hôtel du Commerce. Les jours suivants, il lui fait visiter la ville. Elle aime ces rues étroites, tortueuses, ces «cottages» blancs, ces jardins épars et jusqu'aux accents de la langue anglaise. Victor et sa famille sont logés non loin d'elle, dans une grande maison claire, propre, cubique, à l'aspect sévère et cossu, *Marine Terrace*.

Peu après son arrivée, Juliette doit d'ailleurs déménager, car le loyer de sa chambre d'hôtel est hors de prix. A l'instigation de Victor, elle s'installe dans un petit appartement au premier étage d'une maison nommée *Nelson Hall*, située près du Havre-des-Pas. De ses fenêtres, elle découvre les rochers, la mer immense, lumineuse ou sombre selon les heures. Elle y voit le symbole du mouvement incessant et incompréhensible qui agite le monde. Les 21 et 22 novembre 1852, par un plébiscite que Victor Hugo juge truqué, le peuple français vote massivement pour le rétablissement de l'Empire. Le 2 décembre, l'Empire est proclamé à l'Hôtel de Ville. Des festivités inouïes unissent dans un même élan patriotique le souvenir de Napoléon Ier et la soumission à Napoléon III. En janvier 1853, le nouvel empereur épousera Mlle de Montijo. Victor Hugo fulmine. Plus il se démène et rugit dans son île, plus à Paris certains le prennent pour un fou et un casseur d'assiettes. Mais les sarcasmes de ses compatriotes, momentanément subjugués par un fantoche, au lieu de le blesser, lui donnent du ressort. Juliette est émerveillée par sa verve et son agressivité. Elle espère que cette sainte colère, jointe aux surprises du dépaysement, réveilleront l'ardeur amoureuse de l'écrivain après avoir réveillé son ardeur poétique.

Hélas! si l'air vivifiant de la mer incite Hugo à écrire de plus en plus et de mieux en mieux, il ne l'encourage pas à goûter auprès de Juliette les plaisirs tout simples qu'elle réclame. Tandis qu'elle s'ennuie et se dessèche dans la solitude, il paraît se satisfaire de sa propre chasteté. Certaines nuits, elle éprouve une telle envie d'un contact physique immédiat qu'elle n'arrive pas à dormir. Elle serre son oreiller dans ses bras avec frénésie. Cependant, elle convient qu'une créature de son âge, massive et décatie, ne peut prétendre attirer un homme. Victor ne lui rendant plus visite que rarement et lui recommandant de ne pas se promener dans les rues et de se soustraire autant que possible à la curiosité malveillante des voisins, elle se console en recopiant les vers et la prose qu'il lui fournit quotidiennement. Dans le souci de la divertir, il lui a conseillé de rédiger son journal intime. Pendant une trentaine de jours, elle a obéi docilement à cette discipline, notant les menus incidents de l'île et ses propres observations sur les mœurs des habitants. Certes, elle n'a que de vagues notions d'anglais et préfère s'adresser à des autochtones parlant le français – il y en a heureusement beaucoup à Jersey! – pour se faire comprendre. Cette lacune ne l'empêche pas de porter un jugement péremptoire sur l'état d'esprit et les habitudes des Britanniques. «La propreté et le confort anglais sont deux mystifications un peu trop prolongées et qu'on ferait bien de laisser reposer, écrit-elle. Nulle part on ne pousse l'hypocrisie de la propreté aussi loin qu'en Angleterre. On lave au savon les escaliers et on ne balaye jamais. Une fois par semaine, on blanchit le seuil des portes à la craie, on noircit l'âtre de la cheminée à la brosse, on fourbit l'arsenal formidable du foyer, mais on laisse moisir sous les meubles des monceaux d'ordures [...]. La même casserole sert indistinctement à faire cuire les tripes fétides destinées au chien et le pudding du dîner des maîtres de la maison et *vice versa* sans jamais la laver.» Elle reproche à son hôtesse de se soûler quatre jours sur sept, «avec des commères du voisinage, toutes jeunes femmes et mères de famille». La virago a le vin violent et bat son mari après boire. Les hurlements du couple empêchent Juliette de fermer l'œil la nuit. A sa demande, Toto lui trouve un refuge plus paisible, toujours au Havre-des-Pas et toujours à proximité de *Marine Terrace*, où il réside avec les siens.

Ce nouveau logis est situé au-dessus d'une auberge (le *Green Pigeon*), qui est heureusement fréquentée par des clients d'humeur tranquille. L'appartement meublé qu'occupe Juliette comprend une chambre, un salon, une salle à manger et une cuisine. D'une de ses fenêtres, elle voit «des goélands se jouant au-dessus des vagues»; d'une autre, elle peut apercevoir parfois Mme Hugo allant, avec Auguste Vacquerie, à la rencontre de son mari, qui rentre de promenade. Elle compare la toilette élégante d'Adèle à ses propres vêtements «de souillon» et reconnaît que le «challenge», comme disent les Anglais, n'est pas à son avantage. «Il est vrai, note-t-elle amèrement, que, pendant que je fais un peu la besogne de tout le monde, je néglige de faire la mienne, dont la vertu ne tient pas grand compte si j'en juge d'après mon bonheur. Allons, bon! voilà les larmes qui m'étouffent, ce qui ne va pas beaucoup m'embellir!» Sa détresse a des racines tellement profondes que, entre Victor et elle, c'est elle assurément qui connaît le plus cruel exil. En effet, la passion de l'écriture qui possède Hugo est si impérieuse qu'elle le défend contre la solitude, alors que Juliette n'a personne avec qui sympathiser sur cette terre étrangère. Victor Hugo est partout chez lui avec une plume et du papier. Elle n'a d'autre patrie, d'autre raison de vivre, d'autre miroir que lui. La véritable maîtresse de Victor, c'est son œuvre; le véritable amant de Juliette, c'est le souvenir de l'homme qui l'a quittée tout en lui restant attaché. A qui la faute? Juliette maudit le temps qui passe. Son esprit enfiévré n'a toujours que vingt-cinq ans, son corps empâté approche de la cinquantaine. C'est une femme jeune, gracile et ardente, qui rêve de Toto la nuit, entre ses draps, et c'est une matrone pesante et essoufflée qui lui ouvre la porte. Certains hommes, dit-on, cédant à la commodité, finissent par faire de leur domestique leur maîtresse; lui, il a fini par faire de sa maîtresse une domestique. Et elle doit encore le remercier de la garder dans son ombre en mémoire de ce qu'ils ont été jadis l'un pour l'autre.

Si Victor Hugo écrit beaucoup, il voit aussi beaucoup de monde: des proscrits comme lui, français, polonais ou italiens. Juliette les déteste parce qu'ils le détournent de son vrai travail, qui est la poésie. Elle les trouve bavards, hideux, haineux, faussement exaltés, «barbus et moussus», bref, «infréquentables». Et pourtant, eux ont le droit d'aller voir le maître dans sa maison de *Marine Terrace*; pas elle! C'est un comble! Elle est soulagée quand il décide de rompre avec l'association des exilés râleurs. «Bravo! s'exclame-t-elle. Te voilà enfin hors de cette pétaudière démagogique, hors de ce fichu ragoût saucialiste [*sic*]!» Pourtant, si le socialisme de ces éternels mécontents l'horripile, elle admire celui, si noble et si généreux, de son bien-aimé. Elle est derrière son dos pour défendre la république et pourfendre Napoléon III. Elle applaudit au succès de *Napoléon le Petit*. Imprimée et publiée en Belgique par Hetzel, la brochure pénètre clandestinement, par dizaines de milliers d'exemplaires, en France et agite le pays. Le Français, qui est volontiers frondeur, n'aime rien tant que de voir étriper le pouvoir. Si certains, à Paris, sont exaspérés par les «rodomontades» antigouvernementales de l'exilé, d'autres l'applaudissent et en redemandent. Juliette écoute avec avidité les échos de cette bataille entre un géant armé de sa seule plume et un nain dont la fausse gloire vacille déjà sous les coups du poète. Entre les deux adversaires, la mer, la brume, l'espace... Pour se maintenir en forme, Victor Hugo fait du cheval, se baigne dans l'eau froide par n'importe quel temps. Au retour de ces exercices, il se met à sa table et écrit, d'une traite, les vers au vitriol de son nouveau recueil, appelé à compléter, dans l'invective, les accusations de *Napoléon le Petit*. Le choix du titre le préoccupe jusqu'au début de 1853. Enfin, il se décide: ce sera *Les Châtiments*. Le 23 janvier, il annonce à son éditeur Hetzel: «Ce titre est menaçant et simple, c'est-à-dire beau [...]. Il faut se presser, car le Bonaparte me fait l'effet de se faisander. Il n'en a pas pour longtemps.» Et il retourne avec joie, avec fureur, à son travail de titan. Juliette constate qu'il ne s'est jamais montré plus fougueux en paroles ni plus chaste dans ses rapports avec elle. Comme pour se faire pardonner son désintérêt (tout provisoire, assure-t-il) envers la «bagatelle», il délaisse parfois ses insultes contre Napoléon III et la gratifie de quelques vers délicieux:

Quand deux cœurs en s'aimant ont doucement vieilli,
Oh! quel bonheur profond, intime, recueilli!
Amour! hymen d'en haut! ô pur lien des âmes!
Il garde ses rayons même en perdant ses flammes
[...]
Il a la paix du soir avec l'éclat du jour
Et devient amitié tout en restant l'amour [1].

Flattée par cet hommage poétique, Juliette regrette, à part soi, que le sentiment de Toto à son égard soit plus proche de la tendresse que du désir. Se serait-il adressé sur le même ton à cette déver-

1. *Toute la lyre.*

gondée de Léonie Biard ? Sûrement pas ! décide-t-elle avec une tristesse rancunière. Et elle n'a même pas le droit de se plaindre ! Encore heureux qu'il lui fasse l'aumône de son affection, de son estime ! Quelle femme pourrait espérer plus aux approches de la vieillesse ? Mais voici qu'elle doit déménager, une fois encore, et se rabattre sur une petite maison au loyer plus raisonnable. Sera-ce *Plaisance Terrace*, qu'on lui propose près de Saint-Luc ? Non, finalement Victor Hugo, qui, comme d'habitude, conduit les opérations, choisit pour elle la «Maison du Heaume», au Havre-des-Pas. Rompant avec la règle, il l'autorise même à recevoir quelques amis français ou anglais à dîner. Une de ses invitées, Mme Larrieu, réalise son portrait au pastel, ce qui la charme et la navre à la fois, car elle le trouve cruellement ressemblant. Son espoir, à présent, est que, grâce à ces soirées intimes tolérées par Toto, elle pourra l'attirer plus souvent chez elle.

Mais elle joue de malchance : en effet, dès l'été de 1853, Victor Hugo est la proie d'une nouvelle marotte. De passage à Jersey, une vieille connaissance, Delphine de Girardin, lui a raconté qu'un étrange divertissement de société fait fureur à Paris : les tables tournantes. L'idée de correspondre avec l'au-delà à travers un guéridon «inspiré» enthousiasme le poète qui, depuis la mort de Léopoldine, a toujours cru à la présence invisible des défunts dans l'air qu'il respire. Il suffit de choisir un guéridon «à un seul pied, terminé par trois griffes», d'apposer les mains sur la tablette du meuble et d'enregistrer, lettre par lettre, le message qu'il dicte: un coup pour A, deux coups pour B, trois pour C, etc. Le maître est immédiatement conquis. Désormais, à *Marine Terrace*, les séances de spiritisme, après le dîner, sont inévitables. C'est Charles qui sert de médium; sa mère l'assiste dans cet exercice; son père observe scrupuleusement les soubresauts du guéridon et note ses révélations avec respect. Absorbé par ces conversations avec les fantômes, il les prolonge jusqu'à une heure avancée de la nuit et en oublie de rendre visite à Juliette. Ainsi, après avoir été évincée par des femmes en chair et en os, elle l'est aujourd'hui par des revenantes! Le 7 juillet 1853, elle ose se plaindre de l'existence monotone et confinée qu'il lui impose, tandis qu'il se goberge parmi les représentants illustres de l'autre monde: «En attendant, il faut que je m'habitue à vivre à tâtons, dans le froid crépuscule de la vieillesse, et pour cela il faut que je ne m'attarde pas à gribouiller le long de la route qui me reste encore à faire. Il faut que tu le comprennes aussi, toi, et que tu ne te croies pas obligé de pousser la *galanterie française* jusqu'à exiger des gribouillis qui n'ont ni queue ni tête [...]. Maintenant, baisez-moi de *bonne amitié* et dormez sur vos deux oreilles!» Quelques jours plus tard, son exaspération contre la pratique du spiritisme à *Marine Terrace* augmente et, le 14 septembre, elle écrit encore: «Quel que soit mon peu de sympathie et d'affinité pour les esprits, pour peu que ton commerce avec l'autre monde continue, je serai forcée de me joindre à eux pour te voir quelquefois.»

Elle ajoute: «Je m'explique mal, mais je sens que ce passe-temps a quelque chose de dangereux pour la raison, s'il est sérieux, comme je n'en doute pas de ta part, et d'impie, pour peu qu'il s'y mêle la moindre supercherie [...]. Comme je suis encore le reste d'une femme qui t'aime par tous les sens à la fois, il se trouve que je me trouve très mal de ce régime d'*ombre* [...]. Amuse-toi avec les esprits de tout le monde, puisque tel est ton plaisir, et laisse-moi m'ennuyer seule puisque j'y suis condamnée de toute éternité.» Puis l'indignation l'emporte sur la résignation. Elle ne comprend pas qu'un homme supérieur par l'intelligence, la culture, le talent se laisse entraîner dans des histoires d'interventions occultes. Toto convoque pêle-mêle, aux séances du guéridon frappeur, les mânes de Molière, de Charlotte Corday, de Marat, de Socrate, de Machiavel, d'André Chénier... Ne se figure-t-il pas maintenant que les murs de *Marine Terrace* sont hantés par la «Dame Blanche»? A ce degré, la superstition frise la folie. Juliette estime que «trop, c'est trop». «Il paraît que vous continuez vos conversations criminelles avec la belle dame de l'autre monde, lui écrit-elle encore, et que vous me trouvez trop matérialiste [...] pour me faire confidence de vos dialogues sibyllins avec votre esprit familier [...]. J'en suis jalouse et je m'inquiète.» Le 4 janvier 1854, elle précise sa pensée: «Quant à moi, je sens que je ne suis pas assez grande équilibriste pour tenir ma raison droite dans cette gymnastique du monde fantastique et du monde réel. Si je me livrais longtemps à cet exercice vertigineux, je ne tarderais pas à mêler dans ma pauvre tête la terre et le ciel, Dieu et M. Bonaparte, les fées et les cocottes, la nuit et le jour, le mal et le bien.»

Elle n'a pas tort de mettre Victor Hugo en garde contre les pièges de la table tournante. Quelques mois plus tard, Jules Allix, un familier des expériences de spiritisme de *Marine Terrace*, est frappé, en pleine séance, d'une crise de démence homicide. On devra le maîtriser en l'immobilisant et le faire enfermer. Cette irruption de la folie au milieu de l'extase spiritualiste inquiète Victor Hugo, qui décide d'interrompre provisoirement son appel aux grandes voix d'outre-tombe.

Le retour de son bien-aimé à la raison apaise l'angoisse de Juliette. A la réflexion, elle convient qu'un génie de la dimension de Toto ne peut être jugé selon les règles habituelles du bon sens et que sa supériorité dans tous les domaines de l'esprit le désigne aussi bien à la vénération de quelques élus qu'aux quolibets d'une foule imbécile. Même quand il se trompe, comme ce fut le cas lors de son adhésion aveugle au spiritisme, il ne faut pas le brusquer. Il doit aller de l'avant, que ce soit pour s'entretenir avec les morts ou pour déboulonner la statue de Napoléon III. Et tant pis pour ceux qui ne comprennent pas sa démarche royale! Plus on l'attaquera, plus il sera grand. Dans ses moments d'adoration, Juliette retrouve, pour parler de son idole, le ton des dames du couvent de Sainte-Madeleine: «C'est votre sort éternel à vous tous, sublimes messies, que l'ingratitude des uns, la calomnie des autres, les injures de l'ignorance, la couronne d'épines, l'éponge de fiel et le coup de lance. Ce n'est qu'à cette condition que l'humanité accepte vos vérités, les pratique et en fait sa religion quand votre sacrifice est consommé. Tu ne peux pas échapper à ta double mission de prophète et de martyr, mon pauvre grand dévoué, il faut te résigner à ton douloureux calvaire comme ton divin aîné, Jésus, et te laisser adorer par moi pendant ta longue et lamentable passion. Mon cœur, mon âme, mes pensées se font amour et parfum et je les répands devant toi que j'adore.» Dans son exaltation mystique, elle se compare à la pécheresse Marie-Madeleine, essuyant «avec ses longs cheveux les divins pieds de son Christ bien-aimé». Elle a douze ans, quinze ans, un cœur d'enfant et un visage de vieille femme. Oh! que ne donnerait-elle pour retrouver son innocence, son espérance, sa foi en Dieu, au lieu de s'échiner à aimer un homme qui ne la regarde même plus!

Très vite d'ailleurs, une nouvelle épreuve se dessine pour le «messie de l'île». Les exilés de Jersey se sont assuré les services d'une imprimerie et publient, depuis peu, un journal de combat, *L'Homme*. Ils y ont fait paraître quelques extraits des *Châtiments*, mais Victor Hugo, par prudence, ne leur a confié aucun article politique. Or, la population locale, qui avait chaleureusement accueilli les proscrits sur son sol, commence à les trouver bien remuants et bien bruyants. Les autorités tolèrent de moins en moins les propos révolutionnaires tenus par des Français sur un territoire appartenant à Sa Majesté la reine d'Angleterre. On ne peut être à la fois l'hôte d'une nation traditionnellement monarchiste et célébrer les mérites de l'insurrection. Quelques excités menacent les émigrés et crient dans les rues: «A bas les Rouges!» D'autres saccagent l'imprimerie du journal. Pour rétablir l'ordre, un certain Leneveu, qui est connétable de la paroisse de Saint-Clément, décide d'expulser trois réfugiés, dont le rédacteur en chef de *L'Homme*. Au lieu d'accepter cette peine légère, les amis français des trois victimes se réunissent à *Marine Terrace* et chargent Victor Hugo de rédiger une protestation collective. Placardée dans les rues et reproduite in extenso dans *L'Homme*, le 24 octobre 1855, ce texte compromet gravement la situation de son auteur. Le 25 octobre, sur l'ordre du ministre, lord Grey, le lieutenant-gouverneur de Jersey, Love, exige l'expulsion des trente-cinq signataires du manifeste: Victor Hugo et ses fils figurent en tête sur la liste. Deux jours plus tard, le connétable de la paroisse de Saint-Clément avertit les intéressés qu'ils ont jusqu'au 2 novembre pour déguerpir. Victor Hugo a déjà prévu une position de repli pour la famille: ce sera l'île, toute proche, de Guernesey. Juliette a l'habitude des déménagements rapides. Elle boucle ses valises sans rechigner. La malle aux manuscrits, enrichie de nouveaux papiers, est trimbalée jusqu'au port. Le 31 octobre 1855, au petit jour, Victor Hugo, son fils François-Victor et Juliette se présentent à l'embarquement. Les deux hommes marchent, le front haut, sur le quai. Ils affectent la radieuse fierté des martyrs. Perdue dans la foule des voyageurs, Juliette, elle, s'efforce de passer inaperçue, comme Toto le lui a demandé. Le reste de la famille suivra dans quelques jours.

XVII

DE JERSEY A GUERNESEY

La traversée durera moins de trois heures, mais la mer est démontée et des rafales de pluie cinglent les passagers sur le pont. Réfugiée dans une cabine, Juliette grelotte et domine difficilement les nausées qui lui soulèvent l'estomac. En abordant la terre ferme à Guernesey, elle croit plonger dans un enfer de brume où le soleil ne pénétrera jamais. Elle a eu grand-peur parce qu'au plus fort de la tempête la malle aux manuscrits, déséquilibrée par une grosse vague, a failli disparaître dans les flots. Quelle perte pour l'humanité, si la catastrophe avait eu lieu! Quelle responsabilité pour elle-même, qui a surveillé de loin l'arrimage! Comment Toto aurait-il supporté ce coup fatal? Elle tremble encore à l'idée du péril auquel ils ont échappé tous deux. De nombreux proscrits attendent Victor Hugo sur le débarcadère. L'agent consulaire français à Guernesey, M. Loyeux, s'est dérangé en personne. Mais est-ce pour saluer l'illustre écrivain ou pour l'espionner? M. Loyeux porte une cravate blanche. C'est plutôt bon signe! Quand le poète s'avance vers la foule, toutes les têtes se découvrent. Cet hommage silencieux est si émouvant que Juliette en oublie son mal de mer.

Tandis que Victor Hugo et François-Victor s'en vont loger à l'hôtel de l'Europe, elle s'installe au Crown Hotel. Sa chambre est froide, grise, bruyante et Toto est encore trop occupé pour lui choisir un meilleur gîte. Il cherche un logement meublé pour lui-même et pour sa famille, qui doit le rejoindre incessamment. Après quelques visites infructueuses, il loue une maison au numéro 20 de la rue d'Hauteville. Le 2 novembre, son fils Charles débarque à son tour et, le 9, c'est toute la tribu Hugo qui est réunie autour de son chef. Il est satisfait d'habiter, en haut de la ville, ce «nid à mouettes» et de voir, de ses fenêtres, l'horizon marin, la France dont il a été banni et Jersey d'où les Anglais viennent de le chasser à leur tour. Ce qui le console de ses déboires politiques, c'est le succès des *Châtiments*, confirmé de semaine en semaine, malgré la mise à l'index du volume par le gouvernement impérial; et aussi la perspective de la prochaine publication des *Contemplations* par Hetzel. Il estime, quant à lui, que ces dix mille vers, si variés dans leur inspiration, constitueront la clef de voûte de son œuvre. Juliette, qui achève de les recopier dans sa petite chambre d'hôtel, partage son enthousiasme et son espoir. Il y a là des hymnes à la souffrance humaine, des évocations de souvenirs amoureux, des échos de la lutte populaire, des méditations sur la solitude, sur l'exil, sur la mort, sur Dieu... Toute la sensibilité, toute la philosophie de l'auteur explosent dans ces pages et témoignent de son inaltérable jeunesse. Juliette finit par se dire qu'il ne vieillira jamais, alors qu'elle vieillit un peu plus chaque jour. Qu'est-ce donc qui le défend contre l'usure de l'âge ? Son art, peut-être ? A moins que ce ne soit son goût pour la chair fraîche ! De temps à autre, elle découvre un nom de femme dans les papiers de Toto. Et immédiatement sa jalousie se réveille. Bien qu'elle n'ait aucune raison précise de le soupçonner, son esprit bat la campagne, elle se torture et le torture par des reproches inconsidérés. Puis c'est le calme. On n'y pense plus. Cela fait partie du jeu d'accusations et de justifications, d'agaceries et de réconciliations qui les enchaîne l'un à l'autre. Une escrime épuisante, mais nécessaire, dont ni elle ni lui ne sauraient se passer.

Pendant qu'elle recopie sagement *Les Contemplations*, Léonie Biard, plus connue à présent sous le nom de Léonie d'Aunet, entame à Paris une carrière de femme de lettres. Elle vient de publier le récit de sa randonnée arctique : *Voyage au Spitzberg*, et une de ses pièces doit être créée, en janvier 1856, à la Porte-Saint-Martin. N'est-ce pas grâce à Toto qu'elle arrive ainsi à se pousser dans le monde ? Il jure que non. Elle feint de le croire. Il est vrai que, avec la prochaine sortie en librairie de ses *Contemplations*, il n'a plus en tête que le destin de ce livre capital. Le 23 avril 1856, les deux tomes de l'ouvrage paraissent chez Hetzel et chez Michel Lévy. Ces pages ne contenant aucune attaque contre le régime, les autorités, débonnaires, les ont laissé imprimer telles quelles. Cela prouve, songe Victor Hugo, que l'Empire se sent assez solidement installé en France pour ne plus rien redouter d'un opposant. Il s'en attriste, certes, car l'exil, même doré, lui pèse, mais, en même temps, il se réjouit du succès que rencontre dans le public cette œuvre «tolérée» par l'État.

Au mois de mai 1856, la vente des *Contemplations* est d'un si bon rapport que, avec l'argent recueilli, Victor Hugo peut acheter, au numéro 38 de la rue d'Hauteville, où il habite déjà [1], une grande bâtisse, assez laide, qui fait face à la mer et qu'il appellera *Hauteville House*. Il la paie vingt mille francs, sans compter les faux frais. Mais elle les vaut bien! Étant devenu propriétaire dans l'île, il devra régler un «droit de poularde» à la Couronne britannique, moyennant quoi il ne risquera plus d'être expulsé. Ravi de son acquisition, il cède aussitôt à sa passion de l'architecture et de la décoration, et convoque sur place tous les corps de métiers. Vêtu d'un pantalon et d'un gilet gris ardoise, une veste brune flottant sur ses épaules, un chapeau mou vissé sur sa tête et un carnet à la main, il passe des heures à surveiller les ouvriers et à discuter, dans un anglais approximatif, avec les entrepreneurs. S'il a renoncé naguère aux

---

1. Rappelons qu'il s'était d'abord installé au numéro 20 de cette rue.

tables tournantes, il n'en est pas moins poursuivi, la nuit surtout, par des phénomènes surnaturels : dans quelque lieu qu'il se trouve, il affirme entendre des bruissements suspects, des soupirs alarmants, des mélopées de l'au-delà. La maison du 38, rue d'Hauteville n'échappe pas à ces influences occultes. Elle est indiscutablement hantée. Ne raconte-t-on pas qu'une femme s'y est suicidée dans le temps ? Les morts ne sont pas morts pour tout le monde. Il suffit de les aimer pour les inciter à revivre en soi. Pour un être conscient de la grandeur de Dieu, tout est mystère, tout est signe dans l'univers quotidien qui nous entoure. Victor Hugo en est d'autant plus persuadé que, depuis des semaines, sa fille Adèle semble atteinte d'une sorte de dérèglement mental. Il espère qu'avec l'air de la mer, le repos et l'affection des siens ses crises nerveuses disparaîtront. Tenue informée, jour par jour, de l'état de la jeune fille, Juliette envoie Suzanne prendre des nouvelles à *Hauteville House* et exprime sa gratitude à Toto qui veut bien lui faire partager ses soucis de père : « Merci avec tout mon cœur, merci avec toute mon âme de m'associer à tes craintes et à tes espérances, à tes tristesses et à tes joies de famille [...]. Si Dieu entend mes prières et les exauce, comme je l'espère dans ma sainte confiance en lui, ta chère fille adorée te sera bientôt rendue avec la santé et le bonheur [1]. »

Dès qu'Adèle reprend un peu goût à la vie et que son père redevient accessible aux préoccupations

---

1. Lettre du 12 décembre 1856.

des autres, Juliette ose le mettre au courant de ses problèmes personnels de logement. Elle ne saurait demeurer indéfiniment dans la chambre d'hôtel inconfortable où elle est descendue. Or, elle vient de découvrir une petite maison charmante, précisément dans la rue d'Hauteville où habitent les Hugo. Si on pouvait la louer pour pas cher, elle aurait tout loisir de contempler, de sa fenêtre, les allées et venues du bien-aimé dans la pièce vitrée qui lui sert de bureau. Pourvu qu'il soit d'accord! «Je serais bien contente, lui écrit-elle, si cette maison pouvait nous convenir [...] parce que tout ce qui me rapproche de toi m'enlève une montagne d'isolement et d'ennui de dessus le cœur.» Hosanna! il accepte! Le contrat de location est signé et Juliette, rayonnante, redonne à la maison son nom primitif de «La Fallue». «Je tiens mon "lucoot" [*look out*], grâce à toi, mon ineffablement bon petit homme, lui mande-t-elle quelques semaines plus tard. Je pourrai te voir presque à tous les moments de la journée! Ô comme je vous guetterai le jour et la nuit! et comme je vous jetterai mon âme par-dessus les toits et mes baisers de *lucoot* à *lucoot*!»

Elle voudrait déjà être dans ces murs et le nez collé à la fenêtre, en voyeuse. Mais les travaux d'aménagement de La Fallue, comme d'ailleurs ceux de *Hauteville House*, traînent en longueur. Pour décorer les deux maisons, Victor Hugo fait venir quelques objets de France et se lance, avec Juliette, dans l'achat, à Guernesey même, de meubles anciens, de bibelots et de tapisseries. Afin d'être présente, fût-ce par l'intermédiaire d'une parure, dans la chambre à coucher de Toto, Juliette lui offre sa belle robe violette brodée d'or. Qu'il s'en serve donc pour arranger des draperies sur un mur, ou même en baldaquin, au-dessus du lit. Il préférera la ranger, tel un objet de culte, dans quelque châsse connue de lui seul. En échange de ce vêtement, consacré par la chaleur de la peau de Juliette, il lui fera don d'un de ses dessins. Un de plus! Elle en a déjà une fameuse collection. Avec sa permission, elle organise, de loin en loin, un dîner pour des hôtes de passage. La Fallue est enfin prête et elle y pend la crémaillère, Victor Hugo trônant à la place d'honneur, le 25 novembre 1856.

Avec cette installation définitive dans ses meubles, Juliette change de vie. Espionne passionnée, elle règle son activité, à distance, sur celle de son illustre voisin. Dès l'aube, elle court à sa fenêtre pour guetter le petit lever de Toto. Quand il apparaît sur son balcon et y attache, en guise de signal, le «torchon radieux», elle se fige, comme au début de la messe à l'église. Là-bas, la délicieuse exhibition commence. D'abord, elle assiste à la découverte par Toto des «gribouillis» qu'elle a déposés, la veille, devant sa porte et à la minutieuse toilette de l'élu. Il quitte son vêtement de nuit rouge, s'asperge d'eau froide et frotte ses membres avec un gant de crin. Tandis qu'il se déplace librement dans la pièce, elle s'emplit les yeux des mouvements de ce robuste corps à demi nu. Un vrai régal pour une femme réduite, depuis longtemps, à la portion congrue! Quel dommage qu'il se rhabille! Déjà, il monte jusqu'au salon vitré – son belvédère –, qu'il s'est fait bâtir au sommet de la maison. C'est là qu'il travaille et qu'il médite tous les matins. Debout, face à la mer tumultueuse, il confronte sa tempête intérieure à celle des éléments. En le regardant écrire, Juliette a l'impression que c'est sur sa peau que court la plume.

Lorsqu'il disparaît à sa vue, c'est comme si le rideau de scène tombait, au théâtre, après un spectacle éblouissant. Désœuvrée, délaissée, Juliette ne sait plus à quoi s'employer. Heureusement, elle a maintenant auprès d'elle un chien qu'elle nomme Cassis et qui la divertit par ses mines et ses jappements. Mais elle ne peut se contenter de cette humble compagnie animale. Elle regrette le temps où elle transcrivait les beaux poèmes des *Contemplations* et presse Toto de lui donner encore des vers ou de la prose à se mettre sous la dent. Or, il a ralenti sa production. Sans doute mûrit-il quelque grand projet dans sa tête. Elle est pleine de respect pour les mystères de la création. A vivre dans le sillage de Victor Hugo, elle a appris que c'est souvent lorsque l'écrivain semble le plus éloigné de sa table de travail qu'il est le plus près de concevoir un chef-d'œuvre. Est-ce pour mieux lui faire prendre patience, en attendant de nouvelles besognes de copie, qu'au mois d'avril 1858 il propose soudain de lui faire visiter *Hauteville House*? Sa femme et sa fille sont parties pour un bref séjour à Paris. C'est le moment, dit-il, d'en profiter. Juliette saute sur l'occasion, tout en regrettant de pénétrer dans le sanctuaire non en invitée, mais en voleuse.

Dès les premiers pas, l'univers qu'elle découvre lui paraît stupéfiant d'invention, d'audace et d'orgueil. Partout, la lettre H, initiale du grand homme, les armoiries du maître, des inscriptions murales symboliques, des aphorismes comminatoires, des meubles massifs et abondamment décorés. Pas un coin laissé au hasard. Le logis entier est un poème de Victor Hugo où les objets remplacent les mots. Passant d'une pièce à l'autre, Juliette respire avec ivresse l'air dont se nourrit le génie de son bien-aimé. En admirant sa maison, c'est encore lui qu'elle admire. Rentrée chez elle, elle ne sait si elle a vécu ou rêvé cette initiation abracadabrante. Elle n'est pas encore revenue de sa surprise lorsqu'elle apprend que Toto est tombé malade: de violentes douleurs au larynx. Peu après, à ces douleurs succèdent des furoncles dans le dos. Adèle étant de retour, Juliette n'ose aller voir Toto chez lui et s'affole: «Mon bien-aimé, mon bien-aimé, mon bien-aimé, qu'est-ce que nous avons fait à Dieu pour qu'il nous frappe si cruellement dans ta santé et dans notre amour? Que faire, mon Dieu, que devenir, toi malade loin de moi? [...] Je prévoyais ce qui arrive, je m'y croyais préparée, je sens qu'il est impérieusement nécessaire que tu restes chez toi, et pourtant tout mon être se révolte contre cette séparation comme devant la plus grande injustice de Dieu, comme devant le plus grand malheur de ma vie [1].» Dès qu'un léger mieux se dessine chez le malade, elle exulte: «Encore un

---

1. Lettre du 16 juillet 1858.

peu de courage et de patience, mon pauvre doux martyr, et ta délivrance sera complète. Le docteur vient de me l'affirmer [...]. Dans l'effusion presque délirante que m'a causée cette bonne nouvelle, j'ai baisé les mains du docteur, devenues vénérables pour moi, depuis qu'elles ont touché tes plaies [1].» Pour le requinquer, elle lui envoie, par Suzanne, du bouillon, des œufs frais. Un jour, elle constate que les couvertures de Toto qu'on a mises, pour les aérer, sur le balcon sont tombées de la balustrade. La bruine et l'humidité du sol risquent de les refroidir. Elle voudrait en prévenir les hôtes de *Hauteville House*, mais elle craint que cette marque de sollicitude ne soit mal interprétée par Adèle: «Pourquoi ta sainte femme ne peut-elle pas voir dans le fond de ma conscience et de mon cœur? Au lieu d'être froissée de mon initiative, elle en serait touchée et elle m'en remercierait, car elle t'aime et elle est bonne [2].» Dans sa frénésie de tendresse, Juliette en arrive à regretter de n'être pas une domestique de la famille, car ainsi elle aurait le droit de bichonner son Toto sans que nul n'y trouvât à redire!

Enfin la guérison du grand homme est constatée par le médecin et proclamée *urbi et orbi*. Pour fêter cette résurrection, il accepte de venir dîner chez elle. Mieux, il lui laisse entendre que, la prochaine fois, il pourrait se faire accompagner par ses fils, Charles et François-Victor. Il lui a déjà présenté

---

1. Lettre du 24 juillet 1858.
2. Lettre du 23 juillet 1858.

Charles quelques jours auparavant, lors d'une excursion à l'île de Sercq. Mais ils ne se sont guère parlé à cette occasion. Aussi intimidés l'un que l'autre, ils ont adopté une attitude guindée sous le regard scrutateur de Toto. Cette fois, à table, il n'en va pas de même. Le succulent repas préparé par Suzanne (volailles dodues, asperges fondantes, tarte aux fruits frais) réjouit les convives. Charles et François-Victor se déboutonnent, plaisantent, rient de bon cœur. A croire qu'une nouvelle famille vient de se constituer autour de Juliette. Victor paraît enchanté de cette entente spontanée entre sa progéniture et sa maîtresse. Il conseille même à Juliette de renouveler l'invitation. Bientôt, le mercredi et le vendredi deviennent les jours de réception des «trois Hugo» dans la salle à manger de La Fallue. Juliette accueille également, à l'occasion, son beau-frère et sa sœur aînée, de passage à Guernesey. Ils sont très honorés de faire la connaissance de «ces messieurs Hugo». Autre bonne nouvelle: elle peut reprendre ses travaux de copie. En effet, après un bref répit, Victor est reparti dans une folle entreprise. Il compte évoquer, par une suite de poèmes, l'histoire de l'humanité, sa marche titubante et opiniâtre vers le progrès, la conscience, la lumière. Ce sera *La Légende des siècles*. Juliette s'applique à recopier, sans sauter une virgule, cette gigantesque et flamboyante épopée. Pour la remercier de ses loyaux services de secrétaire, Hugo lui offre, le 16 août 1859, un grand cadeau: la table sur laquelle il a écrit sa dernière œuvre. Juliette ose à peine l'effleurer du doigt.

Or, voici qu'Adèle, ayant repris à Guernesey, après son voyage en France, ses prérogatives de maîtresse de maison, s'offusque des visites de ses fils à l'ancienne maîtresse de leur père. Ils y vont maintenant chaque semaine. De quel charme use donc cette créature dévergondée pour attirer chez elle les hommes de *Hauteville House*? Prévenue du mécontentement d'Adèle, Juliette serait prête à renoncer à l'hommage hebdomadaire des jeunes gens. Mais Toto, furieux d'être contrecarré dans ses décisions par une épouse qu'il se flatte de dominer encore, exige que Charles et François-Victor continuent de fréquenter l'agréable intérieur de La Fallue. Il sait, quand il le faut, montrer une autorité tranchante. Dernièrement encore, ayant appris qu'une amnistie sans condition était octroyée par Napoléon III à tous les proscrits, il a étonné sa famille, et Juliette elle-même, en refusant de profiter de cette humiliante aumône du pouvoir. «Quand la liberté rentrera, je rentrerai», a-t-il déclaré dans une fière proclamation aux journaux. Bref, Victor Hugo ne fléchit pas, ni en ce qui concerne l'organisation de sa vie privée, ni en ce qui concerne un éventuel retour en France. Il est inébranlable, comme le roc sur lequel il est perché à Guernesey. Et Juliette ne l'en admire que davantage.

Entre-temps, *La Légende des siècles* a été publiée par Hetzel. On en parle, à Paris, comme d'un kaléidoscope où voisinent des éclairs sublimes et des extravagances choquantes pour le bon goût. Dans l'ensemble pourtant, l'admiration, dans le public et chez les critiques, l'emporte sur les réticences. Force est de louer l'auteur, même si on le chicane sur l'outrance de certaines expressions. Le 31 décembre 1859, Hugo se déclare satisfait du résultat artistique et commercial de l'entreprise et offre derechef à Juliette l'encrier dont il s'est servi pour écrire toutes ces pages. Elle devrait s'en réjouir. Mais elle tombe malade à son tour : névrose, rhumatismes, névralgies, fièvre, toux intermittente... Le temps froid et humide donnerait, dit-elle, «du spleen à une huître». Compatissant à ses malaises, Victor Hugo vient, de temps à autre, travailler dans sa chambre, près de la cheminée où brûle un bon feu de bois. Pendant les quelques semaines qu'elle passe au lit, il écrit les meilleures pièces des *Chansons des rues et des bois*. Il les lit au fur et à mesure à Juliette, sur qui elles agissent comme la plus efficace des médecines. Enfin, elle entre en convalescence.

Elle se sent d'autant mieux qu'elle vient d'apprendre de Victor qu'il a décidé de se remettre à la rédaction des *Misérables* (intitulés d'abord *Jean Tréjean*, puis *Les Misères*), interrompue par les «événements» de février 1848. Quel bonheur! Elle va enfin connaître la suite des aventures de Jean Valjean, de Cosette, de Marius et de ce monstre de Javert. Ce qui augmente son plaisir, tandis qu'elle recopie *Les Misérables*, c'est de découvrir, mêlées au récit de Victor Hugo, des allusions à certains détails qui ont marqué leur propre vie. Ainsi a-t-il choisi, pour la nuit de noces de Marius et de Cosette, la date exacte de leur première nuit d'amour à tous deux: la nuit du 16 au 17 février; ainsi a-t-il gratifié sa jeune héroïne des souvenirs que Juliette a gardés de son séjour au couvent des dames de Sainte-Madeleine... La relation écrite qu'elle en a faite pour lui complaire transparaît çà et là et contribue au charme de l'ensemble. Elle se tient dans un coin de la scène comme le «donateur» à genoux dans un tableau ancien. Cette connivence entre une œuvre immense et sa modeste personne lui procure l'agréable sentiment d'être, à son insu, nécessaire à la réussite littéraire de Toto.

Si Juliette se console plus ou moins de sa solitude en songeant au «service» silencieux qu'elle rend à Victor, Adèle Hugo supporte difficilement la vie monotone de *Hauteville House*. Elle a fini, dit-elle, par prendre Guernesey en grippe. Tout l'y ennuie, la ville, les gens, les soudaines bourrasques, le bruit lancinant de la mer. Elle veut retourner, pour quelques jours, à Paris afin de se laver la tête de cette grisaille, de ces embruns, de cette Angleterre. Victor Hugo ne s'y oppose pas. Sans doute est-il même heureux d'un départ qui lui délie les mains. Adèle embarque le 4 février 1859. Elle prévoit de rester six semaines à Paris. Juliette s'en réjouit, tout en feignant d'y être indifférente. On vient de lui retirer un carcan. Adèle partie, Toto n'aura plus l'excuse des obligations conjugales pour se dérober aux invitations de sa maîtresse. La vraie maison du couple, ce ne sera plus *Hauteville House*, mais La Fallue.

L'illusion de Juliette est de courte durée. Victor Hugo ne vient pas plus souvent chez elle et elle n'est pas davantage conviée chez lui. Même en l'absence de sa femme, il demeure marié.

XVIII

HUGO BARBU,
EXILÉ ET TRIOMPHANT

Encore et toujours *Les Misérables* à copier, au rythme de leur élaboration par l'infatigable Toto. Juliette, même débordée, trouve que son auteur favori ne lui livre jamais assez de pages pour assouvir sa faim. Elle a d'ailleurs, depuis peu, un nouveau Victor Hugo dans sa vie. Certes, il n'a pas changé d'âme ni de talent. Mais quelle transformation dans sa physionomie! Il s'est laissé pousser la barbe. Non par coquetterie, affirme-t-il, mais parce qu'il a le larynx fragile et qu'il veut se protéger contre un retour des maux de gorge. Avec cette fourrure épaisse et grisonnante autour du menton, il est encore plus imposant que naguère, estime Juliette. Il était Antinoüs, le voici Zeus. A moins qu'il ne soit Dieu le Père. D'ailleurs, on l'appelle volontiers «le père Hugo» dans les journaux satiriques. En le vieillissant, ce nouvel aspect le rapproche mystérieusement de Juliette. Elle ne se sent plus la compagne défraîchie d'un poète ingambe et imberbe, mais l'humble servante d'un patriarche, qui inspire le respect après avoir inspiré le désir. Et elle ne rougit pas à l'idée que sa liaison avec lui puisse passer, aux yeux de certains, pour le «collage» d'un «grand homme» avec une «petite femme». Elle en est même plutôt fière. Il lui arrive de revendiquer sa servitude comme un honneur. S'il y a un rôle qu'elle ne regrettera jamais d'avoir joué, c'est celui-là!

Du reste, Victor Hugo est incontestablement ragaillardi par la persistance de cet hommage féminin. S'il pose volontiers à l'ancêtre, il a gardé la verdeur intellectuelle de ses trente-cinq ans. Au mois de mars 1861, interrompant son travail, il décide de partir pour la Belgique avec son fils Charles et Juliette. Adèle se rendra, de son côté, à Paris et, plus tard, viendra rejoindre son mari à Bruxelles en évitant, bien sûr, par décence, toute rencontre avec «l'autre femme». A l'annonce de cette escapade mi-amoureuse, mi-familiale, Juliette ne peut contenir sa joie. Le 29 mars 1861, à peine arrivée dans la capitale belge, elle écrit à sa sœur pour lui annoncer que le voyage «fait des merveilles sur la santé de M. Victor Hugo», que celui-ci compte prolonger d'un ou deux mois leur séjour en Belgique et qu'il envisage même d'y terminer la rédaction des *Misérables*. «Quant à moi, précise-t-elle le mois suivant à la même correspondante, la Patrie est où il est et le bonheur partout où sa santé rayonne. Aussi n'ai-je aucune peine ici tant qu'il s'y trouvera bien [1]. » Or, il s'y trouve bien, de toute évidence. De temps à autre, il quitte Bruxelles pour des randonnées touristiques à travers le pays. Le 7 mai, il emmène Juliette à Mont-Saint-Jean et visite avec elle le champ de bataille de Waterloo. Il souhaite évoquer, dans son roman, cet épisode tragique des guerres napoléoniennes. En l'écoutant raconter la journée du 18 juin 1815, qui a vu l'héroïque sacrifice de la garde impériale face à un ennemi supérieur en nombre, elle a l'impression qu'il y était et qu'il puise dans ses propres souvenirs.

De retour à Guernesey, Victor Hugo revoit, la plume à la main, les dernières pages des *Misérables*, dont il a achevé la rédaction le 30 juin 1861 en Belgique, sur le champ de bataille de Waterloo, affirmera-t-il, et «dans le mois de Waterloo». Reste à recopier cette montagne de feuillets. Juliette s'y met de tout son cœur, de toutes ses forces. Mais la tâche est si longue, si ardue qu'elle accepte l'aide de la belle-sœur de Toto, Julie Chenay, qui a une écriture très lisible. Désormais, Juliette et Julie travaillent côte à côte. Il faut que tout le roman soit mis au net et collationné en un temps record, car l'auteur est impatient de le voir imprimé.

Adèle étant revenue à Guernesey après un long séjour sur le continent, les dîners familiaux à La Fallue se raréfient. Mais, si les Hugo s'invitent un peu moins souvent à la table de Juliette, Toto s'offre

---

1. Lettre du 24 avril 1861.

toujours aussi généreusement à ses regards dans le *look out* vitré de *Hauteville House*. «J'aperçois toutes vos nudités à travers vos fenêtres et ma pudeur ne se révolte pas. Où allons-nous? Où vas-tu, ô Juju?» lui écrit-elle le 12 février. Et, le 14: «Je viens de vous saluer dans votre grand uniforme d'Adam, et je dois avouer que cette tenue vous va fort bien.» Enfin, le jour suivant, ayant manqué l'apparition de Victor à sa toilette, elle se désole plaisamment: «Je ne t'ai pas encore vu dans ton négligé de triton.» Les exhibitions quotidiennes de son anatomie pourraient gêner ou lasser Hugo. En vérité, il se prête volontiers au voyeurisme de Juju. Puisqu'elle s'en contente, pourquoi l'en priver? Toutefois, l'esprit de Toto plane très au-dessus de ces pensées frivoles. Depuis qu'il s'est posé en défenseur de tous les déshérités du monde, il se sent investi d'une vocation charitable qui dépasse le domaine de la littérature. En attendant la publication des *Misérables* à Paris, il décide brusquement de s'occuper des «misérables» de Guernesey. A cet effet, il organisera chaque semaine, à *Hauteville House*, un repas gratuit pour douze enfants pauvres de l'île. En ce jour faste, les petits invités mangeront la même chose que le maître et seront servis, en signe d'humilité, par tous les membres de la famille Hugo. Leur seule obligation sera de dire, en s'asseyant devant leur assiette: «Dieu, soyez béni!» Et, en se levant: «Dieu, soyez remercié!» Cette manifestation ostentatoire des bons sentiments de Toto attendrit Juliette presque autant que les plus chatoyants poèmes des *Contemplations*.

Le premier repas de charité a lieu le 5 mars 1862. D'autres suivront, et le nombre des jeunes convives augmentera rapidement, ainsi que la fréquence de leurs réunions. En contemplant ces enfants inconnus qu'il nourrit bénévolement, de temps à autre, Victor Hugo goûte le réconfort moral d'avoir mis ses actes en accord avec ses idées.

Il est récompensé, au-delà de ses espoirs, par la publication en mai 1862, à Bruxelles et à Paris, des premiers volumes des *Misérables*. Le succès populaire est immédiat. Entraînés par le torrent du récit, les lecteurs n'ergotent pas sur la vraisemblance des caractères et des péripéties. Ils adoptent avec un tel enthousiasme les personnages du roman que ceux-ci, par leur outrance même, deviennent pour eux d'inoubliables compagnons de route. Moins on y croit, plus on les aime. On se demande si on ne les a pas rencontrés dans une vie antérieure. Seuls quelques esprits chagrins osent parler de truquage et de boursouflure. Le goût de l'exagération romantique serait-il en train de baisser chez une élite prétendument raffinée? Dans la presse, certains critiques tatillons font des réserves. Plusieurs textes parodiques, dus à des plumitifs hargneux, s'efforcent d'inciter le public à rire de ce qu'il serait tout disposé à admirer. Mais le livre continue de se vendre mieux qu'aucun autre du même auteur. Déjà, *Les Misérables* sont en passe de devenir un classique de l'anticlassicisme.

Encouragé par le bruit fait autour de son livre, Victor Hugo se rend à Bruxelles pour assister au «banquet des *Misérables*». Cette consécration du «maître» est organisée par les éditeurs belges Lacroix et Verboeckhoven. Le bourgmestre de la ville, le président de la Chambre des députés, le gratin intellectuel du pays, tous sont là pour témoigner leur déférence au superbe exilé. Les discours et les toasts se succèdent sans que personne en paraisse las. Comme de juste, Juliette n'a pas été admise à la table officielle. Depuis longtemps, elle a l'habitude d'être traitée en lépreuse lors des «grandes occasions». Mais elle est présente, dans son coin, dérobée aux regards des notables, et elle se gargarise de bonheur. De retour à Guernesey, elle écrit à sa sœur et à son beau-frère, le 7 octobre 1862: «J'aurais voulu que vous eussiez pu entendre tout ce qui s'est dit là de beau, de bon, de grand, d'utile, de généreux et de sublime. J'assistai à cette fête splendide et merveilleuse, cachée derrière une draperie et mon éblouissement physique et moral dure encore.»

Son identification au bien-aimé est si forte que, parfois, elle croit être parvenue elle-même, grâce à lui, au sommet de sa carrière de femme. Dans ce cas, sa chance lui monte à la tête et elle remercie Dieu de l'avoir placée, au bon moment et au bon endroit, sur la route d'un génie. Revenant en arrière, elle s'étonne de constater à quel point elle s'est assagie au fil des années. Il fut un temps où elle aimait sortir, exhiber ses robes, se mêler au cliquetis des conversations, plaire aux hommes, attiser la jalousie des femmes, et voici qu'aujourd'hui cette vaine agitation lui est insupportable. Elle n'est à son aise que blottie dans l'ombre de l'écrivain qu'elle idolâtre. Elle accepte tout de lui, pourvu qu'il continue sinon à la désirer, du moins à partager son existence. Elle se fond en lui jusqu'à ne plus rien souhaiter pour elle-même. Cependant, elle doit reconnaître que, depuis quelque temps, la vie semble lui sourire. Entre *Hauteville House* et La Fallue, les signes de compréhension se multiplient. A la guerre larvée succèdent les essais d'un paisible accommodement. Un jour, c'est Adèle qui fait parvenir à Juliette un fromage qu'elle trouve savoureux; un autre jour, c'est Juliette qui envoie à Adèle, par l'intermédiaire de Suzanne, un gâteau que la servante vient de confectionner. Alors que Juliette se félicite déjà de cette bonne entente entre les deux maisons, Toto envisage subitement de la faire déménager. La Fallue, prétend-il maintenant, est une bâtisse malcommode, humide, insalubre. Et il insiste pour que sa maîtresse s'installe dans l'ancien appartement qu'il a occupé, au numéro 20 de la rue d'Hauteville. Cette solution présente pour Juliette un inconvénient majeur, car, du coup, elle perdrait sa «vue imprenable» sur les fenêtres du bien-aimé. Au fait, n'est-ce pas par calcul qu'il cherche à l'éloigner? N'est-il pas agacé d'être surveillé, du matin au soir, par une femme jalouse? Ne va-t-il pas en profiter pour se livrer, hors de son contrôle, à de nouvelles frasques? Elle n'ose lui parler de ses soupçons et, devant son insistance, cède comme elle l'a fait hier, comme elle le fera toute sa vie sans doute. Un bail de neuf ans est signé le 19 mai 1863.

Le nouveau logis qui est attribué à Juliette est plus vaste que le précédent. Suzanne ne pourra suffire à en assurer le ménage. D'ailleurs, la malheureuse est fatiguée par l'âge et par la boisson, dont elle abuse. Il lui faudrait une auxiliaire. Or, Juliette se méfie des filles de Guernesey, qui sont aussi paresseuses que délurées. Toto est un trop chaud lapin pour qu'on lui offre, à domicile, des occasions de s'oublier. Elle charge sa sœur, Renée Koch, de lui trouver à Brest une Bretonne «de trente à quarante ans», laide et célibataire, travailleuse, honnête, sobre, saine et se contentant comme gages de vingt-cinq francs par mois. Tandis que les ouvriers aménagent l'intérieur du 20 de la rue d'Hauteville, elle harcèle de lettres les époux Koch qui tardent à dénicher la perle des domestiques: «Ce qu'il me faut, leur écrit-elle, ce n'est pas une jeune fille dont la vie est à faire, ni une vieille femme dont la vie s'achève, mais une femme entre deux âges [...], ayant renoncé, par goût ou par nécessité, au mariage et à tout ce qui y confine[1].»

Enfin, Renée Koch et son mari découvrent la servante idéale et promettent de l'amener eux-mêmes à Guernesey, au mois d'octobre 1863. En accueillant Émilie – c'est le nom de la nouvelle soubrette –, Juliette se croit délivrée de tous les tracas domestiques. Mais est-ce Émilie qui déçoit Juliette ou Juliette qui déçoit Émilie? Toujours est-il que, quelques jours plus tard, la patronne et l'employée en viennent aux mots. Émilie est

---

1. Lettre du 23 juillet 1863.

renvoyée. On lui paie son voyage de retour. Renée Koch est à la fois désolée et vexée. Elle aurait tant voulu faire plaisir à sa sœur! Et elle s'est donné tant de mal! Par chance, le 27 décembre, on trouve une Élisabeth fort acceptable pour remplacer Émilie. Dès sa prise de fonctions à La Fallue, la nouvelle recrue s'évertue à aider Suzanne. Malheureusement, celle-ci est devenue une ivrognesse invétérée. On ne peut plus compter sur elle pour s'occuper du déménagement. Et là-bas, sur le chantier, la besogne des menuisiers et des peintres n'avance guère. Sans attendre l'achèvement des travaux, Victor Hugo décide d'acheter la maison du 20, rue d'Hauteville, destinée à devenir le logis définitif de Juliette. Elle s'amuse à l'idée qu'il sera ainsi doublement propriétaire, puisqu'elle lui appartiendra non seulement par le corps, mais aussi par les murs! Néanmoins, elle a le cœur gros en pensant que bientôt elle devra se séparer de La Fallue. Dès le 30 octobre 1863, elle écrit à Victor: «Je sens que je regretterai éternellement cette pauvre petite maison d'où mon regard te voyait, te caressait, te gardait, te préservait et t'adorait […]. Tâche que l'écartement de nos deux maisons n'entraîne pas celui de nos cœurs.» Quelques mois plus tard, elle réitère sa plainte: «Je profite des dernières minutes pour remplir mes yeux et mon cœur de ta vue, de celle de ta maison, de ton jardin et de l'horizon que tu vois tous les jours de ton *lucoot*.» Enfin, le 15 juin 1864, à la veille de son départ: «Je prolonge le plus que je peux les moments sans pouvoir me décider à quitter cette chère petite maison dont j'avais fait l'église de mon culte pour toi. Je voudrais en emporter les murs contre lesquels tu t'es appuyé, le plancher sur lequel tu as marché et jusqu'à la poussière que tu as dédaignée.»

Cependant, une fois installée «chez elle», elle reconnaît que, pour ce qui est du confort et de la décoration, elle a gagné au change. Comme à *Hauteville House*, Toto a, ici, imprimé son goût à l'ameublement des lieux. On trouve de tout dans ce nouveau temple consacré à la gloire du poète: des pyrogravures délirantes dont il est l'auteur, un salon chinois aux boiseries rouges, des magots grimaçants, des dragons de porcelaine, des lanternes tarabiscotées, des torchères Louis XV, des statues orientales au sourire énigmatique... Victor Hugo s'y est fait arranger une chambre personnelle, mais Juliette craint que cette pièce, fort agréable, ne soit destinée à rester vide les trois quarts du temps. En outre, elle déplore d'être définitivement privée du spectacle de Toto allant et venant dans sa cage de verre. Pour apaiser ses regrets, il lui promet d'attacher chaque matin, dès son réveil, à la croisée de sa chambre à *Hauteville House*, un mouchoir blanc. Ce «torchon radieux» signifiera qu'il a passé une bonne nuit et qu'il l'aime toujours. Devra-t-elle se satisfaire en tout et pour tout des messages de ce télégraphe aérien? Selon les suggestions d'un hôte de passage à Guernesey, elle baptise son «cottage», qui est, dit-elle, une sorte de succursale de *Hauteville House*: «Hauteville Féerie.» Au vrai, la «féerie» est rarement présente entre ces murs trop abondamment décorés.

Pourtant, vers la fin de l'année, Juliette pourrait croire à un miracle: elle reçoit un livre qu'Adèle vient de publier, *Victor Hugo raconté par un témoin de sa vie*. Elle savait, certes, qu'Adèle avait écrit ce texte pour présenter sa version des origines d'Hugo et de ses débuts dans la littérature. Mais elle ne s'attendait pas à être gratifiée d'un exemplaire de l'ouvrage avec cette dédicace amicale: *A Madame Drouet. Écrit en exil. Donné par l'exil. Adèle Victor Hugo. Hauteville House.* Ce geste tardif de réconciliation la bouleverse. D'autres menues attentions suivront, par-dessus la frontière idéale qui sépare les deux femmes du maître. Le 20 octobre 1864, Victor annonce à Juliette que son épouse la convie à partager, avec la famille, le repas des enfants pauvres de Guernesey. Une lettre fort courtoise d'Adèle appuie cette ouverture de paix: «Noël est la fête des enfants et, par conséquence, des nôtres. Vous seriez bien gracieuse de venir assister à cette petite cérémonie. La fête aussi de votre cœur. Agréez, Madame, l'expression de mes sentiments aussi dévoués qu'affectueux.» La tentation est grande, pour Juliette, d'accepter la main tendue. Mais, à l'exemple de Toto, qui a refusé naguère l'offre de Napoléon III de rentrer en France, elle estime qu'elle doit, par dignité pure, décliner cette proposition d'Adèle de se joindre à la famille pour célébrer le *Christmas* de la charité. Elle se bornera à envoyer ses deux domestiques à *Hauteville House* pour aider au service de la table. Soucieuse de rester à l'écart de ces gentillesses, autant par fierté que par discrétion, elle répond à Adèle: «La fête, Madame, c'est vous qui me la donnez. Votre lettre est une douce et généreuse joie. Je m'en pénètre. Vous connaissez mes habitudes solitaires et ne m'en voudrez pas si je me contente aujourd'hui, pour tout bonheur, de votre lettre [...]. Trouvez bon que je reste dans l'ombre pour vous bénir tous pendant que vous faites le bien.» En vérité, pour l'une comme pour l'autre, ce n'est que partie remise. Les échanges de bons procédés continuent. A plusieurs reprises, en 1866, lors d'un voyage en Belgique, Juliette déjeunera avec le couple Hugo. Néanmoins, si la jalousie s'est émoussée de part et d'autre, il n'y a aucune amitié entre les deux femmes.

Juliette a soixante ans. Adèle à peine plus. Mais elle aussi se sent désespérément lasse et constate, chaque fois qu'elle se regarde dans la glace, qu'elle a un visage pesant, des lèvres décolorées et un regard éteint. Elle abandonne de plus en plus souvent son mari pour de brefs séjours à Paris ou à Bruxelles. Et, quand elle part ainsi, pour le plaisir du dépaysement, elle n'est pas mécontente de savoir qu'il y a, à Guernesey, une femme dévouée, et somme toute inoffensive, qui prend la relève. L'intérim n'est plus un risque à cet âge, pense-t-elle avec philosophie. Après avoir été une rivale, Juliette est devenue, à ses yeux, une sorte d'infirmière, d'intendante au grand cœur, sur qui elle peut se reposer pour que Toto soit bien soigné, bien surveillé et bien nourri en son absence. Quant à Juliette, elle est ravie qu'Adèle lui cède la place, de temps en temps, même si elle doit se satisfaire de jouer les doublures. Elle se dit que, tout compte fait, grâce à ce partage d'un homme entre deux femmes, elle a plus de chance que si Victor s'avisait de rentrer en France, comme on ne cesse, çà et là, de le lui suggérer. De nombreux proscrits ont déjà regagné leur patrie et s'en félicitent. L'obstination d'Hugo à ne pas les imiter fait le bonheur de Juliette. Persuadée qu'à Paris, où les coquettes abondent, il ne résisterait pas à la tentation de la tromper avec la première venue, elle bénit le sort de les tenir, elle et lui, à l'abri de telles aventures.

Adèle, de son côté, a beaucoup de soucis en ce moment, à cause de sa fille, qui est sur le point de perdre la raison, et de son fils François-Victor, dont la fiancée vient de mourir. Juliette la plaint sincèrement, mais, dans cette série de calamités familiales, c'est surtout à la tranquillité de Toto qu'elle pense. Pourvu que cet excès de contrariétés ne lui fasse pas tomber la plume de la main! Heureusement, il a les nerfs solides. Contre vents et marées, il continue d'écrire, et cela, juge-t-elle, de mieux en mieux. Si l'épouse légitime restait encore un peu plus longtemps au loin, Juliette aurait une existence de rêve. Mais, après avoir séjourné plusieurs mois à Bruxelles, auprès d'un François-Victor éploré, Adèle revient à Guernesey pour reprendre sa place à la droite de Toto. Au mois de janvier 1867, bon gré mal gré, Juliette doit s'effacer.

Afin d'apaiser l'acrimonie de sa maîtresse, Victor

Hugo obtient d'Adèle que, le 22 janvier 1867, elle fasse une visite officielle à Juliette pour la remercier d'avoir si bien veillé sur lui pendant qu'il était seul à *Hauteville House*. Juliette accueille très aimablement cette démarche de capitulation féminine et accepte, à la demande du principal intéressé, de rendre sa politesse à Mme Hugo. Toutefois, elle tient à conserver ses distances avec celle qui l'a si longtemps traitée en intrigante et elle prévient Toto, non sans raideur: «Mon empressement à remplir cette formalité [la visite à Adèle] tient à la déférence que je fais honneur de professer pour ton admirable femme. Cela fait, je rentre dans ma tanière pour n'en sortir qu'avec toi, les jours de beau temps [1].» Ayant dit, elle s'exécute avec une grâce froide et conventionnelle; elle escompte, dès le lendemain, recevoir des compliments du bien-aimé pour la bonne volonté dont elle a fait preuve. Mais, en la remerciant de sa compréhension, il éprouve le besoin de lui préciser que ces rencontres de doux voisinage ne doivent pas devenir une habitude. A ce propos, il se demande même si ses propres visites à Hauteville Féerie ne sont pas mal vues des habitants de l'île, qui, comme tous les Anglais, sont de fieffés puritains. Du coup, Juliette se rebiffe et lui écrit, le 29 janvier, «à huit heures du matin»: «Il y a une considération de dignité, de fierté et d'honneur qui prime pour moi toutes les autres. Je n'ai jamais rien demandé, rien espéré et rien désiré du *préjugé*. Pour-

---

1. Lettre du 24 janvier 1867.

quoi donc le préjugé veut-il me forcer à lui céder l'honneur de ma vie à vil prix et au rabais […]? J'entends et je prétends t'aimer en dehors de toutes les conventions du monde.» Elle ne comprend pas que Victor Hugo, lequel se présente si volontiers en dénonciateur de l'hypocrisie et en réformateur des mœurs de la société, ait parfois des réactions de bourgeois encroûté. Comment peut-il vouloir guider ses contemporains sur la voie du progrès et de la liberté tout en craignant qu'ils ne dénoncent ses atteintes personnelles au conformisme? Mais l'obstination sereine et patriarcale de Toto a vite raison de la révolte épisodique de Juju. Quand il envisage d'aller avec elle et Adèle en Belgique, elle le remercie d'avoir pensé à l'emmener. Elle part, escortée de Suzanne, et loge dans la galerie Saint-Hubert, tandis que Victor rejoint sa famille dans l'appartement de ses fils, 4, place des Barricades. Le poète a été tout attendri par la naissance, quatre mois auparavant, de son petit-fils Georges (le fils de Charles). L'enfant sera baptisé le 25 juillet à la cathédrale Sainte-Gudule. Fidèle à son parti pris de réserve, Juliette se contentera de se faire représenter à la cérémonie par Suzanne. Cependant, elle ira, à plusieurs reprises, bavarder avec Mme Hugo, dont la santé décline rapidement. Apprenant qu'Adèle est sur le point de perdre la vue, elle s'offrira même spontanément à lui servir de lectrice.

A peine est-elle rentrée à Guernesey qu'on l'informe de la mort du petit Georges, emporté, le 14 avril 1868, par une méningite. Juliette mesure le chagrin des parents et surtout celui du grand-père. Toto était si fier de ce petit-fils providentiel! Comment supportera-t-il le choc? Ne va-t-il pas en être perturbé dans son travail? Depuis plusieurs mois, il a été repris par des obsessions et des visions prémonitoires. Partout ce ne sont, autour de lui, que frappements mystérieux et souffles de l'au-delà. Il n'a plus besoin de tables tournantes pour correspondre avec les défunts. Le moindre objet, le plus banal visage sont, pour lui, porteurs d'un message. Par extraordinaire, malgré ses angoisses, il continue d'écrire «à force». Après avoir bouclé un *William Shakespeare*, où il parle surtout de lui-même et de son siècle, et un roman, *Les Travailleurs de la mer*, cauchemar hallucinant où l'antithèse est reine, où la tempête assaille le héros, où une pieuvre géante est l'incarnation du destin, il s'est attelé à une nouvelle œuvre: *L'Homme qui rit*. Chacun de ses livres est promis, à présent, à un grand succès de vente et d'estime. Pourtant, il se sent rejeté par une partie des Français, qui lui reprochent aussi bien ses excès verbaux que ses prises de position démocratiques, et il est inquiet pour l'avenir pécuniaire de sa famille. Que deviendront les siens, que deviendra Juliette si, subitement, son inspiration tarit? On n'est jamais sûr du lendemain quand on doit tirer de sa cervelle tout l'argent nécessaire au quotidien! Un malaise, un faux pas et on est ruiné!

Pour l'instant, d'ailleurs, ce n'est pas la santé de l'écrivain qui inquiète les médecins, mais celle de Mme Hugo. L'ayant retrouvée à Bruxelles au début du mois d'août, il est frappé du changement qui s'est opéré en elle. Alors que son visage s'est profondément altéré, elle témoigne, à l'égard de son entourage, d'une douceur et d'une docilité désincarnées. Elle dit à son mari que tout est oublié, que son seul désir, aujourd'hui, est de mourir dans ses bras. Juliette, à son tour, se précipite au chevet de la malade. Le 25 août 1868, Adèle subit une attaque d'apoplexie. Le 26, son état empire et Juliette écrit à Victor: «Je prie Dieu de t'épargner, ainsi qu'à tes chers enfants, le malheur qui vous menace en ce moment dans la vie de ton angélique et adorable femme. J'espère, j'espère, j'espère. Je prie, j'appelle à mon secours et au tien tous nos chers anges de là-haut.» Le 27, Adèle rend le dernier soupir. Avant de perdre connaissance, elle a demandé à être enterrée à Villequier, auprès de Léopoldine. Hugo ne pouvant rentrer en France, il décide d'accompagner le cercueil jusqu'à la frontière et endosse des vêtements noirs qu'il ne quittera plus. Invitée à se joindre au convoi funèbre, Juliette, malgré sa désolation, décline cette offre dictée par la sympathie des survivants. «Plus je pense au triste voyage de ce soir, écrit-elle à Victor le 28 août, plus je sens que je dois m'abstenir d'en faire partie. L'hommage pieux de mon cœur envers cette grande et généreuse femme ne doit pas s'exposer à être mal interprété par des indifférents ou des malveillants. Encore ce dernier sacrifice à la malignité humaine pour avoir le droit de nous aimer ensuite à ciel ouvert, n'est-ce pas mon bien-aimé? Et puis, que rien, jamais, ne nous sépare ici-bas, ni là-haut, tel est mon vœu ardent!» La disparition de l'éternelle rivale est-elle, pour Juliette, l'annonce d'une nouvelle vie? En saluant cet épilogue comme un cadeau, elle a l'impression de commettre un sacrilège. Toto lui pardonnera-t-il d'être à la fois heureuse et malheureuse?

XIX

DÉFAITE DE LA FRANCE, VICTOIRE D'HUGO

La femme de Charles Hugo, Alice, ayant mis au monde, entre-temps, un deuxième garçon, prénommé Georges en mémoire de celui qui est décédé l'année précédente, Victor décide de s'attarder à Bruxelles pour assister au baptême. Malgré sa joie d'être à nouveau grand-père, il ne pose pas ses habits de deuil pour la cérémonie. Ce n'est qu'en octobre 1868 qu'il repart, avec Juliette, pour Guernesey. Ce retour est aussi étrange pour elle que pour lui. Hugo mesure, avec mélancolie, le vide qu'a laissé derrière elle cette femme dont, depuis longtemps, il n'attendait plus rien. Quant à Juliette, elle se demande si Adèle ne sera pas plus redoutable pour elle dans la mort que dans la vie. On peut lutter contre une créature de chair et de sang, mais pas contre un fantôme. Surtout quand le mari de la défunte s'appelle Victor Hugo et qu'il prête si volontiers l'oreille aux voix d'outre-tombe. Les défauts de la disparue s'effacent et son souvenir épuré, magnifié devient un objet de vénération. A Juliette aussi, maintenant, il semble qu'Adèle pèse d'un poids mystérieux sur son existence. Depuis qu'elle ne la voit plus, elle subit davantage son ascendant. L'absence serait-elle plus efficace que la présence dans le comportement de ceux que leur compagne a quittés pour un monde meilleur? Inquiète du sentiment de culpabilité qui la poursuit contre toute raison, Juliette songe à se faire une alliée de l'ancienne rivale qui n'est plus là pour lui barrer la route. «Depuis que j'ai repris possession de ma vie ici, écrit-elle à Victor le 10 octobre, mon âme s'est agrandie et comme doublée et je t'aime à la fois avec la grande âme de ta chère absente et la mienne. Je lui demande encore un peu de ce don divin qu'elle avait, celui de te rendre heureux, et j'espère qu'elle me l'accordera puisqu'elle voit le fond de mon cœur.»

Par moments, une idée aussi grisante que terrible lui traverse le cerveau. Maintenant que Toto est veuf, pourquoi ne l'épouserait-il pas? Être à son tour Mme Victor Hugo! Avec la bénédiction de l'Église et l'assentiment de la société! Sa tête se perd dans les nuages. Mais aussitôt elle se ressaisit. Ils sont trop vieux, l'un et l'autre. A leur âge, une telle union paraîtrait déplacée, voire ridicule! De toute façon, elle ne serait jamais que la seconde épouse du maître. Après trente-cinq ans d'une passion violente et secrète, espérer la plus banale des régularisations, quelle déchéance! Elle ne se prêtera pas à cette comédie dont les journalistes parisiens feraient leurs choux gras. Même si Toto lui demande d'être sa femme, elle dira non. Par respect pour lui, par respect pour Adèle, par respect pour elle-même. Trop tard! Le temps a fait son œuvre. Pourquoi faut-il que ses vœux les plus chers soient exaucés à l'heure du déclin, quand il lui est impossible de savourer sa victoire?

D'ailleurs, ce n'est pas un passage officiel devant le maire et le curé qui lui rendrait le goût de la vie. Elle se sent «hors d'usage», se plaint de fréquentes douleurs d'estomac, qu'elle combat en appliquant un sac de sel bouillant sur son ventre, un fer chaud à ses pieds, des flanelles et de l'ouate partout. Ces malaises l'empêchent de travailler régulièrement sur les manuscrits de Victor Hugo. C'est Julie Chenay qui en assure, la plupart du temps, la copie. Alors que Juliette dépérit dans l'inaction et les souffrances de toutes sortes, Victor avance avec bonheur dans la rédaction de *L'Homme qui rit*, fait de longues promenades à travers l'île, se rôtit au soleil, se baigne dans la mer, quelle que soit la température de l'eau, se soigne à sa façon en avalant des cuillerées de goudron, dîne de bon appétit à la table de Juju, l'étourdit par le récit de ses projets, la quitte, rassasié, pour retourner à *Hauteville House*, tombe dans son lit et s'endort du sommeil du juste. A supposer que le veuvage trouble parfois sa pensée, son corps n'en est nullement affecté. Juliette se réjouit de ce bel équilibre chez le bien-aimé. Elle souhaiterait qu'il en fût de même pour elle. Mais des crises de goutte s'ajoutent maintenant à ses indigestions. Elle voudrait tant accompagner Toto dans ses randonnées d'un bout à l'autre de Guernesey! Elle en est physiquement incapable. Et il a quatre ans de plus qu'elle! La nature fait bien mal les choses!

Cependant, quelle que soit la répugnance de Juliette à se déplacer, elle accepte, au mois d'août 1869, de suivre Toto à Bruxelles, puis en Suisse. François-Victor, Paul Meurice et Louis Mie se joignent à eux. Un voyage, somme toute, très agréable. Le 13 septembre, le petit groupe itinérant arrive à Lausanne, où Victor Hugo doit présider un congrès de la Ligue internationale pour la paix et la liberté. Là encore, il fait son plein d'applaudissements. Les festivités s'achèvent par un dîner de trois cents couverts, à la fin duquel il porte un toast aux «États-Unis d'Europe», qui scelleront, dit-il, la réconciliation de tous les peuples de la terre sous le soleil de la tolérance, de la justice sociale et du progrès. Quand il reprend le train, avec Juliette et leurs amis, des foules d'admirateurs, se relayant de gare en gare, acclament le convoi. On crie: «Vive Victor Hugo! Vive la république!» devant la fenêtre de son wagon.

Le 6 octobre, Victor et Juliette regagnent la Belgique, non sans avoir visité, en ouragan, quelques coins de Suisse et d'Allemagne. Un événement heureux attend le poète à Bruxelles. La femme de Charles, décidément infatigable, vient de mettre au monde une fillette, Jeanne. Grand-père comblé,

Victor Hugo contemple avec émotion l'enfant dans ses langes et Juliette se dit que la chère petite ne se doute pas que, à défaut de fée, c'est un génie qui se penche sur son berceau. Le 3 novembre, il quitte à regret l'appartement de la place des Barricades. Trois jours plus tard, quand il se retrouve à Guernesey, seul devant ses papiers, face à l'immensité de la mer, il a le sentiment que cette nouvelle naissance dans la famille de son fils lui offre les meilleures raisons de continuer à travailler et à espérer. Ce ne sont plus ses contemporains qui attendent de lui des chefs-d'œuvre, mais les générations futures. Ce n'est plus pour son époque qu'il écrit, mais pour l'éternité. La vue de l'horizon lui inspire une conception de plus en plus large de ses devoirs d'artiste et de penseur. Quand il se compare à l'Océan, il ne se juge pas tellement inférieur à lui par le mouvement, l'ampleur et le mystère. Le 2 décembre 1869, Juliette lui confie: «Je serais bien tentée de bénir le coup d'État, qui m'a donné, depuis dix-huit ans, le bonheur sans limites de vivre auprès de toi, mon grand adoré, si je ne sentais pas que ce bonheur égoïste est fait de ton sacrifice personnel [...]. Je remercie Dieu avec reconnaissance, qui m'a permis de vivre à côté de toi, sinon au plus près de ton cœur.» Elle est à ce point contente de respirer dans le sillage du grand homme et de le mignoter à loisir qu'elle en oublierait ses misères physiques pour lui préparer la collation sacrée du matin. «Je tâche de prendre patience en m'occupant de toi. J'ai déjà choisi les deux œufs, mis de l'eau neuve dans ta cuvette et une serviette immaculée sur ton assiette. Suzanne est en train de faire ton café qui embaume toute la maison.» Le 7 juillet 1870, réjouissances familiales: Charles et sa femme Alice, ainsi que leurs enfants, Georges et Jeanne, arrivent à Guernesey. Mais, toujours aussi hostile aux cérémonies, Juliette n'assiste pas, le 14 juillet, à la plantation, par Victor Hugo, dans le jardin de *Hauteville House* et en présence de nombreux amis, d'un gland symbolique d'où sortira, proclame-t-il, «le chêne des États-Unis d'Europe». Les États-Unis dont il souhaite l'avènement seront, bien sûr, pacifiques, généreux et socialistes.

Cette profession de foi s'oppose à l'agitation qui, depuis quelques semaines, perturbe la France. Les journaux, les parlementaires et l'homme de la rue sont de plus en plus exaspérés. Mais ce n'est pas contre Napoléon III qu'ils en ont, c'est contre la Prusse, dont les rêves d'expansion territoriale, attisés par Bismarck, sont jugés insupportables par le gouvernement impérial. Dans Paris surchauffé, des manifestants défilent en chantant *La Marseillaise* et en hurlant: «A Berlin!» Le 15 juillet, la Chambre vote à l'unanimité la déclaration de la guerre.

Immédiatement, Victor Hugo prend la mesure historique de l'événement. Quelle que soit l'issue des combats, il y aura, à coup sûr, d'énormes bouleversements en Europe. Dans ces conditions, un Hugo ne peut rester calfeutré dans son refuge, loin du conflit. Alors que Juliette tremble à l'idée d'être arrachée à la paix britannique de Guernesey pour se lancer dans la plus imprévisible des aventures, il range ses manuscrits dans la malle qui a déjà servi tant de fois à leur transport et annonce son intention de partir pour Bruxelles et d'y guetter le moment de regagner Paris. Affolée, Juliette jette les hauts cris: «Ce à quoi je sens que je ne m'habituerai jamais, ce sont les périls de toutes sortes que tu vas affronter en allant à Paris: depuis la perte de ta santé, jusqu'à la perte de ton amour pour moi, c'est-à-dire la mort de mon âme. Je pense avec effroi aux tortures de toute espèce que je vais retrouver là, et mon courage recule et demande grâce d'avance. J'ai lutté toute la nuit contre la coupable pensée de déserter mon poste lâchement, avant même d'avoir vu l'ennemi, non pas celui d'un combat à feu et à sang, mais celui qui vous tue avec un sourire. Mais je n'ai pas le courage de ma lâcheté. J'aime mieux souffrir mille morts dans l'espoir de te préserver peut-être d'un danger. Il faut à tout prix que tu vives, que tu achèves glorieusement ton œuvre et que tu sois heureux, n'importe avec qui, n'importe comment… Tant pis ou tant mieux pour moi si je succombe à la tâche.»

Entre-temps, le neveu tendrement aimé de Juliette, Louis Koch, a rejoint, à Guernesey, Charles, Alice et leurs enfants. C'est tout un petit clan attentif et déférent qui entoure Hugo. Il en a bien besoin, car les nouvelles de France sont de plus en plus mauvaises. Les Prussiens collectionnent les victoires. Aucune ville ne leur résiste. On compte les morts par milliers. La route de Paris est ouverte. Le moment est venu, pour le poète, de se rapprocher de la patrie en danger. Le 15 août, Victor, son fils, sa bru, leurs rejetons, Juliette et son neveu Louis Koch, la nourrice du bébé et trois bonnes embarquent sur le *Britanny* à destination de la Belgique. A peine arrivé à Bruxelles, Louis Koch se propose pour aller cueillir des nouvelles fraîches à Paris. Celles qu'il donne de là-bas, en langage chiffré, par télégramme, sont consternantes. Il n'y a plus la moindre chance d'endiguer la marée allemande. Hugo est déchiré entre le désir de voir la France victorieuse malgré tout et celui d'assister à la chute de l'exécrable Napoléon III. La rapidité des événements abrège ses hésitations entre l'orgueil national et la préférence politique. Le 2 septembre 1870, Sedan capitule; Napoléon III est fait prisonnier; l'Empire s'écroule. Le 4 septembre, la république est proclamée. La place de Victor Hugo est, comme de juste, au chevet du nouvel État. Dès le lendemain, il monte, avec sa famille et Juliette, dans le train de Paris. «Voilà neuf ans que j'attendais ce moment-là», dit-il d'une voix brisée. Juliette partage son émotion. Mais il lui est impossible d'être totalement heureuse. Elle craint de quitter le paradis de l'exil contre l'enfer de la patrie. A peine a-t-elle débarqué à la gare du Nord que son appréhension se mue en certitude: Judith Gautier, la fille du «bon Théo», resplendissante de grâce, d'élégance et de jeunesse, se précipite sur Victor Hugo, lui prend le bras, lui sourit, lui parle de tout près, avec animation. Juliette ne peut empêcher ces marques d'une estime qui, pour être féminine, n'en est pas moins sincère. Est-ce pour elle le début d'un nouveau supplice?

Pour commencer, elle doit renoncer à tout espoir de calme et d'intimité. Elle est descendue, avec la famille Hugo, au Pavillon de Rohan, rue de Rivoli. Du matin au soir, la maison est envahie de quémandeurs, de curieux, de littérateurs anonymes ou célèbres. On y rencontre aussi bien Edmond de Goncourt que des plumitifs besogneux. Certains passent la nuit, sans façon, sur un des divans du salon ou de l'entrée. Fatiguée par l'affluence des visiteurs, assourdie par le brouhaha de leurs conversations, Juliette s'échappe dès qu'elle en a la possibilité et erre, seule, à travers Paris. La ville assiégée a la fièvre. Des bandes de francs-tireurs défilent dans les rues en braillant *La Marseillaise*; de temps à autre, un obus siffle dans le ciel; on se bat du côté des fortifications; il n'y a plus rien à manger; les bouchers des quartiers chic proposent à leurs clients de la viande de cheval ou d'âne; chez les pauvres, on se rabat sur les rats; certains délicats, ravitaillés par le Jardin des plantes, dégustent de l'antilope ou de l'ours. Il n'est question que des épidémies qui, faute d'une bonne alimentation, menaceraient Paris. Victor Hugo se fait vacciner en cachette. Il ne voudrait pas mourir bêtement, alors qu'on est sur le point d'assister à la résurrection de la république. Le 9 janvier 1871, tandis qu'une neige légère saupoudre la ville et que les habitants grelottent dans leurs demeures non chauffées, un armistice est signé, qui consacre la défaite de la France. Soulagée et meurtrie à la fois, Juliette cherche du réconfort dans l'humeur vaillante de Toto.

Le 8 février, des élections législatives ont lieu sur toute l'étendue du territoire national et Hugo, qui s'est présenté à Paris, est facilement élu. Une majorité de gauche sort des urnes, ce qui est, estime-t-il, bon signe. Mais, Paris étant occupé par les troupes prussiennes, l'Assemblée se réunira à Bordeaux. Victor devra donc impérativement se rendre sur place. Résolue à partager jusqu'au bout les péripéties de ce destin cahoteux, Juliette ne peut que l'accompagner: elle a la joie d'entendre acclamer le nouveau député tout le long de leur voyage en chemin de fer. Une fois arrivée, elle découvre qu'ici comme à Paris il est difficile de se loger, de se nourrir et de nouer des amitiés sûres. Victor Hugo, sa petite famille et Juliette s'installent au numéro 13 de la rue Saint-Maur et tentent, tant bien que mal, de s'acclimater. D'eux tous, c'est Toto qui est le moins à plaindre. Imbu de son rôle de député, il s'absente souvent, courant de la Chambre à des réunions de groupes politiques et, peut-être aussi, à des rendez-vous galants. Une telle auréole couronne le «Grand Citoyen» de retour dans son pays que les femmes se pressent autour de lui comme des papillons de nuit autour d'une lampe. A peine a-t-il le temps d'écrire pour lui-même. Toujours en représentation, toujours prié de prononcer un discours, toujours prêt à rédiger et à signer un manifeste, ne perd-il pas son temps dans ces prises de position et ces palabres? L'homme public n'est-il pas en train de tuer l'écrivain? Juliette voudrait le prémunir contre la tentation de servir la patrie au lieu de servir son œuvre. «Je pense à notre cher petit paradis perdu de Guernesey, lui écrit-elle, à nos douces promenades autour de l'île que nous ne referons peut-être jamais, à notre vie si paisible et si heureuse, à ta gloire incontestée, à ton génie rayonnant sur le monde entier, à ta parole sublime, écoutée religieusement des quatre points cardinaux, comparés à ce qui se passe ici [à Bordeaux] et ce qui nous menace dans l'avenir, et je suis triste jusqu'au fond de l'âme.» Le 8 mars, l'Assemblée s'apprête à annuler l'élection de l'héroïque Garibaldi, qui naguère s'était mis spontanément au service de la France. Tant d'ingratitude et de xénophobie chez des élus de la nation révolte Victor Hugo. Dans un mouvement de colère, il quitte la séance et donne sa démission de député. Juliette le félicite d'une décision en tout point conforme aux idées de fraternité européenne qu'il professe et se réjouit de le voir prendre ses distances avec les affaires publiques. Ni elle, ni lui, ni la famille n'ont plus rien à voir dans la pétaudière de Bordeaux! Vite, on bourre les valises et on s'apprête à déguerpir.

Or, le 13 mars, la veille du jour fixé pour le départ, Charles Hugo meurt, frappé d'une apoplexie foudroyante, à l'intérieur d'un fiacre. Il n'est pas question d'envisager une inhumation à Bordeaux. On ramènera le corps à Paris. Le 17 mars, toute la famille monte dans le train, vaincue par l'adversité. Juliette est stupéfiée par cette succession de deuils parmi les êtres qu'elle aime. Dans l'hécatombe quotidienne dont est menacée l'espèce humaine, est-ce un hasard aveugle ou une inexplicable volonté du Très-Haut qui détermine le choix des victimes? Victor Hugo se l'est déjà demandé, sur un ton pathétique, dans son poème *A Villequier*, au lendemain du décès de Léopoldine. Une fois de plus, la question restera sans réponse. Hugo est assommé par le chagrin. A quoi peut-on croire encore, si Dieu et la patrie vous frappent en même temps? Les obsèques ont lieu, tant bien que mal, à Paris, au Père-Lachaise, avec des complications et des retards dus à la désorganisation de tous les services, dans une ville au bord de l'insurrection. Aussitôt après l'enterrement, Victor, Juliette, les petits orphelins et leur mère, fuyant une capitale vouée à la violence, partent pour la Belgique.

On se réinstalle lugubrement au numéro 4 de la place des Barricades. Victor Hugo et sa bru tentent de démêler les problèmes de la succession du défunt, qui a laissé beaucoup de dettes. Pour secouer le découragement qui l'envahit, Juliette s'applique à recopier une nouvelle œuvre de Victor, rédigée par bribes au cours de ces journées dramatiques. «Il y a bien longtemps que cette bonne fortune ne m'était pas arrivée», écrit-elle le 2 avril 1871. Et, trois jours après, dans un autre de ses «gribouillis» quotidiens: «Il me prend des fringales de Guernesey à tout dévorer et même à tout boire, la mer et les poissons qui m'en séparent [...]. Quand donc rentrerons-nous en exil?» Le manuscrit qu'elle met au net évoque, dans une série de poèmes, les événements qui se sont déroulés entre 1870 et 1871.

Fidèle à sa pensée, l'auteur y distingue le peuple, conscient et héroïque, de la foule aveugle, stupide et cruelle. Il célèbre superbement l'idéal révolutionnaire et n'a pas de mots assez forts pour flétrir ceux qui le déshonorent en prétendant le servir. Le titre de l'ouvrage est destiné à devenir célèbre: *L'Année terrible*. Mais cette «année terrible» continue dans un Paris qui ne sait plus où il va. Des combats sans merci dressent les rebelles de la Commune contre les partisans du gouvernement réfugié à Versailles. Fusillades et arrestations se multiplient sous le regard narquois de l'occupant. Outré par la violence inexcusable des hommes au pouvoir, Victor Hugo annonce du fond de sa retraite qu'il est de tout cœur avec les insurgés et qu'il est prêt à accueillir chez lui, à Bruxelles, ceux qui voudront fuir la France pour échapper aux représailles. Cette proclamation, publiée dans la presse, irrite une partie de la population bruxelloise. Quel que soit le talent de l'illustre écrivain, il n'a pas le droit, dit-on, en tant que citoyen français réfugié sur une terre étrangère, d'inciter des trublions à chercher asile en Belgique. Qu'il le veuille ou non, il n'est pas chez lui ici, il n'est que toléré, et on le lui fera savoir!

Une nuit, soudain, les fenêtres de l'appartement de la place des Barricades volent en éclats. On essaie de forcer la porte. Dehors, des énergumènes hurlent: «A mort Victor Hugo! A mort le brigand! A la lanterne!» Terrorisés, les hôtes de l'écrivain s'attendent à un massacre, tandis qu'il leur recommande le calme et la dignité. Juliette, qui elle réside à l'hôtel de la Poste, apprend la nouvelle alors que la police a déjà dispersé les excités de la place des Barricades. Toute la famille est saine et sauve. Mais quelle leçon pour l'avenir! Juju est formelle: si Toto veut se prémunir contre ce genre de danger, il doit éviter les provocations, songer davantage à son œuvre qu'aux destinées de la France. Elle a eu si peur, la nuit dernière, qu'elle ne supporte plus de rester à Bruxelles, où son bien-aimé est aussi exposé qu'à Paris. Son vœu secret, maintenant, est que Léopold II ordonne l'expulsion d'Hugo. Par bonheur, cette décision, cruelle mais nécessaire, est enfin prise par le gouvernement belge. Malgré quelques timides protestations des parlementaires de gauche, Victor, accompagné de Juliette, quitte Bruxelles, le 1er juin 1871, pour émigrer provisoirement au Luxembourg et se fixer à Vianden.

Dans cette petite ville proprette, sage et sourde, située au bord de l'Our, l'existence paisible reprend, avec quelques excursions aux environs et la lecture des lettres de Paris. Là-bas, des amis se cachent encore par crainte des arrestations, le journal *Le Rappel,* inspiré et soutenu par Victor Hugo, a été suspendu, mais la population, lasse de vivre au jour le jour, d'alerte en alerte, de dénonciation en dénonciation, semble digérer peu à peu la défaite et les désordres qui ont suivi. Le temps apaise les rancœurs, l'oubli recouvre les cadavres, l'espoir renaît dans les cœurs et la bonne viande reparaît à l'étal des boucheries. Hugo commence à envisager sans trop de répugnance un retour au pays. Le

20 juillet 1871, en lui souhaitant sa fête, Juliette lui écrit: «J'espère que cette fête aujourd'hui sera le commencement d'une nouvelle année moins triste et moins douloureuse que l'autre et que tes chers petits-enfants te donneront autant de joie et de bonheur que tu as eu de tristesse et de malheur […]. Je baise tes cheveux, tes yeux, ta bouche et tes mains. Je t'adore.» Un mois plus tard, Victor invite Juliette à le suivre à Paris, où, pense-t-il, on n'attend que lui pour éclairer le peuple sur ses droits, sur ses devoirs et lutter contre les injustices de la répression. Ils partent, le 25 septembre 1871, vers un pays devenu plus étranger pour eux que les Amériques.

XX

UNE BLANCHE
PAS SI BLANCHE QUE ÇA!

A Paris pas plus qu'à Guernesey, Juliette ne peut obtenir la faveur insigne d'habiter avec Victor Hugo. Il s'installe au 66 de la rue de La Rochefoucauld et elle au 55 de la rue Pigalle. Mais, s'il ne dort pas sous le même toit que Juju, il la charge de recevoir chez elle, en son nom, tous les amis qu'il désire traiter avec égards. Elle se satisfait de ce rôle de fausse maîtresse de maison et domine sa lassitude pour faire bonne figure à table et dans la conversation. «Je suis si fatiguée, écrira-t-elle, qu'il me semble que le repos éternel ne me reposera pas assez.» Lui, cependant, fait feu des quatre fers. Non seulement il poursuit la rédaction de *L'Année terrible*, en y ajoutant des poèmes de superbe indignation pour évoquer les secousses de Paris, la chute de l'Empire, l'épopée des deux sièges et la catastrophe actuelle, mais il se dépense sans compter, à la Chambre et dans les journaux, pour désapprouver les dernières condamnations de communards et réclamer une amnistie générale. Sa formule: «Désormais tout par le vote, rien par le fusil!» ne suffit pas à convaincre Thiers de passer l'éponge.

Tandis qu'on traîne quelques insurgés devant les tribunaux, l'Odéon s'apprête à reprendre *Ruy Blas*. Le 2 janvier 1872, dans le salon de Juliette, Victor Hugo fait la lecture de sa pièce aux acteurs réunis. Trois heures durant, il martèle les répliques d'un texte qu'elle connaît par cœur. Elle s'émerveille de la résistance de Toto à la fatigue. Il n'a même pas mis de lunettes pour déchiffrer son manuscrit, alors qu'elle, qui n'a rien à lire, porte un pince-nez. Sans doute est-elle moins coquette que le maître. Il est vrai qu'elle n'a personne à séduire, tandis que lui papillonne dans les salons et les coulisses. Elle sait qu'il la trompe. Mais elle ne sait pas avec qui! Vaguement agacée, elle lui écrit: «Continue d'être jeune. Mais laisse-moi vieillir en paix. A chacun son lot. Je n'envie pas le tien et je ne te demande aucune pitié pour le mien.»

Suzanne, elle aussi, se fait vieille. Il serait temps de la remplacer. Mais où trouver une personne travailleuse, de caractère rassis et dont les antécédents inspirent confiance? A court d'idées, Juliette songe à la jeune Blanche, la fille adoptive de ses amis Lanvin. Cette petite n'a que vingt-deux ans, mais elle paraît robuste, offre un visage sans grâce et a reçu une certaine éducation. Comme elle a de bonnes notions d'orthographe, elle pourrait même, à la rigueur, servir de secrétaire à Toto. Encore faudrait-il convaincre ses parents de se séparer d'elle. Juliette s'y emploie avec diplomatie, tandis que Victor Hugo surveille les répétitions de *Ruy Blas*. La première de la pièce, le 19 février 1872, est un franc succès. Juliette s'en réjouit, bien sûr, mais avec la crainte que toutes les «flirtations» qu'elle devine autour de l'auteur ne lui fassent perdre le nord. Que serait-ce si elle prenait connaissance des carnets secrets de Victor, où il consigne, en termes sibyllins, la succession de ses conquêtes! Une avalanche de prénoms féminins, d'initiales mystérieuses, de dates fétiches couvre les pages du mémento amoureux. Ces bonnes fortunes, scrupuleusement répertoriées, si elles témoignent chez Toto d'un certain érotisme sénile, ne font allusion à aucune passion durable. Sans doute s'agit-il de petites coucheries furtives, parfois monnayées, de caresses excitantes et de spectacles en chambre pour pervertis sexuels. Hugo a besoin de changement dans le contact des corps, jamais dans le contact des âmes. Il le jure à Juliette dans une lettre qu'elle serre contre son cœur comme un talisman: «Ô Dieu, faites-nous vivre ensemble à jamais [...]. Faites qu'elle ne manque à aucun jour de ma vie et à aucun instant de mon éternité. Faites que je sois à jamais, dans cette vie et dans l'autre, utile et aimé, utile au bien, aimé par elle.»

Ayant renoncé à surveiller les allées et venues de Toto à Paris, elle n'éprouve plus, pour elle-même, le besoin de se risquer dehors. Les jambes engourdies et le cœur faible, elle a peur de la rue, peur de la foule, à croire qu'elle est entourée d'ennemis. Elle avouera n'avoir fait que trois sorties en six mois, dont une avec Victor, qui l'a emmenée aux magasins du Louvre pour lui acheter une robe. Elle n'assiste même pas au banquet offert par lui à ses interprètes pour fêter la centième de *Ruy Blas*. Sarah Bernhardt, qui joue le rôle de la reine dans la pièce, n'échappe pas aux soupçons vindicatifs de la malheureuse. Juliette a l'impression que tout ce qui porte jupon à Paris ne songe qu'à lui voler son Toto. A quel âge cessera-t-il donc de regarder les femmes? Ah! la solitude paisible et féconde de Guernesey! Plus les jours passent, plus elle se languit de l'île battue par les flots. Elle répète à Victor que ses petits-enfants, Georges et Jeanne, dont il suit avec émotion les premiers pas dans la vie, ont besoin du grand air et des embruns pour se requinquer. Mais, chaque fois qu'il est sur le point de se laisser convaincre, un incident survient qui compromet la réalisation du projet.

Voici maintenant que sa fille, l'imprévisible Adèle, secouée par ses errements sentimentaux outre-Atlantique, est revenue, folle à lier, de la Barbade. Juliette accompagne le père jusqu'à la maison de santé de Mme Rivet, 106, Grand-Rue à Saint-Mandé, où la malade est soignée. Ne va-t-il pas prendre prétexte de ce nouveau souci pour retarder l'embarquement? Non, malgré l'aggravation de l'état mental d'Adèle, il ne renonce pas à sa décision. Reste le problème de Blanche, la soubrette.

Elle n'a jamais quitté ses parents. Acceptera-t-elle de s'expatrier? Juliette l'espère de toutes ses forces, car ses douleurs et ses insomnies répétées ne lui permettent plus de se passer d'une aide constante à domicile. Or, Blanche se dit ravie de suivre Monsieur et Madame, fût-ce au bout du monde. Elle est de si bonne composition que Juliette se félicite de son choix. Qu'est-ce donc qui retient encore Victor Hugo de donner le signal du départ? Son livre *Actes et Paroles* a été publié en mars 1872, *L'Année terrible* en avril. Et ce dernier ouvrage déchaîne les passions, ce dont l'auteur se réjouit comme d'une preuve irréfutable du bien-fondé de son entreprise. S'il n'avait pas visé aussi juste, on n'aurait pas crié aussi fort, se dit-il. Cependant, il commence à trouver que, pour la poursuite de son œuvre, le calme de Guernesey conviendrait mieux que le bouillonnement de Paris. D'ailleurs, en dépit de ses nombreuses interventions dans la presse et auprès des autorités, la répression contre les rebelles de la Commune ne faiblit pas. Écœuré par le cortège des arrestations, des déportations et des exécutions sommaires, Hugo soupire devant son ami Lockroy: «Je m'en vais. Je ne peux plus voir cela!» Ce jour-là, Juliette comprend qu'elle touche enfin au but. Les dernières dispositions sont prises en deux temps trois mouvements. Victor réunit autour de lui ceux qui l'accompagneront: Juliette, Alice, que le veuvage a parée d'un nouveau prestige à ses yeux, les petits Georges et Jeanne, Blanche, les autres servantes, et, le 7 août 1872, tout le groupe se met en branle.

Adieu Paris! Salut Guernesey! Trois jours plus tard, Victor Hugo franchit la porte de *Hauteville House* et Juliette celle d'Hauteville Féerie.

Juliette eût souhaité que ce retour dans l'île fût le signal, pour elle, d'une résurrection physique et, pour Toto, d'un regain d'inspiration. En ce qui la concerne, hélas! elle est aussi fatiguée et aussi désenchantée qu'à Paris. En ce qui concerne Toto, au contraire, il semble que l'air marin lui ait donné un coup de fouet. A Auguste Vacquerie, il déclare carrément: «Un mois de travail ici vaut un an de travail à Paris, c'est pourquoi je me condamne à l'exil [1].» L'assurance de Victor Hugo est telle que Juliette peut croire à une résurrection miraculeuse du jeune homme d'autrefois. Pour le remercier des quelques lignes d'amour tracées, comme chaque année, dans le *Livre de l'Anniversaire*, elle lui écrit, le 17 février 1873, qu'elle le considère comme un nouveau Jésus descendu sur la terre et que la date de sa naissance, dix jours plus tard, est «plus lumineuse, et plus utile, et plus heureuse pour le genre humain que celle du Christ». Elle prophétise même: «Dans une ère prochaine, on datera de Victor Hugo comme on date encore du Christ.»

A peine arrivé, le «messie» Hugo s'est remis à la tâche. Un roman grandiose et terrifiant, *Quatrevingt-treize*, où s'affrontent le noble courage d'un des chefs de l'insurrection vendéenne et l'inflexible détermination d'un délégué de la Convention, fidèle

---

1. Lettre du 3 janvier 1873.

à l'idéal révolutionnaire. Juliette n'ayant plus la force de recopier le manuscrit, c'est Blanche qui s'en charge. La nouvelle servante se rend souvent à *Hauteville House* et se tient tantôt à la disposition d'Alice pour torcher ses enfants, tantôt à celle de l'écrivain pour mettre au net les dernières lignes tombées de sa plume. Comme elle a une jolie écriture, le maître se déclare très satisfait de son application, ce qui la comble de fierté. François-Victor fait à son tour le voyage pour voir son père, mais il regrette de ne pouvoir rester que quelques jours. En effet, dès la mort de Charles, il a pris le relais de son frère à la direction du *Rappel* et se doit d'être sur place pour suivre la marche des événements. Bientôt, Alice et ses enfants repartent avec lui pour la France.

Imperturbable, inamovible, Blanche continue de faire la navette entre les deux maisons pour s'occuper du linge de Monsieur et assurer aussi bien la copie de ses brouillons que le tri de sa correspondance. Juliette ne tarit pas d'éloges sur cette jeune femme aux dons multiples. A ses yeux, Blanche est «de la famille». A l'approche de Noël, la soubrette aide aux préparatifs du *Christmas* des «enfants pauvres» de Victor Hugo. Elle confectionne une poupée à la robe de soie rose, qui sera le lot d'honneur des petites filles. Cependant, depuis quelques jours, Juliette estime que Toto est trop sensible aux attentions de Blanche. Elle décèle dans l'attitude du bien-aimé, qu'elle connaît comme si elle l'avait mis au monde, une tension de faune aux aguets.

Inquiète à juste titre, elle profite d'une absence de l'écrivain, qui précisément se promène dans l'île avec la domestique, pour pénétrer subrepticement dans *Hauteville House* et fouiller dans ses papiers. La découverte des carnets de Toto la stupéfie. Elle y trouve non seulement des notes en langage codé sur ses frasques de naguère, mais aussi des détails sur les progrès de son amour tout neuf pour Blanche. Horrifiée, elle s'étonne que ces manœuvres de basse séduction aient été perpétrées par un homme respectable sur une enfant dont il a surpris l'innocence. De toute évidence, il a déjà atteint son but. Blanche, qu'il appelle Alba dans ses comptes rendus de don Juan sur le retour, a fini par céder. Elle est sa maîtresse. Et, si la gamine a des remords, lui n'en a aucun. Certes, le désespoir de Juliette n'est pas comparable, cette fois, à celui qu'elle a connu en recevant le paquet de lettres de Toto à Léonie Biard. L'infidélité de jadis était autrement dangereuse que celle d'aujourd'hui. Avec Léonie, il s'agissait d'une vraie passion; avec Blanche, il s'agit, au plus, d'une coucherie. Tout de même, Juliette se sent éclaboussée. On lui jette son âge à la figure. Alors que Victor lui débite ses habituelles protestations d'amour, elle convoque Blanche et l'interroge, les yeux dans les yeux. Harcelée de questions, la coupable avoue sa faute, pleure, demande pardon et accepte de repartir chez ses parents, si Madame l'exige. En femme d'expérience, Juliette préfère éviter le scandale et présenter à Toto cette nécessaire séparation comme voulue par l'intéressée pour des raisons personnelles. Le 4 juin 1873, elle écrit à Victor Hugo: «Ce n'est pas d'hier malheureusement que cette perturbation dans notre existence, qui devrait être si régulièrement paisible, se produit [...]. Aussi suis-je résolue à éloigner de nous la cause de ces crises si fréquentes qui menacent ma vie et ma raison; et, ce qui est pire pour moi, te rendent malheureux. La cause disparue, la confiance, la tranquillité, le bonheur reviendront et nous nous aimerons corps, cœur et âme comme auparavant, sans crainte et sans remords.» Quinze jours plus tard, elle ajoute: «Mon grand bien-aimé, je te supplie non seulement d'avoir pitié de moi et d'être indulgent pour mes emportements comme tu l'es toujours, mais je te supplie encore et surtout de ne pas les faire naître par des marivaudages, peut-être innocents, mais qui me percent le cœur comme avec un fer rouge.»

En guise de prétexte au licenciement de Blanche, on invoque un projet de mariage de celle-ci et l'impatience d'un hypothétique fiancé qui l'attendrait en France. Malgré son regret d'être privé, du jour au lendemain, d'un très agréable passe-temps, Victor Hugo accepte avec philosophie le renvoi de la servante. De son côté, Juliette tient bon sur ses positions, tout en reconnaissant que la disparition de Blanche l'afflige autant que Toto: il est vrai que c'est pour d'autres motifs. «J'assiste aux préparatifs de départ de cette pauvre Blanche, non sans émotion, bien que j'aie ou que je croie avoir, ce qui est la même chose, beaucoup de raisons de ne pas m'attrister de son départ, écrit-elle à Victor le 1er juillet

1873. Elle-même, au reste, a souhaité de s'en aller, et, en ce moment, sa figure rayonne de joie. Je souhaite sincèrement et de tout cœur qu'elle trouve à Paris le bonheur qu'elle espère et auquel elle a droit. Et si même il m'était donné d'y contribuer, je le ferais avec empressement et avec plaisir, pourvu que ce ne soit pas au détriment de mon propre bonheur. Cela posé, je prie Dieu de la protéger, et de te bénir, et de me laisser vivre et mourir à tes côtés.» Sa mansuétude ne va pourtant pas jusqu'à accompagner la réprouvée au bateau qui doit l'emporter. Toto non plus ne se dérange pas. C'est la vieille Suzanne qui conduit Blanche à l'embarcadère.

Hugo ne paraît nullement affecté par l'éloignement d'une jeune maîtresse. Mais, sevré de sa présence, il ne tarde pas à s'ennuyer. Entre-temps, il a reçu de mauvaises nouvelles de François-Victor, qui est malade, à Paris. Subitement, il craint que l'état de son fils ne s'aggrave pendant leur séparation. A la fin de juillet, il décide, sur un coup de tête, de retourner en France. Juliette est atterrée: elle subodore que la santé de François-Victor n'est qu'un alibi et qu'en réalité Toto se languit de Blanche ou de quelque autre séductrice provisoire. Cependant, comme elle n'a jamais rien su refuser à ce monstre d'égoïsme, d'autorité et de charme, elle suit le mouvement, épaule basse. En montant avec lui, le 30 juillet, à bord du paquebot qui doit les conduire à Cherbourg, elle sait qu'elle part pour un nouveau corps à corps avec une rivale et espère, mélancoliquement, que ce sera le dernier de sa carrière.

A Paris, Victor et Juliette descendent d'abord au 55, rue Pigalle, puis s'installent dans un appartement meublé, au 5 de l'avenue des Sycomores, en plein centre de la villa Montmorency, à Auteuil. François-Victor est soigné dans une maison voisine. Son père lui rend de fréquentes visites et s'obstine à affirmer qu'il guérira au bon air du quartier, alors que le malheureux souffre d'une tuberculose rénale. Selon Hugo, il serait trop injuste que la fatalité s'acharnât ainsi sur leur famille. Sa foi en Dieu lui interdit d'envisager le pire. Juliette et Alice feignent de partager ses illusions, mais elles sont plus enclines à croire les médecins, qui se montrent, eux, fort pessimistes. En vérité, Victor est surtout préoccupé, en ce moment, du sort de Blanche. Il a loué pour elle, en cachette, un pied-à-terre douillet, près du quai de la Tournelle. Chaque après-midi, laissant Alice et Juliette au chevet du mourant, il grimpe dans un omnibus qui le conduit, pour un prix modique, auprès de sa maîtresse. Elle l'a d'ailleurs trompé en son absence. Elle le reconnaît, implore son pardon. Et, comme elle lui tend les bras en pleurant, il la trouve doublement désirable. Son plaisir est avivé par l'idée coquine que Juliette ne se doute pas de la reprise de ses relations avec Blanche. Un amour coupable n'est-il pas deux fois plus savoureux qu'un amour toléré? Mais, le 19 septembre, le drame éclate: une lettre qu'il a malencontreusement laissé traîner sur une table apprend à Juliette la nouvelle trahison de Toto. Immédiatement, ses soupçons se dirigent vers Blanche, la petite nymphe de Guernesey. La rupture de ce couple honteux n'était donc qu'un leurre! Une faute, passe encore! Mais la récidive, non! Submergée par l'indignation, Juliette décide, séance tenante, de quitter à jamais un homme qui n'a ni vertu, ni scrupules, ni parole. Rassemblant quelques vêtements, elle les enfourne dans une valise, se précipite dehors et, comme elle n'a pas d'argent pour payer le voyage, se rend chez sa couturière et lui emprunte deux cents francs.

Rentré chez lui, Victor Hugo trouve la lettre d'adieux de Juliette et tombe des nues. Il avait pris l'habitude de la trahir sans qu'elle parût s'en apercevoir. Et voici qu'elle casse tout, piétine tout, alors qu'il ne se sent pas plus condamnable aujourd'hui qu'hier. Où est-elle? Que va-t-elle devenir sans lui? Et lui, que va-t-il devenir sans elle? Pendant trois jours, il multiplie les lettres et les télégrammes aux proches de leur faux ménage. Il alerte, à *Hauteville House*, Julie Chenay, qui garde la maison; à Brest, Renée Koch, la sœur de Juliette; à Bruxelles, ses amis Luthereau et le brave Berru; à Iéna, Louis Koch, le neveu chéri de la fugitive. Peine perdue. Personne n'est au courant. Ne se serait-elle pas suicidée? A cette seule pensée, Hugo est saisi d'un remords qui le paralyse.

Or, dans l'intervalle, Juliette, ne sachant trop où aller, s'est réfugiée à Bruxelles. Elle aussi est malade de désespoir. Après une nuit d'insomnie, elle tente de remettre un peu d'ordre dans ses idées. Mais, plus elle réfléchit à la conduite de Toto, moins elle lui trouve d'excuses. Comment a-t-il pu, à son âge, avec son nom, avec son œuvre, avec leur long passé d'amour, retomber dans la pratique de ces coucheries ancillaires? On dit que, chez certains alcooliques, le besoin de s'enivrer est si vif que, privés de leur poison, ils seraient capables d'assassiner père et mère pour s'en procurer. De même sans doute, chez lui, le goût de la chair fraîche est si impérieux, songe-t-elle, qu'il serait prêt à tuer sa Juju pour aller chercher ailleurs sa dose de plaisir. Soubrette, actrice, femme du monde ou putain, tout lui est bon, pourvu que la partenaire ait un sexe accueillant. A ce degré, estime Juliette, la virilité d'un septuagénaire est anormale, monstrueuse. Ce n'est plus une qualité, mais une tare. Tant physique que morale. Cela devrait pouvoir se soigner! Et Blanche alors, la douce Blanche, à quoi pense-t-elle quand elle se donne à un vieillard? Est-il si excitant pour elle de provoquer le délire d'un grand-père? Éprouve-t-elle un sentiment de victoire sur la société parce qu'elle sait, avec ses roueries, avec ses caresses, avec l'odeur de sa peau, faire jouir le plus grand écrivain de France? Parvenue à ce degré de folie possessive, Juliette se raisonne. Ce n'est pas à elle de jeter la première pierre à Blanche, puisqu'elle-même, jadis, a tout fait pour détacher Toto de son épouse légitime. Quels que soient les torts du bien-aimé, ce nouvel accroc à leur liaison ne saurait justifier une déchirure définitive. Dieu ne l'a-t-il pas chargée d'une tâche sacrée, en cet univers de mensonges et de larmes: veiller sur un poète admirable entre tous, éloigner de lui les tracas du commun des mortels, l'aider à construire son œuvre? A quoi bon vivre si elle est obligée de renoncer à sa mission? Dans une affaire de cette importance, l'orgueil n'est pas de mise. Le cœur seul doit parler. Avec son corps décati et sa raison chavirée, elle ne peut rien espérer d'autre que la résignation, la patience et la mort.

Sa colère retombée, elle écrit à ses amis Berru, à Bruxelles même: «Je suis à Bruxelles, *cachée* depuis samedi matin. Je ne résiste plus au besoin de vous écrire, et pourtant je m'en abstiendrai si vous ne me promettez pas d'avance de garder secrète *pour tout le monde* ma présence dans cette ville. Le voulez-vous? Le pouvez-vous? Si oui, écrivez-moi, à mon nom, poste restante, le jour et l'heure où je vous dérangerai le moins; sinon, votre silence me suffira: dans les deux cas, je reste votre bien cordialement affectionnée – Juliette Drouet [1].»

Camille Berru et son épouse, déjà alertés par Victor Hugo, consentent aussitôt à recevoir Juliette et plaident auprès d'elle la cause de l'infortuné poète qui, certainement, n'a que des peccadilles à se reprocher et qui devient fou de chagrin depuis qu'elle est partie. Peu à peu, ils la persuadent de les autoriser à rassurer Hugo sur le sort de la femme qu'il aime, disent-ils, plus que tout au monde. Ravalant ses larmes, elle accepte ce semblant d'armistice. Les Berru télégraphient à Paris que Juliette est retrouvée, qu'elle a cherché refuge à Bruxelles et qu'elle se

1. Cf. Gérard Pouchain et Robert Sabourin, *op. cit.*

porte bien, du moins physiquement. Cependant, elle refuse toujours de revenir à son tourmenteur. Alors Victor, ragaillardi, rasséréné, adresse à Juliette, par l'intermédiaire des Berru, une longue missive d'explication, de mise au point et d'amour. Selon lui, il s'agirait, dans cette lamentable affaire, d'une méprise sur la personne. Il n'a pas trompé Juliette. La lettre qu'elle a eue entre les mains provient d'une déséquilibrée, d'une hystérique, qui assiège sa porte depuis des mois. Ayant la conscience tranquille, il supplie Juju de le croire et, s'il se peut, de lui rendre son cœur. «Écoute, je te parle ici devant Dieu, et en songeant au peu de jours qui me restent à vivre, lui écrit-il. Je te dis la Vérité, rien que la Vérité [...]. Et c'est pour cela que tu me quittes. C'est pour cela que tu fais écrouler quarante ans d'amour, toute ta vie, toute la mienne! Non, cela ne se peut pas. Ce serait toi qui serais folle à ton tour! Réfléchis, je t'en conjure. Rien encore n'est connu ici. J'ai dit que tu avais été appelée précipitamment à Brest, près de ta sœur malade, et que tu allais revenir [...]. Ô ma bien-aimée, mon ange adoré, oh! je te baise les pieds, tout ceci n'est qu'un rêve, il est impossible que tu m'abandonnes ainsi. Je ne sais pas ce qui arriverait, tu es toute ma lumière. Si je suis condamné à la nuit, autant y entrer tout de suite et tout à fait [...]. Oh! je t'appelle comme on appelle la Vie! Sauve-moi du désespoir, reconnais la Vérité! Reviens, je t'adore[1]!»

---

1. *Ibid.*

En lisant cette lettre justificative, Juliette ne peut être que bouleversée. Une fois de plus, sous la plume de Toto, le mensonge et la sincérité se confondent. Il abuse en s'abusant lui-même; il se confesse derrière un masque; il compte sur la magie des phrases pour emporter le morceau; et il gagne! Oubliant ses griefs de la veille, Juliette cède sur toute la ligne. Le 26 septembre, Camille Berru télégraphie à Victor Hugo: «Partira de Bruxelles bientôt, sera à Auteuil dans la soirée.»

Pour Toto comme pour Juju, le cauchemar est terminé. Dès la réception du télégramme, il abandonne la répétition à la Porte-Saint-Martin de *Marie Tudor*, se rue à la gare du Nord sans prendre la peine de dîner et déambule durant plus d'une heure sur le quai, en attendant le train. Comme il a l'estomac creux, il achète un pain à un sou. Mais à peine en a-t-il avalé quatre bouchées qu'il renonce à le finir. L'impatience lui coupe l'appétit. Enfin, à neuf heures cinq du soir, le convoi entre sous la verrière. Une minute plus tard, Juliette apparaît à la portière du wagon. Elle se jette contre la poitrine de Victor. Son bonheur d'aujourd'hui est égal, en sauvagerie, à son malheur d'hier. Elle s'appuie sur le bras de celui qui, en quelques mots, a su la reconquérir. Pour fêter leur réconciliation, il l'emmène au restaurant. Au diable la dépense! Après avoir dîné, ils se font conduire en voiture à Auteuil. A minuit, ils débarquent, enlacés comme de jeunes amoureux, dans le désert, l'obscurité et le silence de l'avenue des Sycomores. A son réveil, Juliette est seule. En quittant son lit, elle trouve un billet que Toto a griffonné avant de partir vers quelque obligation matinale. «J'étais mort. Je suis vivant. Tu es le sang de mon cœur, la clarté de mes yeux, la vie de ma vie, l'âme de mon âme. Pour moi, tu es plus que moi-même. Je suis à jamais sous tes ailes. Je t'adore éperdument et religieusement, ô mon ange [1]!»

En revivant les péripéties de ces derniers jours, Juliette lèche avec délectation ses plaies d'amour-propre. Le lendemain, elle accompagne Hugo à la reprise de *Marie Tudor*. Tout est rentré dans l'ordre. Quel plaisir de retrouver ses pantoufles après avoir couru, pieds nus, sur les durs cailloux du chemin! Peut-être y a-t-il plus d'agrément à s'abandonner aux habitudes d'une longue existence à deux que de céder aux premières secousses du désir? Victor rembourse à la couturière les deux cents francs que Juliette lui a empruntés. Il envoie également un mandat de cent francs à Camille Berru, qui les avait avancés à Juliette lors de son bref séjour à Bruxelles. Désormais, il ne manquera pas une occasion de témoigner sa tendresse et sa reconnaissance à la vieille et fidèle compagne qu'il a failli perdre si stupidement.

Or, tout en se disant très touchée de ses attentions, elle devine qu'il n'a pas renoncé à ses coucheries clandestines. Le carnet de Toto (un de plus!), qu'elle vient de dénicher au cours d'investigations approfondies, lui en apporte la preuve. A

---

1. *Ibid.*

travers des indications mystérieuses en latin ou en castillan, elle se convainc qu'il revoit Blanche. Ce priapisme maniaque l'inquiète et l'afflige. Elle revient à son idée: ne serait-ce pas, chez lui, une sorte de maladie? Ne devrait-elle pas le plaindre au lieu de le condamner? Les tourments qu'elle a endurés lors de leur précédente querelle l'incitent à la prudence. Elle ne se révolte plus, elle ne part plus, elle accepte, en espérant qu'il finira un jour par se lasser de ces navrantes galipettes. Tout au plus se permet-elle encore quelques critiques ou quelques railleries pour se délivrer d'un reste de dégoût.

Lors de leurs retrouvailles, au lendemain de la fugue de Juliette à Bruxelles, elle lui avait fait jurer, sur la tête de François-Victor, qu'il ne la tromperait plus jamais. Elle lui rappelle ce serment, déjà transgressé, et lui écrit, le 16 octobre, trois semaines après son retour: «Je ne résisterai pas longtemps à ce conflit sans cesse renaissant de mon pauvre vieil amour aux prises avec les jeunes tentations qui te sont offertes [...]. Maintenant, je te pardonne, parce que je veux que Dieu te pardonne aussi [...]. Je lui demande de t'épargner toutes les souffrances que j'endure et de te rendre les serments imprudents et sacrilèges faits sur la vie de ton fils malade.» Au mois de novembre, elle change de ton et se moque de son compagnon égrillard, qui trottine toujours, le nez au vent, dans le sillage de quelque catin. «Cher bien-aimé, je ne veux pas te faire une scie de tes bonnes fortunes, mais je ne peux m'empêcher de sentir que mon vieil amour fait triste figure au milieu de toutes ces cocottes à plume et à bec que veux-tu, répétant à qui mieux mieux leur gloussement familier: Pécopin, pécopin, pécopin; pendant que mon pauvre pigeon emblématique s'épuise à roucouler: Bouldour, bouldour, bouldour. Voilà longtemps que la chasse fantastique dure sans que tu en paraisses lassé ou découragé. Quant à moi, j'aspire au repos, sinon dans la vie, puisqu'il paraît que ce n'est pas possible pour moi, du moins dans l'immobilité de la mort qui ne peut pas m'échapper longtemps au train dont je vais [...]. Un beau jour, nous nous trouverons naturellement sur le plateau de l'indifférence ou de la raison, comme il te plaira de l'appeler. A partir d'aujourd'hui, je mets la clef de mon cœur sur la porte et je m'envoie promener du côté du bon Dieu.» Plus tard encore, elle dira: «Je crois que tu ferais bien de te débarrasser peu à peu de toutes ces coureuses de goussets et de culottes qui rôdent autour de toi comme des chiennes inassouvies.» Hélas! exiger de Victor Hugo qu'il résiste aux assauts de ses admiratrices serait aussi vain que de lui demander de renoncer à écrire! A son âge, il a autant besoin de se prouver à lui-même qu'il peut encore séduire une femme que de démontrer, la plume à la main, aux lecteurs du monde entier, que, malgré les années, son talent ne faiblit pas. C'est d'un cœur léger qu'il a fait serment, le mois dernier, sur la tête de son fils, de rester fidèle à Juliette. Or, comme si le ciel voulait punir le parjure, l'état de François-Victor empire d'un jour à l'autre. Son père refuse de le croire incurable et, par un étrange réflexe de défi, se plaît à afficher son entrain et sa verdeur d'athlète aux côtés de ce fils défaillant. Un soir du mois d'août 1873, en rentrant d'un dîner chez Mme Charles Hugo, Edmond de Goncourt note dans son *Journal* l'extraordinaire appétit de ce grand-père qui se gave à table, face à ses deux petits-enfants, tandis que François-Victor, effondré dans un fauteuil, le teint cireux, l'œil atone, semble sur le point de perdre conscience. Après le repas, le critique d'art Emmanuel Bocher souffle à l'oreille de Goncourt: «C'est un tigre que cet homme! [...] Il pense bien à son fils! Il est occupé de baiser, dans le moment, sa locataire. C'est la même chose avec cette grande fille qui le frotte, celle qui marche devant nous!» Et Goncourt conclut: «Resté seul, je me suis mis à songer à cette famille, à ce père, à ce génie, à ce monstre, à cette première fille morte noyée, à cette seconde fille enlevée par un Américain [?] et ramenée folle en France, à ces deux fils, un mort, l'autre mourant, à cette Mme Hugo adultère [...], enfin à cette Juliette, cette Pompadour du poète, poursuivant encore, à l'heure qu'il est, de ses baisers le fils mourant [?]. *Une famille tragique*, c'est le titre qu'a donné le mourant à un roman qu'il a écrit, c'est le titre de la famille Hugo [1].»

Cette double attitude de Victor Hugo, tantôt ému aux larmes, tantôt dur comme le roc, frappe Goncourt qui, deux jours plus tard, assistant à une

---

1. Goncourt, *Journal*, le 5 août 1873. L'auteur d'*Une famille tragique* n'est pas François-Victor, mais Charles Hugo.

discussion du poète avec un directeur de théâtre, souligne la fausse douceur dont témoigne le grand homme devant son interlocuteur. A tout propos, Hugo répète: «Moi, il n'y a plus qu'une chose qui m'intéresse, c'est de jouer avec mes petits-enfants; tout le reste ne m'est plus rien. Ainsi, faites absolument comme vous l'entendez!» Mais, l'instant d'après, le même Hugo éclate de fureur à propos de la politique du gouvernement. «Une méchanceté implacable monte à sa figure, allume le mauvais noir de ses yeux, écrit Goncourt. Sa parole a quelque chose du sans-merci bête et féroce de la parole d'un ouvrier manuel.»

Des semaines s'écoulent encore, durant lesquelles Victor Hugo s'acharne à vouloir – par superstition ou par égoïsme? – ignorer la lente dégradation de son fils. Puis, au soulagement attristé de tous les siens, François-Victor entre en agonie. Rongé par son mal, il meurt le 26 décembre 1873, dans une crise d'étouffement. Profondément marqué par cette disparition, Victor Hugo s'oppose néanmoins à des obsèques religieuses. Sa croyance en Dieu est si forte, si personnelle qu'il refuse de passer par l'Église pour s'adresser à Lui. La nuit suivante, il veille le corps du défunt et, au matin, ayant appelé le petit Georges, il lui fait baiser le front glacé de son oncle en disant: «Souviens-toi!»

L'inhumation a lieu au Père-Lachaise. Après la mise au tombeau, Hugo tente de s'étourdir en errant, seul et sombre, dans la brume de Paris et Juliette, encore rapprochée de lui par ce nouveau deuil, écrit: «Va, mon pauvre aimé, tâche de trouver dans ta promenade solitaire et féconde pour l'humanité un apaisement au tumulte douloureux de ton cœur. Ma pensée suit pieusement et bénit chacun de tes pas. Ne t'inquiète pas de moi pour les nouveaux arrangements de ta vie. Ce que tu feras est d'avance accepté par moi. Voilà quarante et un ans que ce programme est le mien, il l'est encore et le sera plus que jamais. Pourvu que tu m'aimes comme je t'aime, je tiens Dieu quitte de tout envers moi et envers toi aussi [1].»

Elle espère que, comme par le passé, il suffira à Victor Hugo de méditer en marchant, le front offert au vent, le regard perdu dans les lointains, pour que le poids d'une grande pensée ou une envolée de vers sublimes atténue son chagrin. Et elle ne se trompe pas. Le génie même de cet homme contribue à son égoïsme. L'ivresse de jouer avec des idées, avec des personnages, avec des mots, avec des rimes le console des pires contrariétés, alors que le commun des mortels y succombe. Quoi qu'il arrive, il peut appeler au secours ses rêves de poète et de philosophe. Juliette, en revanche, doit souffrir pour deux. Aplatie dans son ombre, elle assume sa part des soucis concrets qu'il récuse ou ignore. N'ayant pour nourriture que la triste réalité, elle s'y casse les dents à tout moment tandis que lui mâchonne les nuages avec insouciance. Et, de fait, peu après la mort de François-Victor, Toto retrouve sa bonne humeur et

---

1. Lettre du 29 décembre 1873.

son allant. Il revoit Blanche, mais redouble de tendresse envers Juliette. Émoustillé par la jeunesse de la première, il est ému par la vieillesse de la seconde. Comme celle-ci se plaint de contractures et de douleurs intercostales, il se propose pour lui faire des frictions «d'huile de coton sur les flancs». Touchée de cette attention, elle se laisse pétrir par les mains de Toto en songeant avec amertume aux effleurements plus agréables et plus intimes qu'il lui a prodigués dans le passé. Après une de ces séances de massage, il note, le 30 janvier 1874, dans son carnet: «Je l'ai vue à peu près nue, ce qui ne m'était pas arrivé depuis longtemps. Elle a toujours un corps superbe.»

XXI

VIEILLESSE, HONNEURS ET ESPIONNAGE

Habiter à la même adresse, sous le même toit que le bien-aimé, ce vœu de Juliette est sur le point d'être exaucé: le 29 avril 1874, Victor Hugo quitte le logis provisoire du 55, rue Pigalle pour le 21, rue de Clichy. Juliette, elle aussi, déménage. D'un cœur léger, elle rejoint la fidèle tribu qui se serre autour de Toto. Enfin, elle est admise dans la famille! Ayant ainsi rassemblé les vivants les plus chers, le maître se préoccupe de réunir les défunts. Sans toucher aux sépultures de sa femme et de sa fille Léopoldine, il fait rapatrier de Bruxelles le corps du premier petit Georges et décide de le déposer à Paris, au Père-Lachaise, dans le caveau familial préalablement restauré et approfondi. Pendant qu'on transporte quelques cercueils du clan dans leur demeure définitive, Victor Hugo médite, sous la pluie, sur la fragilité de l'existence humaine. Au milieu de ces chagrins, échelonnés de génération en génération, il se dit qu'il devrait bien aller rendre visite à sa «pauvre fille Adèle», qu'il n'a pas vue depuis longtemps et qui divague, sans rémission, dans la maison de santé de Mme Rivet, à Saint-Mandé. «Ma pauvre fille Adèle est plus morte que les morts, hélas!» soupire-t-il. Pour épancher sa tendresse, il n'a plus que ses petits-enfants, Georges et Jeanne. Et Juliette aussi, bien entendu! Mais elle est devenue si irritable! Un rien la hérisse. Dernièrement, il a eu la maladresse de lui lire un petit poème, écrit à l'intention de la jolie Judith Gautier, qui vient d'épouser Catulle Mendès. Juliette a sévèrement critiqué la destination de ces vers. «Je te remercie [...] d'avoir eu la loyauté de me dire, ce matin, que tu avais fait de nouveaux vers pour Mme Mendès, lui a-t-elle écrit d'une plume trempée dans le vinaigre. Je te prie d'agir en toute liberté en envoyant, quand tu le voudras, les vers dédiés à ta belle inspiratrice. Cette poésie étant tirée, il est tout simple que vous vous en enivriez l'un et l'autre, et tant pis pour ma soif! Et d'ailleurs, pour moi, l'infidélité ne commence pas à l'action seulement; je la regarde déjà comme confirmée par le seul fait du désir. Cela posé, mon cher grand ami, je te prie de ne pas te gêner et de faire comme si je n'étais déjà plus là. Cela me donnera le temps de me reposer de la vie avant de prendre mon élan pour l'éternité. Tâche d'être heureux si tu peux [1].»

---

1. Lettre du 4 avril 1874.

A cette petite vexation s'en ajoute bientôt une nouvelle, autrement grave. Pour d'obscures raisons de convenance domestique, Alice exige de rester seule, au quatrième étage, avec ses enfants et son beau-père. Juliette, elle, sera reléguée au troisième. Cette redistribution familiale, qui semble tout à fait normale à Victor Hugo, désespère Juliette. Une fois de plus, on l'éloigne de Toto sous un mauvais prétexte. Certes, quelques marches d'escalier entre eux ne constituent pas un obstacle. C'est le principe de l'opération qui la révolte. Elle la trouve offensante pour son honneur, dangereuse pour l'avenir de leur couple. « Cher, cher bien-aimé, écrit-elle à Victor le 7 mai 1874, la séparation que je redoutais à l'égal d'un malheur est maintenant un fait accompli. Dieu fasse que ce ne soit pas le commencement de la fin de tout bonheur pour moi dans un délai très court [...]. Cet étage qui nous sépare est comme un pont rompu entre nos deux cœurs et sur lequel ne peut plus passer aucune joie ni aucune espérance désormais [...]. A partir de ce soir, toute intimité cesse entre nous et mon doux horizon d'amour est à jamais fermé. Je tâche de me donner du courage en pensant que le bonheur que je perds tu le gagnes dans tes deux chers petits-enfants. »

Pour atténuer l'effet de cette « déportation » au troisième étage, Hugo prend l'habitude de descendre souvent voir Juliette et institue le rituel des dîners d'amis dans l'appartement qu'elle occupe maintenant au-dessous du sien. Malgré ses rhumatismes et ses maux d'estomac, elle assume courageusement son rôle d'hôtesse, toujours prête à accueillir les admirateurs du maître. Les réceptions se succèdent à un rythme quasi quotidien. Il y a parfois jusqu'à quatorze personnes autour de la table de Juju. Elle ne s'en plaint pas: tout ce qui peut servir à la gloire de Toto doit être, pense-t-elle, de son ressort et de sa responsabilité. Ses invités se nomment Edmond de Goncourt, Renan, Gustave Flaubert, Arsène Houssaye, Théodore de Banville, Alphonse Daudet, etc. Quel que soit leur talent, dans son esprit, Victor les éclipse tous. Si les convives sont parfois différents, le menu, lui, ne varie guère. Il a été établi, une fois pour toutes, par l'organisateur de ces agapes littéraires. En effet, s'il ne dédaigne pas le changement en amour, il le désapprouve en cuisine. On sert invariablement, à ses dîners, du turbot à la sauce mousseline, du filet de bœuf ou du poulet au cresson, du pâté de fois gras et de la glace. Grand-père admirable, Hugo exige que ses petits-enfants, Georges et Jeanne, assistent à ces fêtes gastronomiques. Il est fier de les exhiber devant tout le monde. Les «poussins», à demi somnolents, se laissent engourdir par les propos des «aigles de la pensée». Plus tard, ils regretteront de n'avoir pas eu une meilleure oreille. Victor mange copieusement, boit de larges rasades, tandis que Juliette, en face de lui, grignote et garde son verre vide durant tout le repas. Elle parle peu, sourit à la ronde avec mélancolie, mais écoute passionnément ce qui se dit autour d'elle. Surtout quand c'est Toto qui domine la conversation. Dans ces moments-là, le visage de Juju, craquelé comme une terre sèche, rosit et s'anime, ses yeux bruns brillent d'une juvénile passion. Une fois que les invités sont partis, que les enfants ont été couchés, bordés et que Victor Hugo a réintégré le quatrième étage, elle s'étiole, s'allonge dans son lit, attend longtemps le sommeil en ressassant les motifs de sa jalousie et les particularités de ses douleurs physiques. Pour se consoler de sa solitude, elle se dit que Toto doit être très heureux, là-haut, près de ses petits-enfants, dont les mines gracieuses et le gentil babil lui font oublier ses angoisses nocturnes. Depuis peu, il a été repris par les oppressions et les prémonitions macabres de Guernesey. L'idée des disparus, épars dans l'atmosphère, le hante dès la chute du jour. Il ne peut dormir s'il n'y a pas, à son chevet, une lampe allumée pour chasser les revenants.

Au vrai, Juliette craint moins pour lui l'approche des fantômes que celle des vivants. Surtout s'il s'agit de femmes jeunes et délurées. Rien qu'en le revoyant après une de ses nombreuses sorties en ville, elle flaire sur lui l'odeur des créatures qu'il a rencontrées. «Sois sûr, mon bien-aimé, lui écrit-elle, qu'il n'y a pas de petites infidélités, pas plus au ciel que sur la terre [...]. Il n'y a pas de cuirasse, fût-elle en diamant, pour protéger le cœur contre la jalousie, et pas de distance assez grande, fût-elle du ciel à la terre, pour en préserver l'étoile. L'amour, étant d'essence divine, n'admet aucun alliage terrestre [1].»

Or, c'est précisément cet «alliage terrestre» que Victor recherche derrière le dos de Juliette. Elle, qui

---

1. Lettre du 8 juillet 1874.

détestait la vaine agitation de la politique lorsqu'il en était féru, se dit à présent qu'elle devrait l'encourager dans cette voie. Elle estime qu'elle risquerait moins en affrontant la rivalité de vingt députés ou sénateurs chenus et bavards qu'en luttant contre une ou deux «cocottes sur leurs ergots». A son avis, la passion de Toto pour la *chose publique* pourra seule l'éloigner des *filles publiques*. Il lui a confié récemment qu'il se laisserait volontiers tenter par un fauteuil de sénateur. Aussitôt, elle l'exhorte à faire campagne pour l'obtenir. Rue de Clichy, on voit arriver, dans des fiacres, un peu moins de littérateurs et beaucoup plus d'hommes politiques. Juliette reçoit, tour à tour, Louis Blanc, Gambetta, Clemenceau... Tous ces hommes sont «de gauche» et traitent Hugo comme un des leurs. Défenseur du peuple dans ses livres, il est nécessaire, jugent-ils, qu'il le soit aussi à la tribune de la Haute Assemblée. Quand il se présente, en janvier 1876, aux élections sénatoriales, Juliette est de tout cœur avec lui, non seulement parce qu'elle l'aime, mais aussi parce qu'elle partage ses idées sur la bonté foncière des petites gens. En le soutenant, elle a l'impression, par instants, de jouer son va-tout. Fortement épaulé par Clemenceau, il est élu, le 30 janvier, au second tour.

Juliette prend très au sérieux les nouvelles fonctions de Victor. Les séances du Sénat ayant lieu à Versailles, elle l'y accompagne, malgré les crises de goutte qui la gênent pour se déplacer. Tous deux font le trajet en train. Une fois arrivés à la gare de Versailles, ils louent un fiacre pour se rendre jusqu'au lieu des réunions, dans une aile du château. Toutefois, Juliette ne pénètre pas dans l'hémicycle avec le public. Hugo la laisse seule dans la voiture pendant qu'il va rejoindre ses collègues. C'est la comédie des démarches académiques qui recommence. Durant des heures, elle guette le retour du grand homme, à demi éveillée, les mains sur les genoux, les épaules appuyées au dossier de la banquette. Quand elle est lasse de cette faction dans une boîte obscure à odeur de drap moisi et de crottin de cheval, elle se réfugie dans un café voisin et y poursuit son attente, les yeux piqués par l'odeur du tabac, le cœur soulevé par des relents de vin, les oreilles pleines des éclats de voix des cochers, dont c'est le rendez-vous habituel. Enfin, voici Toto! Encore tout échauffé par les dernières discussions, il lui en rapporte les échos avec une verve intarissable. En l'écoutant ainsi, au débotté, elle est plus que jamais persuadée qu'il est «l'homme de la situation», l'apôtre des opprimés, l'annonciateur du règne de la justice et de la charité sur une terre ingrate. Elle n'est pas la seule à le penser. A plusieurs reprises, elle a entendu acclamer le nom de Victor Hugo à sa sortie du Sénat, après quelque rude escarmouche avec les représentants de la droite conservatrice. L'idée fixe de l'écrivain est, comme naguère, l'amnistie générale. Il la réclame avec tant de véhémence que même Clemenceau lui recommande parfois la mesure. Mais peut-on parler de «mesure» à un Hugo? La puissance de son verbe ressemble à celle d'un ouragan qui ferait plier les chênes.

Il lui arrive pourtant de céder devant une revendication très secondaire. Ainsi, au début de 1877, en apprenant que sa belle-fille, Alice, veuve depuis six ans, a décidé de se remarier avec le journaliste Édouard Lockroy, il est si désemparé qu'il ne trouve pas de mots pour empêcher cette union peu glorieuse. Comment ose-t-elle souhaiter introduire un autre homme dans son existence après avoir eu pour mari un «fils Hugo»? se demande-t-il avec acrimonie. Puis, ayant pesé le pour et le contre, il incline à l'indulgence, estimant qu'on ne saurait exiger qu'une femme jeune et bien tournée reste éternellement fidèle à une ombre. Juliette elle-même, qui n'aime guère Alice, finit par lui donner raison de vouloir «refaire sa vie». Le mariage a lieu le 3 avril 1877. Édouard Lockroy étant athée, le couple se passe de la bénédiction de l'Église, ce qui ne déplaît pas à Victor Hugo. Devant M. Jules Ferry, maire de l'arrondissement, Mme veuve Charles Hugo devient Mme Édouard Lockroy. Elle troque un nom prestigieux, porté par un mort, contre un nom banal, porté par un vivant. Juliette le déplore; Hugo, après avoir grogné dans sa barbe, l'accepte. L'essentiel pour lui est à présent de continuer à voir ses petits-enfants et de garder la haute main sur leur éducation. Succédant à de multiples accrochages, un modus vivendi est trouvé entre les deux parties. Georges et Jeanne seront, quoi qu'il arrive, élevés par leur mère, mais sous le contrôle affectueux de leur grand-père.

Celui-ci est d'ailleurs tellement pris par les obligations officielles, les réceptions mondaines et les mystérieux rendez-vous qui le font courir à travers Paris, entre deux séances du Sénat, qu'il n'a plus beaucoup de temps à accorder à la famille. Souvent, sans donner aucune explication à personne, il sort seul, monte dans un tramway et disparaît pendant des heures. Si Juliette l'interroge à son retour, il invoque quelque réunion avec des hommes politiques. Mais elle n'est qu'à moitié dupe. Faisant contre mauvaise fortune bon cœur, elle lui écrit, le 23 avril 1877: «Je te laisse à tes travaux et à tes tramways [...]. J'ai bien assez de mes propres embêtements sans ajouter à ceux que tu pourrais avoir. Je préfère te laisser tout entier aux petites aventures printanières qui s'offrent à toi depuis quelques jours [...]. Je regarde s'achever tristement le tison qui fume en ce moment dans ma cheminée pendant que mon bête de cœur continue à flamber.» Un peu plus tard, ayant observé que Toto la charge ostensiblement de poster ses lettres portant des adresses de tout repos, mais qu'il expédie lui-même celles qui sont destinées à des femmes dont elle pourrait être jalouse, elle remarque: «L'homme est toujours à l'état permanent d'infidélité, soit rétrospectivement, soit au présent, soit en pensée, soit en parole et en action [...]. Je constate que j'ai tort de t'aimer *trop*, de t'aimer *mal*. Mais comme je ne peux t'aimer moins, de là l'inutilité de mes observations et de mes tendres obsessions.»

Alors qu'elle s'alarme de ses fréquentes escapades sous des prétextes fallacieux, il profite de ses moments de loisir pour composer non des poèmes d'amour, mais *L'Art d'être grand-père*. Est-ce le signe d'un retour du vieux faune à la sagesse des gens de son âge? Juliette prie Dieu d'aider à cette nécessaire conversion. Elle se persuade qu'elle serait plus heureuse si Victor avait moins d'admirateurs, et surtout moins d'admiratrices. Or, la vogue d'Hugo croît de mois en mois. Pour bien des gens, il n'est plus seulement un poète, mais un penseur, un guide, la charité incarnée, une conscience en marche, le symbole de la France de demain. Le 21 novembre 1877, à la reprise par le Théâtre-Français d'*Hernani*, la foule délire d'enthousiasme. L'œuvre n'a pas vieilli, dit-on. Et l'auteur lui-même a rajeuni au fil du temps. Le 9 décembre, il offre un banquet à la presse, au Grand Hôtel, pour fêter le succès de la pièce. Mais Juliette, souffrante, n'assiste pas à l'événement. C'est Sarah Bernhardt, l'interprète du rôle de Doña Sol, qui siège à la droite du maître. Il a soixante-quinze ans et, mis en gaieté, se déclare prêt à franchir allégrement les années qui le séparent de son centième anniversaire. Toutefois, en 1878, c'est le centenaire de la mort de Voltaire qu'on s'apprête à célébrer. A cette occasion, Victor Hugo prononce, le 30 mai, un discours dans lequel il proclame la haute signification de ce précurseur de la Révolution française. Au mois de juin, d'autres discours, dont un au Congrès littéraire international, exaltent la construction, par tous les hommes de bonne volonté, de l'édifice de la fraternité universelle. «Cet édifice, dit-il, aura pour base les paysans et les ouvriers, et pour couronnement les esprits.»

Tous ces banquets, toutes ces harangues ne semblent pas affecter sa résistance physique. Pour Juliette cependant, l'acharnement politique de Toto, joint à son vagabondage amoureux, ne peut qu'être nuisible à sa santé. Dans la nuit du 27 au 28 juin, après avoir passé la soirée à discuter avec Louis Blanc des mérites comparés de Voltaire et de Rousseau, il est atteint d'une légère congestion cérébrale. Le lendemain, alors qu'on cache encore à Juliette la cause de ce malaise, elle lui écrit: «Je crains que tu ne te surmènes au-delà du possible et voudrais pour tout au monde te voir prendre un peu de repos. Je ne serai tranquille que lorsque tu seras hors de la portée de tous ceux qui te harcèlent, qui pour le centenaire de Voltaire, qui pour l'Académie, qui pour le Sénat, qui pour le Congrès littéraire, qui pour Rousseau, qui pour la prise de la Bastille, qui pour l'amnistie, qui pour ceci, qui pour cela, et tous ensemble pour le diable et son train, sans souci de ton repos, de ta santé, de ta vie.» Les docteurs Émile Allix et Germain Sée, accourus au chevet de Victor Hugo, hésitent à se prononcer. Leur patient est tout à fait lucide, mais paraît ébranlé, «étonné». Il dit au docteur Sée, après lui avoir confessé quelques excès sexuels: «Tout de même, la nature devrait avertir!» Le 30 juin, le docteur Broca, appelé en consultation, recommande un changement d'air et beaucoup de tranquillité. Le 2 juillet, Juliette écrit à son cher malade: «Tu viens d'être un peu souffrant par suite de la fulgurante et sublime campagne que tu viens de faire en politique et en littérature. Heureusement, cette fatigue n'est que passagère et reviendra la santé pleine et entière par quelque temps de repos passé dans ce bon et doux Guernesey, trop longtemps délaissé par nous.» Le 4 juillet, Hugo, accompagné de Juliette, d'Alice Lockroy et de ses deux enfants, Georges et Jeanne, s'embarque pour Guernesey. Le 5 juillet, il pousse la porte de *Hauteville House* et Juliette retrouve avec joie son cher Hauteville Féerie.

Chaque jour, elle va prendre ses repas avec Toto. Quelquefois, elle est trop fatiguée pour le suivre dans ses promenades habituelles à travers l'île. Elle le laisse respirer l'air pur avec les siens et guette son retour par la fenêtre. Cela aussi, c'est le bonheur! Mais, par un chaud après-midi de juillet, alors que toute la famille est dehors, elle ose s'aventurer dans le «salon de verre», qui est à la fois le cabinet de travail et le poste d'observation du maître. C'est là qu'il écrit, debout, à soixante-seize ans; c'est là qu'il scrute l'horizon pour y chercher l'inspiration; c'est là également qu'il range ses manuscrits, ses dossiers, sa correspondance, ses registres, ses carnets. Il a tellement confiance en ses proches qu'il n'enferme pas ces documents à clef. Poussée par une curiosité dévorante, Juliette ouvre un tiroir, y cueille au hasard un agenda, le feuillette et y trouve, avec horreur, la confirmation de ses premières découvertes. Page après page, la duplicité de Toto se dévoile. Des phrases laconiques, des signes convenus mais facilement décryptables prouvent à Juju que, malgré ses serments d'amour et ses lettres passionnées, il n'a cessé de la tromper avec Blanche et beaucoup d'autres. Cette révélation justifie ses soupçons. Depuis quelques jours, elle a remarqué qu'à l'heure de la distribution du courrier, réexpédié de Paris par l'ami Paul Meurice, Victor Hugo la devançait pour aller chercher certaines missives et les glisser dans sa poche sans les lui montrer. Quand, par chance, elle arrivait à lire l'adresse sur une enveloppe, elle identifiait une écriture de femme. Incontestablement, il entretenait une correspondance secrète avec des inconnues. Elle le lui reproche et il s'exaspère d'être surveillé par elle comme un gamin par sa gouvernante. L'affaire de l'agenda, survenant après celle des mots d'amour parisiens, pousse Juliette à bout. Ce n'est pas parce qu'elle admire un personnage exceptionnel qu'il doit tout se permettre! Le 20 août 1878, elle éclate: «Les fières prosternations de mon âme devant la tienne s'adressent à l'homme divin que tu es et non à la vulgaire et bestiale idole des amours dépravées et cyniques que tu n'es pas. Ta gloire qui éblouit le monde éclaire aussi ta vie. Ton aube est pure, il faut que ton crépuscule soit vénérable. Je voudrais, au prix de ce qui me reste à vivre, te préserver de certaines fautes indignes de la majesté de ton génie et de ton âge.»

Sans doute Victor Hugo, semoncé par elle, finit-il par lui jurer, pour la vingtième fois, qu'il sera désormais d'une sagesse monacale, car, le 30 août, le billet quotidien de Juliette le félicite de ses bonnes dispositions: «Je te remercie d'avoir cédé à mon désespoir et de m'avoir tirée de l'enfer de douleur où je me débattais depuis deux ans. Il faut chercher ensemble, avec toute notre bonne foi et tout notre amour, le moyen de ne plus succomber à la dangereuse tentation qui a failli te tuer et me tuer. [...] Je te demande, pour cela, de me permettre d'entrer à toute heure dans ta vie, comme tu es entré, dès le premier moment où je t'ai aimé, dans la mienne.» Autrement dit, Juliette exige de Victor que, dans l'intérêt de sa santé d'homme et de sa renommée d'écrivain, il accepte sans barguigner qu'elle contrôle sa correspondance et surveille ses sorties, ses rencontres, ses promenades. Du rôle de servante malmenée, elle entend passer à celui de régente indiscutable. Elle n'empiète pas sur la liberté de Toto, simplement elle l'invite à lui rendre compte, sans tricher, de sa conduite. Elle le défend contre lui-même. Elle l'aide à être encore plus grand et plus heureux. Il devrait la remercier au lieu de ruer dans les brancards. De guerre lasse, il promet tout ce qu'elle voudra. Après, comme de coutume, il n'en fera qu'à sa tête. Le jour même où il reçoit ce «gribouillis» de Juliette, il écrit à son confident parisien, Paul Meurice: «Tout va bien ici, Mme Drouet est, vous le savez, toute l'espérance de ma vie.»

Mais Juliette a été si souvent échaudée qu'elle ne peut plus, à présent, accorder une confiance aveugle au bien-aimé. Torturée de pressentiments, elle décide de mettre son neveu, Louis Koch, au courant de ses derniers soupçons. Elle lui a déjà écrit, le mois précédent, pour le prier de se renseigner sur l'adresse, les moyens d'existence et les mœurs de Blanche Lanvin: «Il faut que tu tâches de retrouver la trace de la créature qui a détruit mon bonheur, ce qui ne compte pas, mais plus que cela, hélas! hélas! peut-être le plus grand génie du monde! Son nom, si elle pouvait en avoir un, car elle est enfant trouvée, élevée par Mme Lanvin [...], est Marie-Blanche, et ses pseudonymes seraient ceux de Duvivier, de Berthe, puis, plus tard, d'Héberte.» Pour arriver à éclaircir cette «misérable situation», Juliette suggère à Louis Koch d'interroger une ancienne femme de ménage de Blanche et de graisser la patte à un employé de la préfecture de Police. Et elle lui donne le signalement de celle qu'il aura à dénicher et à pister: «Vingt-six à vingt-huit ans; petite; très brune; les cheveux très crêpelés dans lesquels le peigne ne peut pas pénétrer; les yeux divergents par suite d'anciens maux d'yeux; intelligente; demi-éducation; très rusée et très dépravée; tournure de grisette de seconde classe [1].» Quelques jours plus tard, elle revient à la charge auprès de son neveu, qui tarde à se mettre en campagne: «Je n'aurai d'apaisement et ne me résignerai à ma trop longue et trop triste vie qu'en connaissance de cause [...]. J'ai toutes les peines du monde à résister à la tentation d'aller tout de suite à Paris savoir ce qu'il faut que je sache. J'ai besoin de connaître l'étendue de mon malheur pour mesurer la grandeur de mon courage

---

1. Lettre du 17 juillet 1878, citée par Gérard Pouchain et Robert Sabourin, *op. cit.*

et de mes forces. On combat le malheur, on ne se collette pas avec le cauchemar. Je veux tout de suite savoir, afin de bronzer mon cœur trop tendre encore contre les désespoirs passés, présents et à venir.»

En recevant cette série d'injonctions et de supplications, Louis Koch est très embarrassé. Il a une réelle affection pour sa tante, mais il craint que l'espionnage auquel elle l'engage à se livrer n'alerte Paul Meurice et ne soit dénoncé par celui-ci ou par d'autres à Victor Hugo. A l'idée que le poète, dont il se flatte d'avoir conquis l'amitié, pourrait lui en vouloir d'avoir enquêté sur sa vie intime, il est pris d'une pieuse frayeur. Au lieu d'obéir à Juliette, il essaie de gagner du temps en la berçant de paroles apaisantes. La douce inertie de son neveu achève de la mettre hors d'elle. Elle lui adresse de nouveaux renseignements et insiste pour qu'il associe, d'une façon ou d'une autre, la police à ses recherches. Se rappelle-t-elle, à ce moment-là, que, le jour où Toto a été pincé avec Léonie Biard en flagrant délit d'adultère, c'est un commissaire qui a constaté les faits? Il est vrai que cet officier de police agissait sur dénonciation du mari de la coupable. Or, Juliette n'est pas l'épouse légitime de Victor. Sa condition d'éternelle concubine lui ôte jusqu'au droit de le faire filer et surprendre par un représentant de l'autorité. Après quelques jours de vaine attente, elle décide que le mieux serait d'inviter son neveu à Guernesey, afin qu'il constate à quel point elle est lasse, désenchantée, malade et combien Hugo, principal responsable de ses tourments, a repris du poil de la bête. Le climat de l'île convient si bien à cet homme indestructible qu'il compose déjà un nouveau recueil de poèmes: *Toute la lyre.*

En arrivant à Guernesey, Louis Koch reconnaît que le maître paraît tout à fait rétabli et que son esprit, sa parole sont aussi vifs qu'avant son accident cérébral. En revanche, il trouve que sa tante a tellement vieilli qu'elle est devenue méconnaissable. Le plus petit mouvement l'épuise. Elle n'en continue pas moins à veiller sur Victor, avec une sollicitude parfois pesante. Tout compte fait, elle préfère renoncer à lancer Louis Koch sur les traces de Blanche. A peine est-il reparti pour Paris qu'elle lui écrit: «Quant aux tristes préoccupations qui absorbent et qui affligent ma vie, je me reproche tous les jours de t'y avoir initié, et je te supplie de n'y plus penser désormais. Le moment n'est peut-être pas éloigné où je pourrai moi-même savoir jusqu'où va mon malheur et quelle résolution je dois prendre pour préserver ma raison du désespoir fou [1].»

Hélas! dès le mois suivant, elle est emportée de nouveau par le tourbillon des fantasmes. Elle craint que, en regagnant la France avec Toto pour glaner de plus amples renseignements, elle n'encourage son vice, puisqu'il rejoindra ainsi son terrain de chasse favori. Revenant à sa première idée, elle indique à son neveu ce qu'elle ferait si elle était, comme lui, sur place pour traquer la vérité: «Premièrement, lui

---

1. Lettre du 6 septembre 1878, citée par Gérard Pouchain et Robert Sabourin, *op. cit.*

recommande-t-elle, trouver un sérieux et honnête commissionnaire, dont on paierait la journée, ou les journées, double de ce qu'il gagne éventuellement par jour, avec promesse d'une récompense de cinquante ou cent francs le jour où il apportera, preuves en main, les renseignements suivants: [...] Savoir si madame ou mademoiselle Blanche (Alba), Berthe ou Héberte... [habite toujours Paris et où.] Je te donne un aperçu des démarches qu'il faudrait faire faire dans le plus bref délai. Cela coûtera peut-être deux ou trois cents francs que je demande à ce cher et excellent ami [Paul Meurice] de m'avancer comme argent personnel pour ma toilette.» Poursuivant ses investigations et ses suppositions, elle envoie également à Louis Koch une lettre très aimable qu'elle vient de recevoir des Lanvin. La fausse sollicitude dont se réclame cette démarche des parents adoptifs de Blanche démontre, selon Juliette, qu'ils sont de connivence avec leur fille et qu'ils approuvent, ou même protègent, sa liaison avec le poète. Acculée à ce point de suspicion, Juliette ne sait plus si elle souhaite encore retourner à Paris. Ce qui la rassure un peu, en ce qui concerne la sexualité effrénée du «bien-aimé», c'est que, depuis quelques jours, il se plaint d'une faiblesse inhabituelle dans tout le corps et de vomissements nocturnes. A-t-il subi une rechute à l'insu de son entourage? Est-ce l'annonce d'une période d'abstinence, consécutive aux progrès de la maladie? Juliette doit-elle se réjouir de la continence de Toto ou redouter qu'elle ne soit le symptôme d'un véritable déclin? En tout cas, lui ne baisse pas la crête et se déclare pressé de regagner ce Paris d'intrigues et de clinquant. Il a d'ailleurs loué là-bas, pour lui et sa famille, un petit hôtel particulier avec jardin, au numéro 130 de l'avenue d'Eylau. Paul Meurice le tient au courant de l'avancement des travaux d'aménagement. Enfin, dans les derniers jours d'octobre, tout est prêt pour accueillir le maître, dont l'impatience paraît de plus en plus louche à Juliette. Alors qu'autour d'elle on boucle déjà les valises, elle écrit, le 5 novembre, à Hugo : « Il en est temps encore, ne me laisse pas pour aller à Paris, si c'est pour y retrouver le même désespoir. Épargne-toi le remords de me tromper. » En dépit de ces ultimes réticences, quatre jours plus tard, Victor Hugo, Juliette, Mme Lockroy et ses enfants, un secrétaire, un rédacteur du *Rappel* et deux domestiques embarquent à bord du paquebot *Diana* pour revenir en France.

XXII

LES ULTIMES DÉVOUEMENTS

Ce qui séduit par-dessus tout Juliette dans le petit hôtel particulier du 130, avenue d'Eylau, c'est le fait que l'exiguïté de cette demeure oblige les époux Lockroy et leurs enfants, Georges et Jeanne, à loger ailleurs. Oh! pas très loin, dans la maison contiguë, au 132 de la même avenue. Mieux, après avoir été invitée à s'installer au premier étage, à l'écart du saint des saints, elle obtient la faveur de se transporter au second, dans le cabinet de débarras attenant à la chambre du maître. Ce déménagement équivaut pour elle à une promotion. Plus proche de Toto que dans les précédents appartements, elle ne le quitte plus d'une semelle. L'étroite cohabitation qu'il tolère désormais la soulage en outre physiquement, car elle n'a plus assez d'énergie pour jouer au furet. Ses crises de goutte et ses violentes douleurs d'estomac la contraignent à préférer l'immobilité au mouvement et la paix de son intérieur à l'agitation parisienne. Cependant, à l'instigation de Victor, qui, comme d'habitude, ignore superbement la fatigue de ses proches, elle continue de recevoir à dîner les amis littéraires du grand homme et à diriger d'une main ferme les affaires domestiques de leur couple vieillissant. Depuis sa légère attaque nocturne, Hugo a perdu un peu de son allant. Lui qui aimait tant naguère se lever à l'aube traîne volontiers sous les couvertures le matin. Il prend son petit déjeuner au lit, il demande à Juliette de lui faire la lecture des journaux, il n'hésite pas à la réveiller la nuit pour qu'elle lui prépare une tasse de tisane. Tantôt garde-malade, tantôt conseillère politique, tantôt secrétaire, tantôt comptable, elle se réjouit des nombreux services qu'elle peut lui rendre à présent, mais n'en renonce pas pour autant à son souci de débusquer Blanche.

A peine arrivée à Paris et, tandis que les derniers travaux d'aménagement sont en cours, dans un joyeux vacarme de coups de marteau, elle tarabuste Louis Koch pour qu'il reparte à la chasse de l'infâme et insaisissable créature. Bousculant l'infortuné garçon qui n'en peut mais, elle insiste pour qu'il prenne contact avec le ménage Lanvin et dresse les parents contre leur fille adoptive, qu'il essaie de soudoyer son ancienne concierge et de lui tirer habilement les vers du nez, qu'il charge enfin une agence spécialisée d'accélérer la filature... Mais elle a beau assommer son neveu de directives et d'adjurations, le résultat des recherches est nul. Quel que soit l'appât proposé, il n'y a pas la moindre promesse de friture au bout de l'hameçon. «Je suis si fatiguée et si découragée de cette triste et humiliante campagne, écrit-elle à Louis Koch, qu'il me semblerait moins honteux de déserter ce dégradant champ de bataille plutôt que d'encourir la chance d'une victoire sans honneur et sans bonheur [1].» D'ailleurs, malgré les précautions prises par Juliette, elle craint que Toto ne commence à se douter de ses investigations. Elle se méfie notamment de sa soubrette, Mariette, qui sûrement écoute aux portes. Elle soupçonne également Louis Koch d'admirer trop Hugo pour se dévouer à elle dans une aventure où elle n'a pas le beau rôle. Ses billets quotidiens au bien-aimé ne sont plus qu'une longue plainte: «Quand donc, mon Dieu, ferez-vous cesser la sinistre tourmente déchaînée sur notre vie depuis plus de quatre mois? Vous seul le savez, ô mon Dieu, et vous savez aussi que je suis à bout de force et de courage, de foi et d'espérance. Je vous livre ce qui reste de mon cœur déchiré et de mon âme en lambeaux. Faites ce que vous voudrez, mais, par pitié pour celui que j'aime, faites vite. Délivrez-le au plus tôt de moi, si je suis un obstacle à son bonheur, ou rendez-le-moi corps, cœur et âme, si vous voulez que je vive [2].» Ou encore: «Cher bien-aimé [...], écoute ma prière qui les résume toutes, depuis celle de la mère jusqu'à celle de l'amante, rejette loin de toi toutes les séduc-

---

1. Lettre du 16 décembre 1878, citée par Gérard Pouchain et Robert Sabourin, *op. cit.*
2. Lettre du 14 décembre 1878.

tions malsaines, toutes les habitudes dangereuses, tous les plaisirs funestes. Contente-toi du tranquille et radieux bonheur d'être divinisé par tout le monde et par moi [1].» Enfin: «Tout ceci ne m'empêche pas, hélas, d'avoir au fond du cœur une pointe de tristesse, tout près d'être un remords, si je n'étais pas moi-même la première blessée par les lâches agressions anonymes des créatures qui revendiquent l'honneur (quel honneur!) d'exciter tes sens au péril de ma santé et peut-être de ta vie [2].»

Un jour, lors d'une conversation banale avec Juliette, Victor, par inadvertance, l'appelle «ma chère Blanche». Elle tressaille: c'est donc qu'il revoit encore cette intrigante éhontée! Certes, leurs rapports ne sont peut-être pas aussi fougueux qu'autrefois. Sans doute se contente-t-il de la regarder nue, de s'amuser à la caresser avec ses doigts tremblants, de la humer avec un sinistre appétit de vieillard. Mais cela même est intolérable! Dissimulant son indignation, elle décide d'en finir coûte que coûte. Devant l'incapacité de son neveu à l'aider dans cette quête de la vérité, elle s'adresse à Édouard Lockroy, dont elle a pu constater, à plusieurs reprises, la détermination et même l'agressivité. Tout en jugeant sévèrement cet homme qui n'hésite pas à tenir tête à Hugo au cours des querelles familiales, elle estime qu'il saura mieux que quiconque la défendre dans ces subtiles tractations. N'est-il pas

---

1. Lettre de décembre 1878.
2. Lettre du 22 février 1879.

allé jusqu'à menacer son faux beau-père de le priver de ses petits-enfants s'il ne cédait pas à telle ou telle de ses exigences? Un argumentateur de cet acabit saura clouer le bec à la petite maîtresse du grand homme. Alice, que son mari a définitivement subjuguée, approuve l'initiative de Juliette. Et Édouard Lockroy entre en action. Très vite, il déniche Blanche et ménage une rencontre clandestine entre elle et Juliette. Dès les premières phrases, l'ancienne soubrette est mise au pied du mur: ou elle continue à recevoir Victor et à lui prodiguer les ignobles chatteries qu'il réclame, cela au risque de le tuer par un transport au cerveau, ou elle ne le revoit plus, le laisse finir ses jours paisiblement en famille et touche, à titre de dédommagement, une somme avec laquelle elle pourra s'acheter, par exemple, un fonds de librairie. Effrayée à l'idée de la responsabilité qu'elle prendrait en précipitant, par ses provocations luxurieuses, le décès d'un célébrissime écrivain, Blanche cède, en pleurant, face à son ex-patronne. Aussitôt, Juliette annonce à son bien-aimé l'arrangement auquel elles sont parvenues toutes deux et il accepte, sans rechigner, les nouvelles dispositions arrêtées à son insu. Peut-être a-t-il déjà sous la main une «remplaçante» de Blanche. En tout cas, il charge Juliette de remettre à sa maîtresse, répudiée pour raison de santé, cinq cents francs. Il notera scrupuleusement le chiffre et la date dans son agenda. Deux mois plus tard, il inscrira, dans le même carnet, la mention du mariage de Blanche, le 2 décembre 1879. Une lettre de faire-part l'a averti de l'événement. Elle épouse un «employé» du nom de Rochebreuil [1].

Malgré l'élimination de la principale rivale de Juliette, la ronde des femelles en chaleur continue autour de ce Booz moderne, qui enfle les narines et frétille à leur approche. Elle a beau le surveiller, ouvrir son courrier, relever le nom de ses correspondantes, il s'obstine à entretenir des rapports de galanterie épistolaire avec la belle Judith Gautier, avec Jeanne Essler, avec une demoiselle Adèle Gallois, avec une certaine Léonie de Vitrac, laquelle ne demande que «la table et le lit» et ne veut «aucun émolument» s'il choisit de la préférer à Juliette. Certes, il sort de plus en plus rarement. Mais, sous prétexte que les médecins lui ont recommandé des «promenades hygiéniques» au bois de Boulogne, il s'y rend avec un plaisir que Juliette juge de mauvais aloi. Se contente-t-il de respirer l'air pur au cours de ces expéditions solitaires ? Ne profite-t-il pas du refuge propice des buissons pour trousser quelque fillasse moyennant cent sous ? Juliette se dit, avec abattement, qu'elle ne sera jamais à l'abri des brusques réveils du désir chez ce faune à la retraite.

Un soir, pour désarmer les inquiétudes maladives de sa vieille compagne, Victor Hugo lui annonce qu'il a l'intention de modifier son testament, afin de lui réserver, ainsi qu'à ses proches, un legs important. Elle en est à la fois émue et irritée. Que viennent faire, entre Toto et elle, ces sales histoires

---

1. De cette union épisodique naîtront une fille et deux fils.

de gros sous ? Croit-il se laver, par un quelconque artifice financier, des torts qu'il a eus et qu'il a encore envers elle ? « Je pense avec un profond attendrissement à l'action généreuse dont moi et les miens sommes l'objet et je me reproche de n'être pas suffisamment reconnaissante, lui écrit-elle le 25 décembre 1878. Mais j'ai le cœur ainsi fait que rien d'étranger à ton amour ne le touche et n'y entre. Toutes les fortunes de la terre réunies, s'il était en ton pouvoir de me les donner en échange de la moindre infidélité de toi, je les repousserais avec horreur. C'est pourquoi, mon grand bien-aimé, je reste presque indifférente à la bonne action que tu médites [...]. Je préférerai toujours et de toute éternité l'honnête et radieux regard de ton âme à la mienne à toutes les coquetteries des beaux yeux de ta cassette à ma pauvreté. *Tout ou rien* est ma devise plus que jamais, et mon dernier mot : je t'adore. »

En revanche, elle est très sensible à la tendresse que lui manifestent les petits-enfants de Victor : ils appellent leur grand-père « Papapa » et Juliette « Roumé ». Unie à lui dans ce concert de voix puériles, elle s'estime mieux récompensée par l'innocent babil de Georges et de Jeanne que par les froides dispositions testamentaires de Toto. Au vrai, tandis qu'il se préoccupe de régler les détails de sa succession, il témoigne d'une vitalité qui étonne son entourage. Non content d'assister aux séances du Sénat à Versailles, il est fort assidu à celles de l'Académie française. Il traîne même Juliette à la première de *Notre-Dame de Paris*, pièce que Paul

Meurice a tirée du roman, et à la répétition générale de *Ruy Blas*, qui entre au répertoire de la Comédie-Française.

Mais voici qu'en juillet 1879 on lui propose une ascension en ballon captif, à partir de la cour des Tuileries. Oubliant qu'il a soixante-dix-sept ans, il s'enthousiasme à l'idée d'aller fraterniser, en plein ciel, avec les nuages. En dépit des protestations de sa famille, il se prépare pour l'expédition avec le courage d'un aventurier. Subjuguée par la perspective de l'élévation de son idole vers la véritable patrie des grands hommes, Juliette se dit ravie de l'accompagner là-haut. «Je ne renonce pas à être de ta délicieuse partie de ballon, lui écrit-elle le 4 juillet, et, dussé-je m'y faire porter en litière, je veux prendre la clef des astres avec toi.» L'ascension a lieu le lendemain, 5 juillet 1879. Ont trouvé place dans la nacelle, en plus de Victor et de Juliette, une demi-douzaine de passagers, parmi lesquels Paul Meurice, Paul de Saint-Victor, Louis Koch et Richard Lesclide, le nouveau secrétaire de l'écrivain. Lorsque le ballon gagne de la hauteur, Hugo se penche sur le vide, fasciné par le spectacle de cette terre qui peu à peu s'éloigne de lui, comme s'il n'était déjà plus tout à fait un habitant de la planète. Pendant ce temps, Juliette, terrorisée, l'estomac noué, cache son visage dans ses mains. Elle n'est vraiment rassurée qu'au moment où elle et Toto reprennent pied, sains et saufs, sur le sol.

A peine remise de son émotion, elle est conviée pour quelques jours, avec Victor Hugo, dans la villa de Paul Meurice, à Veules-les-Roses. De là, le maître l'emmène en pèlerinage à Villequier. Elle est d'autant plus touchée de son attention qu'elle doit, à cette occasion, loger chez les vieux amis de la famille Hugo, les Vacquerie. «Je suis tout à la fois fière et confuse de partager cette hospitalité sainte, écrit-elle à Victor: fière parce que je m'en crois digne, confuse parce que je ne sais comment les en remercier [...]. Je n'ai pas osé te demander à t'accompagner hier dans ton pieux pèlerinage [sur les tombes de sa femme et de sa fille], mais je supplée par la prière adressée à Dieu et à tes chères grandes âmes le sacrifice fait au misérable respect humain. Si tu m'y autorises, demain j'irai, avant de quitter Villequier, fléchir le genou devant les tombes vénérées et leur donner, à ciel ouvert, les marques de mon profond respect et de mon éternelle bénédiction [1].» Quand elle se rend, avec la permission de Toto, sur la tombe de l'épouse légitime, elle peut lire, gravée dans la dalle funéraire, cette simple et orgueilleuse formule: *Adèle, femme de Victor Hugo*. Juliette courbe la tête. Quelle inscription mettra-t-on sur sa tombe à elle? «Ancienne maîtresse, ancienne compagne de Victor Hugo»? Personne n'osera lui accorder ce titre posthume. D'ailleurs, elle s'en moque. Moins on parlera d'elle et mieux cela vaudra. Il lui suffit, pour éclairer ses derniers jours, de la présence à ses côtés de celui qu'elle a choisi d'aimer, à cause de son génie et

---

1. Lettre du 12 ou 13 septembre 1879.

malgré ses défauts, jusqu'au vertigineux oubli d'elle-même.

Le reste de ces brèves vacances à Villequier est une fête de l'amitié et du souvenir. On fait dans la journée d'agréables excursions en voiture, on joue au billard ensuite et Juliette étonne son entourage par la sûreté de son coup d'œil. Elle souhaiterait prolonger ces instants de repos et d'harmonie, mais déjà il faut songer à regagner Paris. Dès le mois d'octobre, les réceptions reprennent avenue d'Eylau, dans le salon tapissé de velours cramoisi à broderies d'or et dominé par un grand portrait du maître, dû au pinceau de Bonnat. Bien qu'il réunisse, presque chaque soir, une douzaine d'amis à la table de Juliette, Hugo l'oblige à assister, en plus, le 13 octobre 1879, au fastueux souper qu'il a organisé au Grand Hôtel pour la centième de *Notre-Dame de Paris*. Quelques mois auparavant, il a appris la mort de Léonie d'Aunet, ex-Léonie Biard, dont il a été jadis si amoureux. Il en a éprouvé, certes, rétrospectivement, un peu de chagrin. Mais à quoi bon remuer cette cendre ? Pour aller de l'avant, il faut éviter de regarder en arrière. Alors qu'autour de lui des gens, connus ou inconnus, tombent comme des mouches, il savoure l'étrange sensation d'être immortel. Est-ce l'ampleur de son talent qui lui procure cette illusion d'invulnérabilité ? Le 24 février 1880, c'est le cinquantenaire d'*Hernani*. A l'issue d'une représentation triomphale, Sarah Bernhardt récite un poème de François Coppée à la gloire de Victor Hugo. Puis les acteurs, réunis sur la scène, ornent de lauriers le buste de l'écrivain, tandis que la salle croule sous les ovations. Applaudissant avec les autres, du fond de sa loge, Juliette mesure la chance qu'elle a de posséder à elle seule, dans l'ombre, le modèle en chair et en os de la froide statue qu'on couronne, là-bas, sous les feux de la rampe.

Rentrée avenue d'Eylau, elle s'écroule de fatigue. Toutes ces festivités achèvent d'user, dit-elle, sa «vieille carcasse». Ses douleurs au ventre sont de plus en plus aiguës. Elle a l'impression, la nuit surtout, qu'une bête hargneuse lui ronge les entrailles à petits coups de dents. Pourtant, elle évite de se plaindre, afin de ne pas importuner Toto, qui a besoin d'une entière tranquillité dans son travail. Or, lui aussi éprouve, depuis quelque temps, une lassitude qui le détourne de ses manuscrits. Le goût d'écrire lui fait brusquement défaut. La vue d'une feuille de papier vierge, qui l'exaltait naguère, l'engourdit maintenant et même l'ennuie. Il ne vit plus dans «l'actualité littéraire» que par la reprise de ses pièces à succès et par le bruit fait autour de ses anciens livres. Heureusement, ce «bruit» ne cesse pas. Même s'il publie peu, Hugo garde la tête du peloton. Le 26 février 1880, pour le soixante-dix-huitième anniversaire de sa naissance, un banquet monstre a lieu dans la plus grande salle de l'hôtel Continental. Ce même jour, il rédige une préface à l'édition de ses œuvres complètes que vont publier Hetzel et Quentin. Tout au long de ce texte, qui est, en quelque sorte, son testament littéraire, il répète:

«Je suis une conscience.» Et il conclut en affirmant qu'aucun lecteur, si sceptique soit-il envers ses proclamations dans le passé, «ne posera ce livre sans estimer l'auteur». Juliette, cependant, continue de penser que, si Toto n'a rien à se reprocher comme écrivain, il a encore beaucoup à faire pour mériter sa confiance de femme. «Je passe ma vie à recoller tant bien que mal les morceaux de mon idole sans pouvoir en dissimuler les cassures, lui écrira-t-elle. Peut-être existe-t-il au ciel un ciment divin qui les effacera toutes, mais, en attendant, il faut que mon cœur se résigne et se plaise à le voir ainsi [1].» Un de ses correspondants occasionnels, Anatole de La Forge, l'a remerciée jadis d'une intervention en sa faveur auprès d'Hugo et l'a félicitée d'être «l'ange gardien du Maître». Elle accepte ce titre, mais regrette qu'il lui ait été décerné par un étranger et non par Victor lui-même. Le 11 juillet 1880, il a le bonheur de remporter une victoire ailleurs qu'au théâtre: dans l'arène politique. La loi d'amnistie, dont il s'est proclamé le champion depuis des années, est votée sans restriction. Juliette affecte de s'en réjouir. Mais elle s'étonne, à part soi, de l'importance qu'on accorde à cet événement alors que la seule chose qui devrait compter, pour les gens de cœur, c'est la santé, le bonheur, le génie de celui qui, malgré ses faiblesses, incarne pour elle la parfaite union de l'humanité et de la divinité.

1. Lettre du 8 août 1880.

XXIII

LA DÉLIVRANCE

Malgré le demi-échec, en mai 1881, de son dernier recueil de poèmes, *Les Quatre Vents de l'esprit,* auquel certains critiques, Zola en tête, ont reproché d'être un ramassis de «fonds de tiroirs», la gloire de Victor Hugo, à l'approche de son quatre-vingtième anniversaire, tient du prodige. La France entière semble envoûtée par le talent et la longévité de cet homme qui a tant pensé, tant écrit et qui a bravé l'exil pendant près de vingt ans par fidélité à l'idéal républicain. Le 8 mai 1881, le conseil municipal de Paris décide de donner à une partie de l'avenue d'Eylau le nom d'avenue Victor-Hugo. Quand on appose la plaque prestigieuse, Juliette a l'impression que c'est à elle qu'on vient d'épingler une décoration sur la poitrine. Et quelle fière surprise lorsqu'elle reçoit la première lettre portant sa nouvelle adresse: «Madame Drouet, avenue Victor-Hugo.» Déjà d'autres villes, gagnées par l'émulation, suivent l'exemple de Paris. Après Besançon, c'est Lille qui rebaptise un de ses boulevards en hommage au «plus grand génie du siècle».

Au début de l'année 1882, la capitale mobilise derechef toutes ses réserves d'enthousiasme. On ne sait qu'inventer pour marquer les quatre-vingts ans de l'écrivain préféré de la France. Les provinces les plus reculées envoient des délégations pour assister aux festivités. On dresse çà et là des mâts vénitiens, on déploie partout des banderoles aux congratulations dithyrambiques. L'une d'elles, rose frangée d'or, à l'entrée de l'avenue d'Eylau, porte cette simple inscription: *Victor Hugo, né le 26 février 1802*. Jules Ferry, président du Conseil, se rend chez Hugo pour lui remettre un vase de Sèvres décoré par Fragonard: «La République offre aujourd'hui ce vase à un souverain de l'esprit.»

La date choisie pour les solennités est le 27 février 1882. Au jour dit, un cortège interminable, parti de l'Arc de Triomphe, défile sous les fenêtres du vieux maître. Les corps constitués, les académies de toutes sortes, les étudiants des grandes écoles, les enfants des lycées, des militaires en uniforme, des femmes empanachées et frénétiques s'écrasent dans l'avenue en chantant *La Marseillaise* et en scandant: «Vive Victor Hugo! Vive la république!» Lorsque l'auteur paraît à une croisée, les acclamations redoublent. Ce n'est plus une manifestation de sympathie, c'est une émeute d'admiration. Pelotonnée dans un fauteuil, derrière Toto, Juliette est partagée entre la joie et la peur. Cette foule démente lui fait craindre un incident qui gâcherait le déroulement de la cérémonie. D'une voix ferme, Hugo prononce quelques mots de remerciement: «Je salue Paris, je salue la ville immense; je la salue, non en mon nom, car je ne suis rien, mais au nom de tout ce qui vit, raisonne, pense, aime et espère ici-bas.» Nouvelle salve de bravos. Il est onze heures et demie du matin. Le froid de la rue s'insinue par la fenêtre ouverte. Il commence à neiger. En contrebas, les hommes restent tête nue, par déférence. Des curieux sont montés sur les toits. De part et d'autre de la chaussée, on se bat pour se pousser au premier rang. Le journaliste du *Rappel* notera que cent mille personnes, au bas mot, sont passées devant le domicile de Victor Hugo entre midi et six heures du soir. La multitude ne se lasse pas de crier son adoration au héros du jour. Vers le crépuscule, enfin, c'est l'accalmie. Soûl d'applaudissements, de fatigue et d'orgueil, Hugo referme la croisée. Ratatinée dans son fauteuil, Juliette, percluse, grelottante, songe que maintenant elle peut mourir. Tous ses désirs sont accomplis, puisqu'elle a eu la chance d'assister jusqu'au bout à l'union sacrée entre le peuple de France et l'homme qui a su si bien le célébrer dans ses livres.

Pourtant, ce qu'elle croyait être le point final de sa carrière d'amoureuse se révèle bientôt comme une étape entre d'autres. Trop tôt pour poser le harnais! A l'instigation de Toto, elle se remet à vivre, vaille que vaille, selon le rythme qu'il exige. Paul Meurice ayant adapté pour la scène son roman

Quatre-vingt-treize, elle laisse aller, avec mélancolie, l'infatigable bien-aimé vers un triomphe de plus, au théâtre de la Gaieté. Le 21 juin 1882, il propose à Juliette une double expédition: il se rendra à la maison de santé de Saint-Mandé où sa fille Adèle est encore en traitement pour folie caractérisée, tandis qu'elle-même ira prier, non loin de là, sur la tombe de sa petite Claire. L'idée de ces démarches parallèles enchante Juliette: «Je te remercie de me conduire aujourd'hui au triste et doux rendez-vous de Saint-Mandé, lui écrit-elle. Il me semble que mes regrets seront moins amers près de la tombe de mon enfant qu'à distance, comme si mon âme pouvait se rapprocher de celle de ma pauvre bien-aimée à travers la terre de son tombeau plus que partout ailleurs. J'espère que tu trouveras ta chère fille en bonne santé et que nous reviendrons tous les deux de ce pieux pèlerinage sinon consolés, ce qui n'est plus possible en ce monde, du moins résignés à la volonté de Dieu. Merci encore une fois, mon grand adoré, de t'unir à moi dans ce triste anniversaire, qui te rappelle à toi-même, hélas, tous les deuils de ton cœur.»

Sans doute, penchée sur la sépulture de son enfant, a-t-elle pensé que sa séparation d'avec Claire ne serait plus très longue. Ses douleurs deviennent un tel supplice que même le laudanum ne parvient pas à les apaiser. Malgré la promesse qu'elle s'est faite de laisser ignorer à Victor les tourments qu'elle endure quotidiennement, elle lui écrit, le 11 juillet 1882: «Je ne sais pas quand ni comment tout cela finira, mais je souffre tous les jours de plus en plus et je m'affaiblis d'heure en heure. En ce moment, c'est à peine si j'ai la force de tenir ma plume et j'ai grand-peine à garder conscience de ce que j'écris. Je me cramponne cependant à la vie de toute la puissance de mon amour pour ne pas te laisser trop longtemps sans moi sur la terre. Mais, hélas, la nature regimbe et ne veut pas. »

Le 2 août 1882, elle se décide à rédiger un testament «officiel», par-devant notaire, après en avoir signé trois autres, qui étaient des testaments olographes. Recevant Me Bourin, assisté d'un confrère et de deux témoins, dans un salon du premier étage de l'hôtel particulier du numéro 50 de l'avenue Victor-Hugo [1], elle déclare léguer à son neveu Louis Koch tous les biens lui appartenant au jour de son décès et l'institue son légataire universel.

Une fois cette formalité accomplie, Juliette ne rêve plus que de retourner, fût-ce pour quelques jours, à Guernesey. Elle ne voudrait pas mourir avant d'avoir revu *son* île. Mais Victor, ayant subi entre-temps une légère indisposition, ne se sent pas en état d'entreprendre le voyage. A défaut de Guernesey, on se contentera de brèves vacances chez Paul Meurice, à Veules-les-Roses. A peine Juliette a-t-elle goûté à la paix de cette retraite campagnarde qu'il faut se retremper dans la brume, la pluie et le froid de Paris. De nouveau, alors qu'elle se tord de

---

1. Le 130 de l'avenue d'Eylau était devenu, après le changement d'appellation, le 50 de l'avenue Victor-Hugo.

douleur dans son fauteuil et serre les dents pour ne pas gémir, Hugo est sur la brèche. La Comédie-Française s'apprête à reprendre *Le roi s'amuse*. La pièce avait été interdite, cinquante ans auparavant, par ordre du roi, au lendemain de la première. On prévoit que, cette fois-ci, il s'agira d'un grand événement parisien, et peut-être national. Conscient de l'importance de ce spectacle dans sa carrière, Hugo insiste pour que Juliette soit présente, à côté de lui, dans la loge de l'administrateur. Pas une seconde elle ne songe à se dérober. Devrait-elle être transportée au théâtre sur une civière, elle irait, par amour pour lui, par respect de son œuvre. Dans un effort héroïque, elle se coiffe, s'habille, se maquille, se parfume en l'honneur de Toto. C'est un spectre au faciès livide, au regard flottant que le Tout-Paris découvre à la droite de l'auteur, avant que les trois coups ne résonnent derrière le rideau. Les lorgnettes du parterre et des galeries sont braquées sur elle. Tiendra-t-elle jusqu'au bout? Est-ce sur la scène ou dans la loge directoriale que se jouera le vrai drame de la soirée? Tout contre cette créature décharnée et hagarde, il y a deux enfants, Georges et Jeanne. On pourrait croire que c'est elle leur vraie grand-mère. En fermant les yeux, il lui arrive de le penser aussi, tant elle les aime. Elle est heureuse qu'ils soient venus avec elle assister au triomphe de leur grand-père. Raidie sur sa chaise, elle se domine pour mieux jouir de la beauté de la pièce. La représentation se déroule dans une atmosphère de tiède approbation. Le public est déçu, mais Juliette s'obstine à proclamer que son grand homme n'a jamais rien écrit de plus noble ni de plus ingénieux.

Quand elle rentre à la maison, c'est pour s'aliter. Elle croit qu'elle ne se relèvera plus. Cependant, à la moindre toux du bien-aimé, à son moindre appel derrière la porte, elle accourt. Il voudrait une infusion, un journal, son courrier de la veille... Elle s'affaire en silence, attentive à ce qu'il ne manque de rien. Il s'excuse, certes, de la déranger, mais refuse d'admettre qu'elle soit réellement et même gravement malade. Le soir, il exige parfois qu'elle descende dîner avec quelques amis très proches. Selon lui, elle ne s'alimente pas assez. Il lui suffirait de manger de la viande rouge pour guérir. Le 1er janvier 1883, les deux vieillards échangent leurs vœux d'une chambre à l'autre: «Cher adoré, je ne sais où je serai l'année prochaine à pareille époque, écrit Juliette, mais je suis heureuse et fière de te signer mon certificat de vie pour celle-ci par ce seul mot: je t'aime.»

En février, ils célèbrent la nuit mémorable du 16 au 17. Cinquante ans déjà! Pour ces «noces d'or», Victor offre à Juliette sa photographie avec cette dédicace: *Cinquante ans d'amour. C'est le plus beau mariage.* Trop faible pour lui écrire, elle le remercie d'un sourire, d'un soupir, d'un battement de paupières. Néanmoins, le 17 mars 1883, elle trouve assez de force pour ajouter un codicille à son testament. Se méfiant d'Édouard Lockroy, dont l'audace n'a d'égale que la ruse, elle précise que les meubles, les tableaux, les livres se trouvant dans la maison de Guernesey, dont elle est usufruitière (Hauteville Féerie), lui appartiennent en propre, ainsi que tous les dessins de «M. Victor Hugo» qui ornent cet intérieur. L'écriture du document est hésitante. Il est signé: «J. Gauvain, dite Juliette Drouet.» Par crainte que son gribouillage ne soit indéchiffrable, elle le fait recopier par son neveu, Louis Koch. Une fois cette affaire expédiée, elle se sent mieux. En règle avec ses proches et avec elle-même, elle ferme les yeux et s'abandonne à la pente douce qui la sollicite. Le 11 mai 1883, à trois heures du matin, rongée par le cancer, elle s'éteint discrètement, sans même avoir appelé Victor à son chevet. Peut-être pour ne pas le déranger! Aussitôt, les journaux annoncent le décès de «Madame Drouet», «l'amie fidèle de Victor Hugo», et des visiteurs éplorés affluent au numéro 50 de l'avenue. Réfugié dans sa chambre, Hugo refuse de voir qui que ce soit. Son chagrin est trop grand pour qu'il puisse accepter des condoléances. Qu'on emporte au plus vite le corps de la bien-aimée, qu'on laisse le survivant seul avec ses souvenirs. Les pompes funèbres font diligence. La façade de l'hôtel particulier est tendue d'une draperie noire à larmes et à franges d'argent. Dans l'entrée, des célébrités du monde des arts, des lettres, du théâtre et de la politique se pressent pour signer le registre de deuil. Cet hommage ne s'adresse pas à l'humble défunte, mais plutôt au fameux écrivain dont elle a été l'inspiratrice. Dans le petit salon japonais cher à Juliette, les fleurs s'amoncellent: leur parfum sucré embaume la maison. On se croirait dans la loge d'une actrice après une première très réussie. Tout le monde attend l'apparition du maître. Or, il s'obstine à rester invisible. Les ordonnateurs du convoi mortuaire emportent Juliette dans son cercueil sans que Victor lui ait dit adieu autrement que de loin et par la pensée. Il n'y aura pas de cérémonie à l'église. Ni elle ni lui n'ont jamais éprouvé le besoin de faire intervenir un prêtre dans les graves moments de leur vie. Dieu leur suffit. A trois heures de l'après-midi, le 12 mai, le cortège s'ébranle pour rejoindre, après un long parcours, le cimetière de Saint-Mandé. Debout derrière une fenêtre, Hugo regarde s'éloigner, au bout de l'avenue, cette Juliette qui n'est plus à lui.

Devant la tombe, Auguste Vacquerie prononce quelques mots: «Celle que nous pleurons était une vaillante. J'ai commencé à la connaître en exil [...]. Elle l'a suivi [Victor Hugo] à Bruxelles, elle l'a suivi à Jersey. Quand il a été chassé de Jersey, elle l'a suivi à Guernesey. Elle n'est rentrée qu'avec lui. Elle ne l'a quitté que morte... Elle a droit à sa part de gloire, ayant pris sa part de l'épreuve.» Les fossoyeurs déposent Juliette à côté de la petite Claire. Ainsi la mère rejoint-elle sa fille, comme ce fut le cas pour la femme et la fille de Victor Hugo. Un même homme les pleure toutes les quatre. Loin d'elles, il se demande si le sursis que Dieu lui accorde est une récompense ou une punition. Le 20 juin 1883, il notera dans son carnet: «Je vais bientôt te rejoindre, ma bien-aimée.»

A partir de ce moment, par un étrange phénomène de détachement à l'égard de tout ce qui le passionnait naguère, Hugo n'écrit plus, ne pense plus. Certes, il voit des gens, il serre des mains, il sourit, il prononce des mots dont la banalité même lui semble rassurante. Mais le cœur n'y est pas. A tourner seul dans sa maison de l'avenue qui porte son nom, il constate bizarrement que cette femme, qui n'était ni une intellectuelle à tout crin, ni une aristocrate prestigieuse, ni une actrice en renom, ni une habile mondaine, ni une égérie politique, a su donner du piment à tous les instants de sa vie. Il avait besoin d'elle pour «essayer» ses idées et ses rimes, pour accéder, à travers elle, à la sensibilité de milliers d'inconnus et même pour choisir ses amis. Elle constituait, à leur insu à tous deux, son premier, son meilleur public. Le caractère excessif, tumultueux de Juju l'avait agacé parfois, et voici qu'il ne peut plus s'en passer aujourd'hui. Elle n'était rien en apparence et, depuis qu'elle a disparu, c'est l'existence entière de Toto qui n'est rien. Serait-ce là le signe d'un amour de légende?

Pendant deux ans encore, Victor Hugo se traîne, tel un somnambule, de triomphe en triomphe, ne publiant rien, mais félicité pour tout. Il n'est plus nécessaire qu'il écrive pour qu'on l'applaudisse. Son passé lui tient lieu de présent. A ce degré, la gloire qu'il a toujours recherchée lui paraît soudain une ennuyeuse routine. Il rêve d'autre chose. Mais de quoi? Peut-être d'une rencontre au ciel avec la Juliette de sa jeunesse? Ses forces déclinent rapidement. Il rédige un testament, refusant «l'oraison de toutes les Églises», demandant à être porté au cimetière dans le corbillard des pauvres, affirmant sa croyance en un Dieu dont la religion officielle trahit le mystère et la majesté et léguant cinquante mille francs aux déshérités de ce monde injuste. Mais cette manifestation d'humilité n'est-elle pas encore un réflexe d'orgueil?

Enfin, le vendredi 22 mai 1885, à une heure vingt-sept de l'après-midi, Victor Hugo rend le dernier soupir, après s'être opposé au secours in extremis d'un prêtre. C'est précisément le jour de la Sainte-Julie. Son enterrement est l'occasion de la plus extraordinaire parade funèbre que la France ait connue depuis le transfert des cendres de Napoléon aux Invalides. D'événement littéraire, les obsèques se transforment en apothéose politique. La République se proclame veuve du plus grand écrivain et du plus grand penseur de tous les temps. L'étroit corbillard des pauvres entraîne à sa suite, tout au long des Champs-Élysées, une marée humaine piétinante et recueillie. Sur l'Arc de Triomphe, pend en diagonale un immense crêpe noir. Au sommet, se lisent les lettres V.H. Ces fières initiales dominent le défilé des célébrités de tout acabit, des parlementaires, des généraux, des universitaires et des écrivains qui se sont crus obligés d'accompagner l'auteur des *Misérables* vers son ultime demeure. Les trottoirs sont noirs de monde. Derrière chaque fenêtre s'écrase une rangée de visages émerveillés. Des grappes de badauds s'accrochent aux branches des arbres. Aux portes des boutiques, il y a des écriteaux: *Fermé pour cause de deuil national.* Le spectacle est gratuit. Tout Paris veut en profiter. Partie de l'avenue Victor-Hugo à onze heures et demie du matin, la lente procession n'arrive qu'à deux heures de l'après-midi en vue du Panthéon. Quinze discours sont prononcés avant que la dépouille mortelle d'Hugo ne pénètre solennellement dans la nécropole réservée aux meilleurs serviteurs de la patrie. Ce soir-là, il ne vient à l'idée d'aucun des admirateurs du maître de se rendre sur la tombe de Juliette, à Saint-Mandé, pour lui dire à voix basse que Victor Hugo est enfin prêt à la retrouver, telle qu'il l'a connue, avec sa jalousie, son dévouement, son intransigeance, sa tendresse et sa gaieté, dans un monde immatériel où nul ne s'avisera plus de critiquer leur amour, vieux d'un demi-siècle et toujours renaissant.

BIBLIOGRAPHIE

ANGRAND (P.): *Victor Hugo raconté par les papiers d'État*, Paris, Gallimard, 1961.

ASSELINE (A.): *Victor Hugo intime*, Paris, C. Marpon et E. Flammarion, 1885.

AUDIAT (Pierre): *Ainsi vécut Victor Hugo*, Paris, Hachette, 1947.

BARBIER (Jean-Pierre): *Juliette Drouet, sa vie, son œuvre*, Paris, Grasset, 1913.

BARTHOU (Louis): *Les Amours d'un poète*, Paris, Louis Conard, 1919.

BLEWER (E.): *Juliette Drouet, Lettres à Victor Hugo*, Paris, Harpo, 1985.

BLUM-MANDERIEUX (A.): *Juliette Drouet et Victor Hugo*, Paris, Éditions du Scorpion, 1960.

CÉLARIÉ (Henriette): *Victor Hugo amoureux*, Paris, Grasset, 1952.

DECAUX (Alain): *Victor Hugo*, Paris, Librairie académique Perrin, 1984.

DELALANDE (J.): *Victor Hugo à Hauteville House*, Paris, Albin Michel, 1947.

DHAINAUT (Pierre): *La Demeure océane de Victor Hugo*, Paris, Encre, 1984.

DUMAS (Alexandre): *Mes Mémoires*, Paris, Plon, coll. «Les Mémorables», 1986.

ESCHOLIER (Raymond): *La Vie glorieuse de Victor Hugo*, Paris, Plon, 1928.

— *Un amant de génie*, Paris, Arthème Fayard, 1953.

— *Victor Hugo raconté par ceux qui l'ont vu*, Paris, Stock, 1931.

GAUDON (Jean): *Victor Hugo, Lettres à Juliette Drouet*, Paris, Harpo, 1985.

— *Lettres de Juliette Drouet à Victor Hugo*, Paris, Harpo, 1985.

— *Lettres de Victor Hugo à Léonie Biard*, Paris, Claude Blaizot, 1990.

GERBAULET (F.): *Juliette ou la Misérable*, Paris, Brocéliande Éditions, 1986.

GUILLEMIN (Henri): *Hugo et la sexualité*, Paris, Gallimard, 1954.

— *Victor Hugo par lui-même*, Paris, Le Seuil, 1951.

GUIMBAUD (Louis): *Victor Hugo et Juliette Drouet*, Paris, A. Blaizot, 1927.

— *Victor Hugo et Mme Biard*, Paris, A. Blaizot, 1927.

— *En cabriolet vers l'Académie*, Paris, Grasset, 1947.

HOVASSE (Jean-Marc): *Victor Hugo chez les Belges*, Bruxelles, Le Cri Éditions, 1994.

HUAS (Jeanine): *Juliette Drouet, le bel amour de Victor Hugo*, Paris, Lachurié, 1985.

HUGO (Adèle): *Victor Hugo raconté par un témoin de sa vie*, Bruxelles et Leipzig, A. Lacroix et Verboeckhoven et Cie, 1863.

HUGO (Victor): *Œuvres complètes*, publiées sous la direction de Jacques Seebacher, Paris, Robert Laffont, coll. «Bouquins», 1985-1990.

— *Correspondance familiale et écrits intimes*, publiés sous la direction de Jean Gaudon, Sheila Gaudon et Bernard Leulliot, Paris, Robert Laffont, coll. «Bouquins», 1988-1991.

— *Carnets intimes de Victor Hugo* (avant-propos d'Henri Guillemin), Paris, Gallimard, 1953.

JUIN (Hubert): *Victor Hugo*, Paris, Flammarion, 1980-1986 (3 vol.).

LESCLIDE (Juana): *Victor Hugo intime*, Paris, Félix Juven, 1902.

LEVAILLANT (Maurice): *Victor Hugo, Juliette Drouet et «Tristesse d'Olympio»*, Paris, Delagrave, 1945.

MAUROIS (André): *Olympio ou la Vie de Victor Hugo*, Paris, Hachette, 1954.

POUCHAIN (Gérard) et SABOURIN (Robert): *Juliette Drouet ou «la dépaysée»*, Paris, Fayard, 1992.

ROUSSELOT (Jean): *Le Roman de Victor Hugo*, Paris, Sud, 1961.

ROY (Claude): *La Vie de Victor Hugo racontée par Victor Hugo*, Paris, Julliard, 1952.

SAVANT (Jean): *La Vie sentimentale de Victor Hugo*, 1982-1983 (5 fascicules parus).

SOUCHON (Paul): *Olympio et Juliette*, Paris, Albin Michel, 1940.

— *La plus aimante, ou Victor Hugo entre Juliette et Mme Biard*, Paris, Albin Michel, 1941.

— *Juliette Drouet, inspiratrice de Victor Hugo*, Paris, Taillandier, 1942.

— *La Servitude amoureuse de Juliette Drouet à Victor Hugo*, Paris, Albin Michel, 1942.
— *Juliette Drouet, Mille et une lettres d'amour à Victor Hugo*, Paris, Gallimard, 1951.

INDEX

A

ALEXANDRE Ier, 46.
ALLIX (docteur Émile), 355.
ALLIX (Jules), 267.
ANCELOT (Arsène), 40, 175.
ARAGO (Étienne), 37, 39, 257.
ARNOULD (Auguste), 49, 50.
ATALA-BEAUDOIN (Louise, dite Mlle Beaudoin), 160, 166.
AUBER (Daniel-François), 49.
AUNET (Léonie d'), cf. BIARD (Léonie).

B

BANVILLE (Théodore de), 348.
BARBA, 49.
BAYARD (Jean-François), 86.
BEAUDOIN (Mlle), cf. ATALA-BEAUDOIN (Louise).
BERNHARDT (Sarah), 324, 354, 374.
BERRU (M. et Mme Camille), 332, 334-336, 337.
BERRY (Marie-Caroline de Bourbon-Sicile, duchesse de), 42.
BERTIN (Louis-François Bertin de Vaux, dit), 92-93.
BERTIN (Louise et son frère Édouard), 119, 120.
BIARD (François), 204.
BIARD (Léonie, alias Léonie d'Aunet et Thérèse de Blaru), 203-204, 210-212, 214, 225, 229-230, 231-235, 245, 249, 252, 256, 264, 273, 328, 360, 374.
BISMARCK (chancelier Otto von), 310.
BLANC (Louis), 350, 355.
BLANCHARD (Suzanne), 168, 198, 219, 248, 252, 253, 257, 275, 280, 281, 293, 294, 295, 301, 310, 322, 330.

BLANQUI (Louis-Auguste), 257.
BLARU (Thérèse de), cf. BIARD (Léonie).
BOBÈCHE et GALIMAFRÉE, 10-11, 12.
BOCAGE (Pierre Tousez, dit), 91.
BOCHER (Emmanuel), 340.
BONNAT (Léon), 374.
BOURGEOIS (Anicet), 58, 59, 60.
BOURIN (maître), 381.
BROCA (docteur Pierre-Paul), 355.
BROUECKÈRE (Charles de), 255.

C

CAVAIGNAC (général Louis-Eugène), 223.
CHAPONNIÈRE (Jean-Étienne, dit John), 50.
CHARLES X, 43-44.
CHATEAUBRIAND (vicomte François-René de), 165.
CHENAY (Julie), 289, 307, 332.
CHÉNIER (André), 266.
CLEMENCEAU (Georges-Benjamin), 350, 351.
CLÉMENTINE (princesse), 177.
COPPÉE (François), 374.
CORDAY (Charlotte), 266.
CORNEILLE (Pierre), 46.
COURCY (Charles de), 31.

CROSNIER (François-Louis), 40, 42, 45.

D

DAUDET (Alphonse), 348.
DELAFOSSE, 48.
DELESTRE-POIRSON (Charles-Gaspard Poirson, dit), 39.
DEMIDOFF (prince), 52 (n. 1).
DEMOUSSEAUX (Mme), 177.
DÉSAUGIERS (Antoine), 34.
DESCAMPS (Henri), 241.
DESCHANEL (Émile), 257.
DORVAL (Marie Delaunay, dite Marie), 49, 54, 55, 80, 129-131, 132, 153-154.
DROUET (Eugénie), 16.
DROUET (Françoise), 10-11, 12, 16-17.
DROUET (René-Henry), 10-11, 12, 16, 17, 19, 21, 147-148 (n. 1).
DUCIS (Jean-François), 34.
DULAC, 42.
DUMAS (Alexandre, père), 58 (et n. 1), 59, 92-97, 160, 257.
DUPATY (Louis-Emmanuel-Félicité-Charles Mercier, dit), 164, 170.
DUPEUTY (Désiré-Charles), 45.
DUPIN (Jean-Henri), 31.
DUPUIS (Mme), 25.
DURAND (Charles), 28, 29.
DUVERT, 38.

E

ÉLISABETH, 295.
ÉMILIE, 294-295.
ESSLER (Jeanne), 370.
ÉTIENNE, 170.

F

FERRIER (Ida), 94-95, 97, 98-99.
FERRY (Jules), 378.
FLAUBERT (Gustave), 348.
FLOURENS (Pierre), 171.
FONTAN (Louis-Marie), 48.
FONTENAY (Antoine), 54.
FOURNIER (Louis-Pierre-Narcisse), 49.
FRAGONARD (Jean-Honoré), 378.

G

GAILLARDET (Frédéric), 58 (n. 1).
GALIMAFRÉE et BOBÈCHE, 10-11, 12.
GALLOIS (Adèle), 370.
GAMBETTA (Léon), 350.
GARIBALDI (Giuseppe), 315.
GAUTIER (Judith), 312, 346, 370.
GAUTIER (Théophile), 73, 312.
GAUVAIN (Amand), 10.
GAUVAIN (Julien), 10.
GAUVAIN (Julienne-Joséphine). Juliette Drouet.
GAUVAIN (Marie, née Marchandet), 10.
GAUVAIN (Renée), cf. KOCH (Renée).
GAUVAIN (Thérèse), 10, 16.
GENTIL (Michel-Joseph Gentil de Chavagnac, dit), 34.
GEORGE (Marguerite Weimer, dite Mlle), 46, 51, 60, 67, 69, 71, 74, 83, 86, 91, 94, 96, 130.
GEORGES, 43.
GEORGET (M. et Mme), 186, 187.
GÉRARD (Mme), 106.
GIRARDIN (Delphine Gay, Mme Émile de), 264.
GIRAUDIER (Mme), 28, 35.
GOBERT, 45.
GOETHE (Johann Wolfgang von), 48.
GONCOURT (Edmond de), 313, 340-341, 348.
GRANIER DE CASSAGNAC (Bernard-Adolphe de Granier, dit), 92-94, 131.
GREY (lord Henry George), 269.
GUÉRIN (Eugène), 89, 170.
GUIZOT (François), 218.

H

HAMELIN (Fortunée), 196-197, 225, 231.

HAREL (Jean-Charles), 41, 46, 49, 51, 53, 55, 60, 64, 67, 68, 69-70, 75, 86, 91-95, 130.
HÉLÈNE (princesse), 177.
HETZEL (Pierre-Jules), 262, 263, 272, 274, 282, 375.
HOUSSAYE (Arsène), 12 (n. 1), 61, 348.
HUGO (Adèle), 181, 185, 255, 257, 275, 278, 299, 324, 340, 346, 380.
HUGO (Adèle, née Foucher [Mme Victor Hugo]), 68, 77, 84-86, 107, 124, 136, 156-158, 167, 173, 177, 185, 187, 188, 190, 211-212, 215, 225, 230, 231, 240, 249, 250, 252, 254, 255-256, 257, 260, 265, 278, 279, 280, 282, 284-285, 288, 289, 293, 297-301, 302-304, 305-307, 340, 345, 373, 385.
HUGO (Alice, Mme Charles Hugo, puis Mme Édouard Lockroy), 305, 308, 310, 311-312, 316, 325, 327, 331, 340, 347, 352, 356, 363, 365, 369.
HUGO (Charles), 181, 215, 231, 233, 252, 256-257, 265, 269, 272, 280-281, 282, 288, 301, 305, 308-309, 310, 311-312, 315-316, 327, 340 (n. 1).
HUGO (François-Victor), 181, 233, 269-270, 272, 280-281, 282, 299, 308, 327, 330, 331, 338, 339-340 (et n. 1), 341-342.
HUGO (Georges, le premier), 301-302, 345.
HUGO (Georges, le second), 305, 310, 311-312, 316, 324, 325, 340, 341, 346, 347, 348, 352, 356, 363, 365, 369, 371, 382.
HUGO (Jeanne), 308-309, 310, 311-312, 316, 324, 325, 340, 341, 346, 347, 348, 352, 356, 363, 365, 369, 371, 382.
HUGO (Léopoldine, dite Didine), 181-182, 185, 186, 187, 190, 205, 209, 210, 211, 215, 231, 235, 264, 303, 316, 340, 345, 373, 385.
HUGO (Victor), 41 *sqq*.

J

JANISSET (M.), 106.
JOLY (Anténor), 139-140, 155-156, 157-158, 160, 166-167.
JOSEPH, 47.
JOURDAIN (M.), 106.
JOUSLIN DE LA SALLE (Armand-François Jouslin, dit), 109, 127, 129, 139.

K

KARR (Alphonse), 57-58, 59, 60-63, 68, 74, 75, 89, 101, 102-103.
KOCH (Louis), 311-312, 332, 358-361, 362, 366-367, 368, 372, 381, 384.

KOCH (Renée, née Gauvain), 10, 16, 116, 204, 281, 288, 292, 294-295, 332.
KRAFT (Laure), 75-76, 100-101, 147, 244, 248, 251, 332.

L

LABUSSIÈRE (M. et Mme), 118.
LACROIX (Albert), 292.
LAFFITE (Jean-Baptiste-Pierre), 57.
LA FORGE (Anatole de), 376.
LAGRANGE, 57.
LAMARTINE (Alphonse de), 165, 221.
LANVIN (Blanche), 322-323, 324-325, 327-330, 331-332, 333, 338, 357, 359-362, 366, 368-370.
LANVIN (Jacques-Firmin), 244, 245, 247, 362, 366.
LANVIN (Mme), 36, 242, 244, 245, 362, 366.
LA ROËLLERIE (M. de), 240.
LARRIEU (Mme), 264.
LEBRETON (Mme), 106.
LEMAÎTRE (Frédérick), 48, 59, 69, 71, 83, 160.
LEMERCIER. (Népomucène), 171, 176.
LENEVEU, 269.
LÉOPOLD Ier, 251.
LÉOPOLD II, 318.
LESCLIDE (Richard), 372.
LÉVY (Michel), 274.
LOCKROY (Édouard), 50, 60, 91, 325, 352, 365, 368-369, 383.

LOCKROY (Mme Édouard), cf. HUGO (Alice, Mme Charles Hugo).
LOUIS-PHILIPPE Ier, 44, 196, 217-218, 219, 220.
LOVE (sir Frederic James), 269.
LOYEUX (M.), 271-272.
LUTHEREAU (M. et Mme [Laure Kraft]), 244, 248, 251, 332.

M

MACHIAVEL (Nicolas), 266.
MALESHERBES (Guillaume de Lamoignon de), 176.
MARAT (Jean-Paul), 266.
MARCHANDET (Marie, cf. GAUVAIN (Marie).
MARIE, 115, 124.
MARIE-MADELEINE (sainte), 268.
MARIETTE, 367.
MARRAST (Armand), 202.
MARS (Anne Boulet, dite Mlle), 126, 129-130, 177.
MARTÍNEZ DE LA ROSA (Francisco), 43.
MASSON (Auguste-Michel-Benoît Gaudichot-Masson, dit), 63.
MAUPAS (Charlemagne-Émile de), 243.
MAURICE (Charles), 202.
MÉLESVILLE (Anne-Honoré-Joseph Duveyrier, dit), 86.
MENDÈS (Catulle), 346.

397

MERVILLE, 49.
MEURICE (Paul), 308, 357, 358, 360, 362, 363, 371-373, 379-380, 381.
MICHAUD (Joseph-François), 164, 170.
MIE (Louis), 308.
MIGNET (Auguste), 164.
MOLIÈRE (Jean-Baptiste Poquelin, dit), 46, 266.
MONTIJO (Eugénie de, impératrice), 258.
MOREL, 47.
MORNY (Charles-Auguste-Louis-Joseph, duc de), 243.

N

NANTEUIL (Célestin), 149-150.
NAPOLÉON Ier, 46, 173-174, 196, 238, 258, 387.
NAPOLÉON III (prince Louis-Napoléon Bonaparte, puis), 237-239, 241, 242, 244, 248, 251, 255, 257, 258, 262, 263, 267, 282, 297, 310, 312.
NEMOURS (duchesse Victoria de), 177.
NERVAL (Gérard de), 160
NOUGUIER (maître), 56, 71-72.

O

ORLÉANS (duc Ferdinand d'), 155, 177, 196.
ORLÉANS (duchesse Hélène d'), 177, 196, 201, 219.
OZY (Alice), 215.

P

PANIS (président), 56.
PARIS (comte de, fils de la duchesse Hélène et du duc Ferdinand d'Orléans), 219.
PAULIN, 38.
PERUZZI (Simone Luigi), 51-52, 57.
PIERCEAU (Mme), 177.
PIGAULT-LEBRUN (Guillaume-Charles-Antoine Pigault de L'Espinoy, dit), 34.
PINEL (Philippe), 25.
PINEL (Scipion), 25-28, 45, 56, 62, 150.
PINELLI (Bartolomeo), 25 (n. 1).
PLANCHE (Gustave), 98, 131.
POIVIN (M.), 106.
PRADIER (Charlotte), 194.
PRADIER (Jean-Jacques, dit James), 22-25, 26-28, 29-30, 33, 35-36, 37, 50, 52, 100, 146, 194-195, 202-203, 207, 209, 254.
PRADIER (Marie-Sophie-Claire, dite Claire), 24-25, 33, 84, 105, 115, 116, 119, 120, 121, 133, 141, 146-147, 167-168, 169, 170, 181, 185-186, 193-195, 202-203, 206-210, 235, 254, 380, 385.
PRAXITÈLE, 74.

Q

QUELEN (comte Hyacinthe-Louis de, Mgr de), 17-18, 30, 165.
QUENTIN, 375.

R

RACINE (Jean), 35, 46.
RAYNOUARD (François), 164.
REDOUTÉ (Pierre-Joseph), 22.
REGNIER, 45.
RENAN (Ernest), 348.
RENDUEL (Eugène), 108-109.
RIBOT (Mme), 45, 56-57, 71, 75, 102, 150, 182.
RICOURT (Achille), 60.
RIVET (Mme), 324, 346.
ROCHEBREUIL (M., ép. Blanche Lanvin), 370.
ROGER, 170.
ROTROU (Jean), 35.
ROUGEMONT (Michel-Nicolas Balisson, baron de), 57.
ROUSSEAU (Jean-Jacques), 355.

S

SAINT-VICTOR (Paul de), 372.
SAINTE-BEUVE (Charles), 68, 136-137.
SAINTINE (Joseph-Xavier-Boniface, dit Xavier), 40, 63.
SALVANDY (comte Narcisse-Achille de), 178, 179.
SANDRIN (Hermance Lesguillon, dite Hermance), 90-91.
SARRAZIN DE MONTFERRIER (M. et Mme), 242, 245, 247.
SAUVAGE (Thomas-Marie-François), 43.
SCRIBE (Eugène), 31, 39, 53.
SÉCHAN (Charles), 64-65, 75.
SÉE (docteur Germain), 355.
SHAKESPEARE (William), 34, 43, 60, 170.
SOCRATE, 266.
SOLON, 154.
SOUMET (Alexandre), 49.

T

TALMA (François-Joseph), 34.
TERRIER, 53.
THIERS (Louis-Adolphe, dit Adolphe), 322.
THIERS (Mme Adolphe), 177.
TRIGER (docteur), 207.

V

VACQUERIE (Artus), 187.
VACQUERIE (Auguste), 167, 181, 257, 260, 326, 373, 385.
VACQUERIE (Charles), 181-182, 185, 187, 190.
VACQUERIE (Léopoldine), cf. HUGO (Léopoldine).
VACQUERIE (Pierre), 187.

VARNER (Antoine), 31.
VERBOECKOVEN, 292.
VICTOR (Pierre), 33-34.
VIGNY (Alfred de), 130.
VILAIN (M.), 106.
VILLENEUVE, 63.
VILLENEUVE (Ferdinand de), 139.
VITRAC (Léonie de), 370.

VOLTAIRE (François-Marie Arouet, dit), 35, 354-355.

Z

ZÉLIE-PAUL (Mme), 55.
ZOLA (Émile), 377.

TABLE

I. La foi, oui; le couvent, non! 9

II. Une Madelonnette
en quête de protection 21

III. Mlle Juliette, comédienne à Bruxelles 29

IV. Débuts parisiens 37

V. Tribulations théâtrales et sentimentales 47

VI. M. Victor Hugo, écrivain 67

VII. Réussite de la femme,
échec de la comédienne 89

VIII. Tempête dans un verre d'eau sucrée 105

IX. La prisonnière 123

X. Les jeux de l'ambition et de la jalousie 145

XI. Juliette amoureuse
et Hugo académicien 163

XII. Le drame de Villequier 181

XIII. Une dangereuse rivale 201

XIV. Révolution dans les rues
 et remous dans les cœurs 217

XV. Héroïque Juliette.. 237

XVI. La Belgique hospitalière 247

XVII. De Jersey à Guernesey................................ 271

XVIII. Hugo barbu, exilé et triomphant 287

XIX. Défaite de la France, Victoire d'Hugo....... 305

XX. Une Blanche pas si blanche que ça! 321

XXI. Vieillesse, honneurs et espionnage............ 345

XXII. Les ultimes dévouements 365

XXIII. La délivrance 377

Bibliographie 389

Index 393

DANS LA MÊME COLLECTION

Alexandre ASTRUC : Évariste Galois.
Nicole BARRY : Pauline Viardot.
Henry BAUCHAU : Mao Zedong.
Philippe BAUDORRE : Barbusse.
André BILLY : L'Abbé Prévost.
Dominique BONA : Gala.
Jean CHALON :
– Chère George Sand.
– Chère Natalie Barney.
– Liane de Pougy, courtisane, princesse et sainte.
Monica CHARLOT : Victoria, le pouvoir partagé.
Michel CROUZET : Stendhal ou Monsieur Moi-Même.
Pierre DAIX : Braudel.
Patrice DEBRE :
– Louis Pasteur.
– Jacques Monod.
Dominique DESANTI : Drieu la Rochelle.
Hortense DUFOUR : La Comtesse de Ségur, née Sophie Rostopchine.
Pierre GASCAR : Montesquieu.
Pierre GAXOTTE : Molière.
Anna GAYLOR : Marie Dorval.
Henry GIDEL :
– Feydeau.
– Les Deux Guitry.

Roger GREAVES : Nadar
Ilan GREILSAMMER : Blum.
Frédéric GRENDEL : Beaumarchais.
René GUERDAN : François Ier.
Paul GUTH : Mazarin.
Jean HAMBURGER : Monsieur Littré.
Emmanuel HAYMANN :
– Courteline.
– Lulli.
Hubert JUIN : Victor Hugo.
1. 1802-1843.
2. 1844-1870.
3. 1871-1885.
Ph. de LA COTARDIERE et P. FUENTES : Camille Flammarion.
Pierre LEPAPE : Diderot.
Françoise MALLET-JORIS : Jeanne Guyon.
André MAUROIS : Balzac.
Pierre MOINOT : Jeanne d'Arc, le pouvoir et l'innocence.
Jean ORIEUX :
– Bussy-Rabutin.
– Catherine de Médicis.
– La Fontaine.
– Talleyrand.
– Voltaire.
André PARINAUD : Gaston Bachelard.
Roland PENROSE : Picasso.
Fresnette PISANI-FERRY : Le Général Boulanger.
François PORCHE : Baudelaire.

Jacques RITTAUD-HUTINET : Les Frères Lumière.

Michel RIVAL : Robert Oppenheimer.

Georges ROUX : Napoléon III.

R.E. SHIKES et P. HARPER : Pissarro.

Ph. SOULEZ et F. WORMS : Bergson.

Enid STARKIE : Rimbaud.

Henri TROYAT :
– Ivan le Terrible.
– Pierre le Grand.
– Catherine la Grande.
– Alexandre Ier.
– Gogol.
– Alexandre II, le tsar libérateur.
– Tourgueniev.
– Tchekhov.
– Nicolas II, le dernier tsar.
– Gorki.
– Baudelaire.
– Flaubert.
– Zola.
– Verlaine.
– Maupassant.
– Balzac.
– Raspoutine.

Dimitri VOLKOGONOV : Staline, triomphe et tragédie.

Georges WALTER : Enquête sur Edgar Allan Poe, poète américain.

Jacques WEYGAND : Weygand, mon père.

CET OUVRAGE A ÉTÉ COMPOSÉ
PAR LES ÉDITIONS FLAMMARION

Achevé d'imprimer en septembre 1997 sur les presses
de **Bussière Camedan Imprimeries** à Saint-Amand-Montrond.
Dépôt légal : octobre 1997
N° d'édition : FF740301
N° d'impression : 1/2446